Mano Gyvenimas, Mano Tikėjimas II

„Kelkis ir šviesk, Jeruzale,
nes tavo šviesa ateina ir Viešpaties šlovė tau šviečia".
(Izaijo 60:1)

Mano Gyvenimas, Mano Tikėjimas II

Dr. Džeirokas Li

URIM BOOKS

Mano Gyvenimas, Mano Tikėjimas II autorius: Dr. Džeirokas Li
Leidykla: Urim Books (Atstovas: Syn-kion Vin)
361-66, Šindeibang Donge, Dang-jak gu rajone, Seulas, Korėja
www.urimbooks.com

Jeigu kitaip nenurodyta, visos citatos iš Šventojo Rašto yra iš Šv. Biblijos: NEW AMERICAN STANDARD BIBLE, ®, Copyright © 1960, 1962, 1963, 1968, 1971, 1972, 1973, 1975, 1977, 1995, The Lockman Foundation. Naudojama pagal leidimą.

Autorinės teisės © 2013 Dr. Džeirokas Li
ISBN: 978-89-7557-847-2 04230
ISBN: 978-89-7557-783-3 (set)
Vertimo autorinės teisės © 2011 Dr. Ester K. Čung. Naudojama pagal leidimą.

2006 m. išleista „Krikščioniškos Spaudos" (Christian Press) korėjiečių kalba

Pirmasis leidimas 2013 m. spalio mėn.

Redagavo Eunmi Li
Dizainas: Editorial Bureau of Urim Books
Spaustuvė: Yewon Printing Company
Daugiau informacijos: urimbook@hotmail.com

Šventosios Dvasios jėgos ir egzistavimo įrodymas

Laikas nieko nelaukia. Bet Dievas turi kantrybės ir Jis laukia iki pat galo, kol žmonija atgailaus ir gaus išgelbėjimą. Šiandien šio modernaus pasaulio žmonės iš tiesų nežino šios gilios Dievo meilės. Net krikščionys ir pastoriai vaikosi pasaulietiškų madų ir pamiršta Dievo meilę bei valią. Kodėl gi jie nesugeba priartėti prie Dievo ir kodėl jie klaidžioja, nutoldami nuo bažnyčios? Priežastį galime rasti šiuolaikiniame moksle. Savo gyvenimuose žmonės mėgina spręsti problemas moksliškai. Mokslo pasiekimų išvadomis jie tiki labiau, negu tikėjimo jėga. Tai vyksta ir krikščionių tarpe. Netgi pastoriai labiau linkę tikėti tik tuo, ką gali patvirtinti jų matymas ir priimti tai, ką galima pagrįsti ir suprasti savo mintimis bei nuomone, užuot pasikliaudami tikėjimu. Tikėjimą moksliniais būdais jie taip pat primeta ir savo tikintiesiems. Jie mėgina daiginti tikėjimą žmonėse pagal denominacijų doktriną.

Šiandieninio modernaus pasaulio krikščionys stengiasi suprasti Dievą ir patirti Jo jėgą tokios rūšies tikėjimu. Tačiau klaidingo tikėjimo mokymo keliu įgautas tikėjimas ir įsitikinimas veda prie Šventosios Dvasios jėgos, tarytum misticizmo, kritikavimą. Kitaip tariant, ne bažnyčia veda pasaulį, bet pasaulis veda bažnyčią.

Į daugelį Šventosios Dvasios darbų žiūrima kaip į misticizmą. Jeigu Dievo jėga nesireiškia paslaptingai, kokia gi jos vertė? Visi Dievo darbai yra nuostabiai paslaptingi, tokie jie ir turi būti. Tik tuomet Dievas iš tiesų yra Visagalis ir yra Tas, kuris gelbsti žmoniją.

Gerb. Džeirokas Li nesilaiko šio gan pasaulietiško tikėjimo, ir visada pasilieka artimas Šventajai Dvasiai, Sūnui Jėzui ir Dievui Tėvui. Jis visuomet rodo mums Dievo darbus per maldą ir Šventąją Dvasią.

Jo autobiografija „Mano Gyvenimas, Mano Tikėjimas 1 ir 2 dalys" – tai jaudinanti istorija apie tikrą tikėjimą ir gyvenimą, persunktą tokiu tikėjimu. Būtų puiku, jei ši knyga būtų gyvas Šventosios Dvasios egzistavimo pavyzdys, to egzistavimo, apie kurį žmonės šiame moderniame pasaulyje pamiršo. Iš tiesų, tikėjimas ir mokslas nėra atskirti vienas nuo kito. Dievas viską visatoje sukūrė ir viskas, ką Jis mums apreiškia, yra mokslas. Štai todėl, kuomet gerb. Džeirokas Li gydo ligonius, randa išeitį problemoms ir pripildo žmones Šventosios Dvasios įkvėpimu per maldą, tai yra mokslas, nes jėga ateina iš Dievo. Tuo pačiu metu tai taip pat yra tikėjimas.

Šie memuarai buvo publikuojami kas savaitę „Christian Press" (Krikščioniškos spaudos) leidyklos ir palietė daugelio tikinčiųjų ir pastorių širdis. Dabar visa tai sudėta į knygą, kurioje matome gyvo tikėjimo įrodymą ir gyvos Šventosios Dvasios darbus. Šioje knygoje aprašytos tikros jo gyvenimo istorijos, kurios negali nejaudinti mūsų žmogiškų širdžių. Tai taipogi yra pasakojimas apie jo tarnavimą bei Manmin Centrinės Bažnyčios įkūrimą ir vystymąsi. Taip pat tai yra gera pamokomoji knyga krikščioniams bei pastoriams, rodanti, koks turi būti tikras tarnavimas.

Aš girdėjau, kad ši autobiografija paveikė daugybę pastorių ir tikinčiųjų. Pastoriai buvo labai susidomėję bažnyčios augimu ir Šventosios Dvasios jėga. Bažnyčių tikintieji buvo sujaudinti jo išgydymo tarnavimais ir Šventosios Dvasios darbų demonstravimu. Visa tai dėl to, kad šiandienos Korėjos bažnyčios prarado Šventosios Dvasios jėgą. Daugelis bažnyčių iš tiesų nėra gyvosios bažnyčios, nes jos netinkamai elgiasi su Šventosios Dvasios jėga, laikydamos tai misticizmu. Šventoji Dvasia nėra misticizmas. Šventoji Dvasia – tai realybė ir tikrovė.

Aš neabejodamas galiu pasakyti, kad gerb. Džeirokas Li yra vienas iš teisingiausių tarnautojų Korėjoje. Dauguma teigia, kad nemažai žmonių pamilo Viešpatį Jėzų dar labiau ir rado sustiprinimą savo silpnam tikėjimui, skaitydami šią autobiografiją „Mano Gyvenimas, Mano Tikėjimas 1 ir 2 dalys". Daugelis pastorių taip pat galės suprasti kokio pobūdžio bažnyčia yra tikra bažnyčia ir su kokio pobūdžio bažnyčiomis dirba Šventoji Dvasia.

Pridurdamas norėčiau pasakyti, kad čia atskleista tiesa ir tikrasis pasakojimas apie MBC transliacijų incidentą. Čia mes aiškiai matome, kodėl gerb. Džeirokas Li buvo taip persekiojamas

Korėjos bažnyčių. Dabar tos Korėjos bažnyčios turi nustoti jį kritikavusios ir liautis jį persekiojusios. Be to reikalauju, kad MBC (Munhwa Televizijos ir Radijo Korporacija) atsiprašytų Manmin Centrinės Bažnyčios.

Perskaitęs gerb. Džeiroko Li autobiografiją aš to nuoširdžiai tikiuosi. Aš tiesiog tikiuosi, kad visi pastoriai ir tikintieji perskaitys šią knygą ir, kad tai atvers jų akis Šventajai Dvasiai.

Gerb. Čonmanas Li
(Metodistų bažnyčia; Pasaulinės Krikščionybės Prabudimų Misijos Asociacija, Nuolatinis Pirmininkas)

Turinys

Rekomendacija
Šventosios Dvasios jėgos ir egzistavimo įrodymas

1 skyrius
Po lietaus ir dirva kietėja

2 skyrius
Ko mums reikia klausytis?

3 skyrius
Kokios buvo Jėzaus mintys, kai Jis, nešdamas kryžių, kopė į Golgotos kalną?

4 skyrius
Noriu vykdyti tik Dievo valią

Turinys

5 skyrius
Kaip vanduo jūroje

6 skyrius
Tik Jėzaus Kristaus Vardu

7 skyrius
Tautos ateis į tavo šviesą ir karaliai

1 skyrius

Po lietaus ir dirva kietėja

Pasėjus tikėjimo sėklas

Praėjus vos keliems metams po mūsų šventyklos Guro Donge atidarymo, ji vėl buvo pilnutėlė. Mes negalėjome parūpinti pakankamai vietos atėjusiems žmonėms bei jų automobiliams. Mums reikėjo skubiai išplėsti šventyklą, o šalia mūsų buvo parduodamas nekilnojamas turtas. Tai buvo maždaug 14,000 kvadratinių metrų žemės plotas. Bet, kadangi mes nebuvome išmokėję paskolos už mūsų dabartinį pastatą, mums buvo sunku jį gauti.

Kai apie tai meldžiausi, Dievas atsakė man, kad mes nupirktumėme jį. Kad gautumėme tą žemę, mums reikėjo 20 milijardų vonų, apytiksliai 20 milijonų JAV dolerių. Tačiau buvo sunku sukaupti net 1 milijardą vonų, sumos, kurios reikėjo, kad pasirašytumėme sutartį dėl tos žemės. Bet mes jau buvome patyrę Dievo darbų, kai tik mes paklusdavome Jam, net kai situacijos atrodė beviltiškai. Tikėjimas buvo tai, ko mums reikėjo ir šį kartą.

Aš pasiryžau pasėti 100 milijonų vonų iš 1 milijardo vonų sutartinių pinigų, kaip tikėjimo sėklą. Kad pasirašytumėme išankstinę kontrakto sutartį, mums reikėjo 100 milijonų vonų. Dievas visuomet mane gausiai laimino, bet, kadangi aš išleisdavau ženkliai didelę sumą paaukojimams, misionieriškam darbui ir labdarai, daug pinigų neturėjau. Bet, jei Dievas su mumis, argi yra neįmanomų dalykų? Kai meldžiausi, kad gaučiau 100 milijonų vonų, Dievas pradėjo reikšti darbus neįtikėtinais būdais. Tie, kurie buvo išgydyti per mano maldą ir tie, kuriems aš anksčiau buvau suteikęs pagalbą, dabar ėjo iš visų pusių ir reiškė man savo dėkingumą.

1995 metų rugpjūtį aš jau buvau pajėgus sukaupti 100 milijonų vonų ir mes galėjome pasirašyti išankstinę kontrakto sutartį. Kadangi aš parodžiau pavyzdį, nariai, tame tarpe vaikai ir pagyvenusieji, pradėjo tame dalyvauti. Iš tiesų mes net nepaskelbėme dėl paaukojimų statyboms, bet Dievas veikė kiekvieno širdyje. Bažnyčios nariai savanoriškai ir džiaugsmingai dalyvavo savo paaukojimų įnašais.

Paaukojimus atsiųsdavo ne tik iš įvairiausių mūsų šalies kampelių, bet ir iš kitų šalių. Netrukus mes jau galėjome pasirašyti sutartį. Kai mes paklusome Dievo žodžiui, nuo sutarties pasirašymo savaitės, paaukojimų atplūsdavo trigubai.

Širdžių vienybėje

1996 metų gegužę buvo sudėtos metalinės konstrukcijos ir statybos sparčiai judėjo pirmyn. Nuo birželio 10 dienos mūsų grafike turėjome numatytus dviejų savaičių Ypatingojo prabudimo susirinkimus. Mes norėjome pradėti prabudimo susirinkimus naujoje šventykloje, kad galėtų tilpti daugiau žmonių, bet mums dar reikėjo poros mėnesių, kad viską pabaigtume. Puikiai žinodami šią situaciją, nariai savanoriškai siūlėsi padėti statybose.

Kai kurie bažnyčios nariai darbe ėmė atostogas, kiti į aikštelę atvykdavo tiesiai iš darboviečių. Jie nešiodavo cementą ir smėlį, dėdavo plytas bei čerpes, bei dažė sienas. Šimtai narių dirbo kartu ir, artėjant prabudimo susirinkimams, iškilo šventykla.

Nors lubos dar nebuvo pabaigtos, mes jau galėjome pravesti savo 4-tąjį dviejų savaičių ypatingąjį prabudimą naujoje šventykloje. Tai buvo dėl to, kad mes žygiavome tikėjimu! Pirmoji prabudimo diena buvo labai jaudinanti.

Dievas mums davė penkiolika pamokslų, kurių pagrindas buvo Jono 3:6. Pamokslų serija buvo pavadinta „Kūnas ir Dvasia". Dievas davė mums šį gyvenimo žodį tam, kad nariai galėtų matyti ribą tarp kūno ir dvasios. Tikslas buvo nusimesti kūniškus darbus ir tapti dvasiškais žmonėmis. Taip pat, kad būtų pagarbintas Dievas, vyko neapsakoma daugybė išgydimo darbų.

Pagal pradėjimo palaiminimą Japonijoje įkurta bažnyčia

Kai aš matau ligotus žmones, dažnai meldžiuosi taip: „Dieve! Leisk man paimti tą tikinčiojo skausmą ir jį/ją išgydyti". Kadangi, kai pats sirgau, kenčiau neapsakomus skausmus, dabar giliai savo širdyje galiu jausti sergančiųjų žmonių skausmą. Jei įmanoma, aš verčiau pats noriu sirgti, vietoj jų. Jaučiuosi taip pat, kuomet kai kurie tikintieji daro nuodėmes. Aš iš tiesų savanoriškai paaukočiau savo gyvenimą, jei tik Dievas galėtų jiems duoti atgailos dvasią ir jie gautų išgelbėjimą.

„Dieve! Jei jie nustotų darę nuodėmes, kuomet paimtum mano gyvybę, tuomet prašau, padaryk tai dabar. Tegul visi jie gauna išgelbėjimą".

Mozė taip norėjo, kad Izraelio tauta būtų išgelbėta, net, jei tai būtų reiškę, kad jo vardas būtų išbrauktas iš gyvenimo knygos ir jis nugarmėtų į pragarą (Išėjimo 32:32).

Apaštalas Paulius išreiškė savo meilę, pasakęs, jog norėjo, kad jo žmonės būtų išgelbėti net tuo atveju, jei tai reikštų jo prakeikimą ir jo atskyrimą nuo Kristaus. Aš norėjau turėti tokio pobūdžio dvasinę meilę. Jei bažnyčios nariai galėtų gauti gyvenimą per mano auką, aš mielai pasirinkčiau paaukoti save.

Prabudimo susirinkimuose, vykusiuose po mūsų naujos šventyklos pastatymo, užsiregistravo daugiau negu tūkstantis sergančių žmonių. Kas dieną vykdavo specialūs susirinkimai, skirti ligoniams, ir aš meldžiausi už kiekvieną iš jų. Kuomet daugiau, negu dvi valandas, visomis savo jėgomis meldžiausi už juos, ateidavo vakarinio tarnavimo laikas.

Aš tikiu, kad Dievas atsakė į mano nuoširdžiausią šauksmą maldoje, ir kas dieną vyko ugninių Šventosios Dvasios darbų.

Sunkus darbas tęsėsi dvi savaites, bet, kadangi aš meldžiausi už kiekvieną sergančiųjų, kad šie būtų išgydyti, besitikėdamas Dievo malonės jiems, buvo išgydytos nepagydomos ir retos ligos. Buvo sunaikintos vėžio ląstelės ir buvo išgydyti plaučių, gimdos bei gerklės vėžio ligos. Kūnai, sukaustyti cerebrinio paralyžiaus buvo atlaisvinti.

Šiame susirinkime dalyvavo Korėjos kraštiečių susivienijimo Japonijoje, Jamagatos prefektūroje generalinis sekretorius Čikju Ču su savo žmona. Ir jie lygiai, kaip prieš metus, dar kartą patyrė Dievo stebuklą. Dar prieš jiems ateinant į tą vietą, jie turėjo ką papasakoti.

1995 metų gegužę diakono Ču žmona kamavosi, kęsdama aukštą temperatūrą ir stiprų galvos skausmą vidury nakties. Sekančią dieną diakonas Ču turėjo vykti į Korėją verslo reikalais. Jis kartu paėmė žmoną ir Seule jiems buvo paskelbta diagnozė.

Ču šeima

Tai buvo timpanitas su cholesteatoma. Gydytojas patarė nedelsiant atlikti operaciją.

Ji galėjo visiškai apkursti, o be to dar buvo rizika susirgti meningitu. Timpanitas ją kamavo nuo pat vaikystės, nuo pat pagrindinės mokyklos laikų. Iš jos ausies bėgo išskyros ir ji visada turėjo vartoti vaistus.

Dėl to, kad jos motina to primygtinai prašė, ji apsilankė mūsų bažnyčios sekmadienio rytiniame tarnavime ir atėjo, kad aš už ją pasimelsčiau. Ji liudijo, kad po mano maldos visą jos kūną buvo apėmęs vėsos, tartum mėtos vėsos jausmas, ir skausmas išnyko. Nuo to laiko išskyros iš ausies jau nebebėgo. Nebebuvo jau nei galvos skausmų, nei kitų komplikacijų.

Kitos dienos pradžioje ji ir jos vyras atvyko į prabudimo susirinkimą. Jie su ašaromis atgailavo už savo nuodėmes. Jie taip pat gavo kalbų dvasinę dovaną. 1995 m. birželį ji sugrįžo į Japoniją jau be timpanito, ji Dievo malone buvo išgydyta. Jie prisipildė Šventosios Dvasios ir dėkojo už Dievo malonę. Kai ji sugrįžo, savo kūne ji jautė kažkokius keistus jausmus. Kuomet maždaug po trijų savaičių ji nuvyko į ligoninę patikrinimui, sužinojo, kad buvo nėščia. Kai ji 1991 m. ištekėjo, jai buvo atlikta širdies operacija ir gydytojas pasakė, kad ji turės sunkumų pastoti, o jei pastos, tai bus pavojinga.

Tai buvo penktais jų vedybiniais metais ir tik aštuoni mėnesiai po širdies operacijos. Bet jie buvo įsitikinę, kad tai buvo Dievo, išgydžiusio jos nepagydomą ligą, palaiminimas. 1996 m. kovą gimė jų pirmasis sūnus Sijon. Tačiau jų džiaugsmas tęsėsi ne ilgai, nes jis susirgo liga, kuri vadinasi kretinizmu.

Tai buvo luošinanti liga, kuri blokuoja hormonų gamybą, todėl augti jis galėjo tik hormoninių vaistų pagalba. Jei jis nevartotų hormoninių vaistų, jo apatinė kūno dalis visiškai neaugtų, o galva išaugtų nenormalaus dydžio. Ši liga net kėlė pavojų jo gyvybei.

1996 m. gegužę ši pora pasišventusiai meldėsi už savo sūnaus Sijon išgydymą. Kitais metais jie vėl atvyko į Korėją, kad dalyvautų prabudimo susirinkimuose. Pamokslai palietė jų širdis ir jie taip pat gavo įsitikinimą, kad jų sūnus yra išgydytas. Jie nustojo davę Sijon vaistus ir viską paliko Dievo rankose. Jiems sugrįžus į Japoniją, Sijon buvo sveikas ir normaliai augo. Po kelių mėnesių jam buvo atliktas sveikatos patikrinimas ligoninėje ir hormonų pusiausvyra buvo normali.

Ši pora buvo kupina Dievo malonės. Jie nenustodami pamokslavo ir meldėsi. 1997 m. liepą šeši žmonės susirinko jų namuose ir įvyko pirmasis tarnavimas. Nuo tada žmonių skaičius vis augo ir jie paprašė, kad ten nusiųstume misionierių. Taigi, 1999 m. rugsėjį mes ten siuntėme pastorių iš mūsų bažnyčios Kansop Čan. Dabar Jamagatoje yra didelė bažnyčia ir ten vyksta puikus tarnavimas. O Ču šeimoje atsirado dar vienas sūnus ir dukra. Jų šeima yra sveika ir laiminga.

Užsienio misijų plėtimas

Mano pavardė tapo žinoma Vašingtono, JAV sostinės, mieste, ir kasmet buvau kviečiamas apsilankyti Jungtinėse Valstijose. 1996 m. vasarį atvykau pamokslauti į Korėjos Suvienytą Evangelizaciją ir Pastorių Konferenciją, kurią organizavo Korėjos Krikščioniškų Bažnyčių Asociacija. Susirinkimai vyko Honolulu Korėjos Baptistų bažnyčioje, tema buvo „Atnaujink mus".

Kadangi Havajų salose buvo bažnyčia, kurią įsteigė pirmas Korėjos prezidentas I. Singmanas, galvojau, kad jų tikėjimas pasiekęs aukštumų. Tačiau atvykęs ten pamačiau, kad bažnyčių yra visai mažai, o sunkumų dar daugiau. Pastoriai pasakojo, kad daug bažnyčių užsidarė dėl ginčų tarp pastorių ir bažnyčių narių.

Havajų Korėjos Krikščionių bažnyčių asociacijos pirmininku buvo anglikonų bažnyčios vyskupas Džonas Parkas. Tai buvo poetas, gana garsi asmenybė. Nuo pat pirmo susirinkimo jis gavo daug malonės.

Bažnyčios nesutarimai ir permaina

Tris dienas aš kalbėjau pamokslus: „Kodėl Jėzus yra mūsų Gelbėtojas", „Kūniškas tikėjimas ir dvasinis tikėjimas" ir „Amžinasis gyvenimas valgant Žmogaus Sūnaus Kūną ir geriant Jo Kraują".

Aš girdėjau, kad iš pradžių bažnyčios nariai nesutiko, kad bažnyčios patalpos būtų naudojamos šiems susirinkimams. Bet, pasibaigus pirmajam tarnavimui, daugelis tikinčiųjų buvo

Jungtinė Havajų evangelizacija

paveikti ir apskritai jų nusiteikimas pasikeitė. Jie mums teikė gerą maistą ir kitus reikalingus dalykus.

Kai pasibaigė visi tarnavimai, vienas iš tos bažnyčios pastorių su ašaromis akyse prisipažino: „Ši bažnyčia turi šią problemą dėl to, kad aš buvau pasipūtęs. Visa tai dėl mano kaltės". Kadangi pastorius paėmė ant savęs kaltę ir pasikeitė, bažnyčios nariai taip pat pasikeitė. Aš tikėjau, kad Dievas išspręs visas tos bažnyčios problemas ir padėkojau Dievui.

Per tą laiką vyko du pastorių konferencijos susitikimai. Bandžiau įdiegti pastoriams pasitikėjimo, teigdamas, kad jie sugebės tai padaryti. Po konferencijos vienas pagyvenęs pastorius ašarojančiomis akimis prisipažino: „Tai ne dėl to, kad mano

Didžioji Vašingtono evangelizacijos kampanija

kaimenė blogai pasielgė. Aš viskuo kaltas. Tai dėl to, kad manyje buvo blogis".

Vienas pastorius pasakė: „Aš nebeturėjau kur eiti ir galvojau, kad tiesiog mirsiu. Bet aš gavau malonės ir jėgų, ir dabar turiu pasitikėjimo. Dabar galiu tai padaryti". Kitas pastorius pasakė: „Aš buvau tikras savimi, esąs dvasinis mokytojas, bet dabar vėl mokysiuosi nuo pradžių". Tai buvo jaudinantis prisipažinimas, kylantis dėl nuolankumo.

Po to, kai visi šie susirinkimai pasibaigė, aš atsisveikinau su pastoriais. Vyskupas Džonas Parkas pasakė: „Aš girdėjau apaštalus buvus prieš 2000 metų, bet dabar matau apaštalą tavyje". Daug pastorių atvyko į oro uostą ir ašarojančiomis akimis reiškė savo netekties jausmą, turėdami lydėti mane namo. Tai taip pat sujaudino mano širdį.

Išgydytas sapne

1997 m. rugsėjo 26-28 dienomis Vašingtono Krikščioniškoji Radijo Sistema vienoje bažnyčioje Virdžinijos valstijoje surengė „Didžiąją Evangelizacijos Kampaniją" bendru pavadinimu „Viešpatie, atnaujink Vašingtoną ir Baltimorę".

Daugelis korėjiečių iš visų Jungtinių Valstijų suvažiavo į šiuos susirinkimus iš Vašingtono, Merilendo, Virdžinijos, Niujorko ir netgi iš tolimojo Toronto miesto, Kanados. Aš kalbėjau pamokslus: „Kodėl Jėzus yra mūsų Gelbėtojas?", „Kūniškas tikėjimas ir dvasinis tikėjimas" ir „Amžinasis gyvenimas valgant Žmogaus Sūnaus Kūną ir geriant Jo Kraują".

Per pastorių konferenciją, kuri vyko prabudimo metu, pamokslavau tema „Bažnyčios augimo paslaptis". Susirinko daug pastorių iš įvairių denominacijų.

Kitą dieną, rugsėjo 29, Baltimorės korėjiečių jungtinėje presbiterionų bažnyčioje Merilendo korėjiečių bažnyčių asociacija organizavo Jungtinę Korėjos-Amerikos evangelizaciją. Šį prabudimą aplankė ne tik korėjiečiai, bet ir 1,500 vietinių kitataučių žmonių, tai buvo tikra šventė, suvienijusi daugelio tautybių žmones.

Tačiau priešas velnias savo trukdančiais darbas stengėsi neleisi man pamokslauti šiuose susirinkimuose. Susirinkimai turėjo vykti tam tikro pastoriaus bažnyčioje. Išgirdęs kai kurį šmeižtą apie mane, jis neteisingai tai suprato ir, žinoma, nenorėjo, kad aš pamokslaučiau. Be to jis nenorėjo, kad susirinkimai vyktų būtent jo bažnyčioje.

Tačiau Dievas išvarė velnią su jo neramumais per sapną, kurį susapnavo tas pastorius. Anksčiau jis sirgo chroniška nugaros liga, o jo stubure buvo daugiau negu dešimt metalinių implantų. Jį kamavo labai stiprūs nugaros skausmai.

Tačiau prieš tuos susirinkimus jis susapnavo mane, duodantį jam aspirino. Kai jis pabudo, skausmo jau nebebuvo. Jis išsigydė tikrai stebuklingu būdu ir buvo labai nustebęs. Vėliau jis pasakė taip: „Dievas nori, kad vyktų šie susirinkimai. Gerb. Džeirokas Li yra neįprastas žmogus. Tai Dievo tarnas, per kurį Jis veikia".

Jis tuo įtikino ir kitus pastorius, tad prabudimas buvo sėkmingas.

Kaip buvo sutarta, prabudimas vyko šio pastoriaus gražioje iš kedro pastatytoje bažnyčioje. Pamatęs mane, jis be galo nustebo, nes aš buvau būtent toks, kokį mane matė sapne. Jis labai šiltai mus sutiko.

Tą dieną pamokslavau tema „Būkime viena Viešpatyje". Tarp korėjiečių ir kai kurių afroamerikiečių buvo įvykęs konfliktas, kuris galėjo išsispręsti tik Viešpatyje. Todėl paraginau juos nugalėti rasines kliūtis Viešpaties meile.

Šis įnašas į vietinės bendruomenės vystymąsi ir tarprasinės įtampos sumažinimą buvo pripažintas Merilendo valstijos. Merilendo valstijos gubernatorius įteikė man garbės ženklelį, o nuo Baltimorės mero gavau garbės piliečio sertifikatą. Visa tai buvo Dievo malonė.

Dvasiškai ištroškę Argentinos pastoriai

1996 m. liepos 21-23 d. pamokslavau tema „Bažnyčios augimo paslaptis" pastorių konferencijoje per prabudimo susirinkimus, skirtus korėjiečiams, Buenos Airės mieste. Daug Argentinos krikščioniškų organizacijų rėmė šiuos susirinkimus.

Daugiau negu tūkstantis pastorių susirinko į šią konferenciją, daug jų Dievas palietė ten, ir jų prašymu kitais metais buvo surengta tokia pati konferencija.

Antroji pastorių konferencija vyko spalio 15-16 d. Matansos nacionaliniame universitete, Buenos Airės mieste. Organizatoriai laukė apie 300 pastorių, tačiau atvyko daugiau negu tūkstantis, tad turėjome persikelti į didžiausią vietinę bažnyčią.

Pastoriai buvo taip išalkę ir ištroškę, kad tęsėme konferenciją iki trečios valandos, praleidę net pietus. Pastoriai turėjo tokį didelį norą klausytis pamokslų, kad galėjau išvažiuoti tik pažadėjęs, jog vėl sugrįšiu konferencijai kitais metais. Kita pastorių konferencija ir prabudimo susirinkimai turėjo 8,000 lankytojų.

Tų metų Korėjos ambasadorius Argentinoje apsilankė susirinkime ir pasakė: „Norėčiau padėkoti Gerb. Džeirokui Li už tai, kad jis atvežė į Argentiną uolų Evangeliją skelbiančių Korėjos bažnyčių tikėjimą". Jis puikiai atsiliepė apie šį prabudimą,

Argentinos Pastorių konferencija (1996)

Bažnyčios pašventinime kartu su meru Barela

Evangelizacija Argentinoje

pareiškęs, kad tai buvo didelis civilinio sektoriaus diplomatinis indėlis.

Be to daug žmonių išsigydė per Šventosios Dvasios ugninius darbus. Tai galima pasakyti apie pastorių Eduadorą Lečio, Argentinos krikščioniškų bažnyčių asociacijos pirmininką. Jis buvo išgydytas nuo odos vėžio ir chroniškų skrandžio ligų, ir pašlovino Dievą.

Iš nevilties į viltį

Kiekvieno gyvenime yra gyvenimo slėniai ir aukštumos. Bet jei žmonės suserga nepagydomomis ligomis arba per vėlai sužino, kad serga, ir medicina nebegali jiems padėti, jie gali pulti į neviltį. Tačiau Dievo meilė nenulauš įlūžusios nendrės ir neužgesins gruzdančio dagčio. Ir Savo meile Jis visuomet rodo stebuklus tiems, kurie žengia tikėjimu.

Išnykęs trijų kilogramų svorio gumbas

Diakonė Sunšim Kan pradėjo lankyti Josu Manmin bažnyčią. 1997 metų birželį ant savo kūno ji aptiko kiaušinio dydžio gumbą. Kai ryte ji pabudo, jos kūnas buvo ištinęs. Pilvo apatinėje dalyje ji jautė sunkumą. Jai taip pat buvo sunku vaikščioti ir jai greitai pradėdavo trūkti oro.

Birželio 14-tą Čonam ligoninėje jai nustatė diagnozę. Ji turėjo didelį 3 kg svorio gumbą ir tai buvo vėžys, gimdos mioma. Tai buvo paskutinė gimdos vėžio stadija. Gydytojas pasakė, kad, net pašalinus gumbą, ten aplinkui liktų dešimt mažų šaknelių, taigi, tai buvo nepagydoma ir grėsė mirtimi. Ji galėjo vaikščioti tik kieno nors padedama. Kai ji atsiguldavo, jos skrandis dėl to gumbo nesusmukdavo, o atvirkščiai, išsikišdavo. Užuot apsisprendusi beviltiškai operacijai, ji paprašė Dievo malonės ir už ją buvo pasimelsta malda, kuri įrašyta į bažnyčios telefono autoatsakiklio sistemą.

Kadangi, lankydama Josu Manmin bažnyčią, ji matė ir girdėjo apie Dievo darbus, ji tikėjo, kad gali būti išgydyta, jei ji pasitikės Dievu.

Prieš du metus, 1995-ųjų gegužę, diakonė Sunšim Kan paliudijo savo tetai Emčon Kim ir jos abi apsilankė trečiajame prabudime. Šios pagyvenusios ponios nugaroje nebebuvo dviejų kremzlių. Jos nugara buvo sulenkta 90 laipsnių ir ji negalėjo normaliai vaikščioti jau dešimt metų.

Nors jos nugarai pasveikti nebuvo jokių medicininių galimybių, ji po maldos prabudimo susirinkime vienu kartu tapo tiesi. Nuo tada Emčon Kim, turėdama ištiesintą nugarą, vaikščiojo patogiai stovėdama vertikaliai.

1997 m. birželio 25-tą diakonė Kan išgirdo, kad aš vadovausiu prabudimo susirinkimams, skirtiems Ulsan Manmin bažnyčios naujos šventyklos atidarymui. Ji atvyko ten į prabudimą. Ji tikėjo, kad bus išgydyta, jei aš už ją pasimelsiu. Dievas ją išgydė, kaip ji ir tikėjo.

Kuomet už ją buvo pasimelsta, Šventosios Dvasios ugnis padarė joje darbą. Nuo to laiko jokio gumbo savo apatinėje pilvo dalyje ji jau nebejautė, išnyko visi simptomai. Po mėnesio ji nuvyko į ligoninę, gydytojas buvo labai nustebęs.

„Kada gi suspėjo tau padaryti operaciją ir pašalinti auglį?"

„Man nedarė operacijos. Aš buvau išgydyta, kuomet pastorius už mane pasimeldė. Dievas mane išgydė".

Ji pilnai atgavo sveikatą ir pasišventusiai darbavosi Viešpačiui.

Agrocheminio apsinuodijimo išgydymas

Ulsan Manmin bažnyčios naujosios šventyklos atidarymo tarnavime Okča Kim dalyvavo dėvėdama ligoninės chalatą. Ji turėjo ką papasakoti.

Būdama 18 metų ji ištekėjo ir jie vertėsi žemės ūkiu. Po vieno nelaimingo atsitikimo ji jau nebegalėjo turėti vaikų, ir kas dieną gyveno jausdama dėl to kaltę.

Jos šeima turėjo daug problemų ir 1997 metų birželio 17-tą ji susikivirčijo su savo šeimos nariais. Jos šeimos narių netikėtumui, ji išgėrė visą butelį „Gramokson" herbicidų. Jie nuvežė ją į ligoninę.

Gydytojas pasakė, kad tai yra labai stiprūs nuodai, nuo kurių galima mirti vien jiems patekus į burną. Jokių priešnuodžių tam nebuvo, ir jai beliko gyventi ne ilgiau, kaip penkiolika dienų. Gydytojas pasakė jos šeimos nariams ruoštis laidotuvėms. Bet jos jaunesnysis brolis, lankęs mūsų bažnyčią, skelbė jai evangeliją ir davė jai paklausyti pamokslo „Žinia apie kryžių" įrašo juostų. Jis taip pat parūpino jai „Maldos už ligonius" įrašą telefono autoatsakiklyje.

Kvandžu Manmin bažnyčios pastorius ir jos nariai su meile ja rūpinosi ir diegė joje tikėjimą. Jai sugrįžo noras gyventi ir birželio 25 d. ji atvyko į Ulsan Manmin bažnyčią. Kai aš už ją pasimeldžiau, ji pradėjo gausiai prakaituoti.

Pasibaigus prabudimo susirinkimui, grįždama į Kvandžu, pakeliui ji nepaliaujamai prakaitavo, kol, galų gale, nepermirko jos rūbai. Ji jautė didžiulį karštį ir skausmas vis stiprėjo. Vėliau ji sužinojo, kad tai vyko dėl to, kad agrocheminiai nuodai sunkėsi iš jos kūno. Tai buvo tas momentas, kai Šventoji Dvasia degino nuodus.

Kitą rytą įvyko stebuklas. Skausmas išnyko ir ji jautėsi gerai. Be to, jos širdį užliejo ramybės jausmas. Gydytojai taip pat buvo

Ok Dža Kim išsigydė nuo apsinuodijimo ir pagimdė pirmą vaiką po 21 metų santuokoje

nustebę, bei nuodugniai patikrino jos sveikatą. Jos pažeista stemplė, sunykusios kepenys ir plaučiai, bei visos kitos kūno vietos pasveiko ir tapo normalios.

Be to, kai ji gėrė tuos herbicidus, jų lašelis pateko į jos kairę akį ir akies obuolio jau beveik nebebuvo. Ji būtų netekusi regėjimo arba būtų turėjusi rimtų regos sutrikimų. Tačiau po poros dienų mes už ją pasimeldėme, akys buvo sveikos ir ji turėjo gerą regėjimą.

1997 m. lapkritį ji kartu su Kvandžu Manmin bažnyčios nariais atvyko į Seulą, į penktadienio naktinį tarnavimą, ir aš dar kartą už ją pasimeldžiau. Po mėnesio ji pajuto, jog kažkas keisto vyksta jos kūne. Ji nuvažiavo į ligoninę pasitikrinti sveikatos. Ji buvo nėščia! Anksčiau dėl savo kūno būklės ji negalėjo turėti kūdikio. Bet per Dievo palaimą ji pastojo, praėjus dvidešimt vieneriems jų vedybiniams metams.

Jai teko išgyventi daug sudėtingų situacijų ir jos širdis buvo prislėgta dėl to, kad ji negalėjo turėti vaiko. Bet, kai Dievas ją palietė, ji vienu momentu buvo išgydyta. Ji pagimdė sūnų ir laimingai gyvena.

Šventoji Dvasia veikia per maldą, įrašytą telefono autoatsakiklyje

Visagalio Dievo darbai reiškėsi net per negyvus daiktus, kaip prietaisai. Ilgon Čo pasiūlė bažnyčiai įsigyti automatinę telefono autoatsakiklio sistemą, kurioje būtų įrašyta malda už ligonius.

Nuo to laiko, kai jis pradėjo lankyti bažnyčią, jo dukra buvo išgydyta nuo timpanito, o jis pats gavo išgydymą nuo chroniško odos susirgimo. Dievas parodė daug raiškių Šventosios Dvasios darbų per tą maldą, įrašytą i telefono autoatsakiklį.

Štai kas vyko Daljon Li šeimoje 1996 metais. Jo sesuo Boksun Li prižiūrėjo savo 2-ų mėnesių sūnėną Čonthek. Jis nurijo didelę vynuogę ir ši įstrigo. Jo veidas pamėlynavo ir jis pradėjo netekti sąmonės, nes duso.

Vynuogė užblokavo kvėpavimo takus. Boksun Li ir kūdikio motina nuvežė jį į vietinę ligoninę. Vynuogė atsidūrė kairiajame plautyje ir jame susidarė didelė kraujosrūva. Kairysis plautis padidėjo, o tai buvo pražūtinga smegenims. Būtinosios pagalbos skyriuje vaikas pradėjo netekti reakcijos ir jo tinklainė taip pat pradėjo džiūti. Deguonies kaukė negalėjo pagelbėti jo kvėpavimui. Panaudojus elektrošoką, jo širdelė plakė silpnai. Bet netrukus širdis vis nustodavo plakti kas 30 minučių.

Kuomet tėvas pasakė gydytojui, kad jis nori nuvežti vaiką į kitą ligoninę, iš pradžių gydytojas su tuo nesutiko. Gydytojas jam paaiškino, kad, net jeigu vaikas išgyventų, jis bus protiškai atsilikęs arba invalidas, kadangi jo smegenys jau buvo pažeistos. Gydytojas patarė tėvui nedaryti vaikui didesnių sunkumų ir kančių.

Kažkokiu būdu, kūdikis buvo priimtas į Samsung medicinos centrą su sąlygomis, kad ligoninė neprisiims atsakomybę už jo gyvybę. Dėl dehidratacijos reikėjo intraveniškai lašinti skysčius, bet jie negalėjo rasti venos. Gydytojas pasakė, kad vaikas buvo per mažas operacijai ir tikimybė išgyventi buvo maža.

Tuo laiku Daljon Li ir jo žmona buvo netikintys. Bet jo sesers Boksun Li pasiūlymu, jie gavo maldos telefono autoatsakiklio sistemoje įrašą. Boksun Li, pasninkaudama tris dienas, meldėsi už kūdikį. Daljon Li taip pat pasninkavo tris dienas ir kas dieną klausėsi maldos, įrašytos į telefono autoatsakiklį. Tada vaikas pradėjo sveikti.

Apytiksliai tuo laiku, kai baigėsi trijų dienų pasninkas, kūdikis iš skubios pagalbos skyriaus buvo perkeltas į bendrąją palatą.

Per vieną savaitę turėjęs mirti kūdikis visiškai pasveiko. Buvo manyta, kad jis būtų turėjęs kokių nors protinių problemų, net, jei išgyventų, bet jo protas buvo sveikas. Jo plautyje išnyko net vynuogės sėklos. Dievas juos ištirpdė Šventosios Dvasios ugnimi. Gydytojams tai buvo tarytum galvosūkis.

Per tai Daljon Li ir jo žmona pradėjo tikėti visagale Dievo jėga ir meile. Jie priėmė Viešpatį ir tapo krikščioniais. Jų sūnus Čontek auga geru vaikeliu, mylimas bažnyčioje ir mokykloje.

Daljon Li ir jo sūnus Čžon Tchek, atgaivintas Dievo malonės (1996)

Čžon Tchek – dabar sveikas berniukas

Palydovinio ryšio dėka

Mūsų bažnyčios tarnavimai transliuojami Korėjoje per palydovinį ryšį. Per tas palydovines transliacijas dukterinėse bažnyčiose reiškėsi Šventosios Dvasios darbai. 1998 m. liepą Engion Sin buvo pagydyta nuo savo ligos, kuomet pirmą kartą atėjo į Masan Manmin bažnyčią.

Engion mama pasakė: „Engion, aš apsilankiau Masan Manmin bažnyčios šlovinimo tarnavime ir radau širdžiai ramybę. Gal ir tu norėtum su manimi nueiti?" Tuo metu Engion mokėsi aštuntoje klasėje. Ji nustebo, kuomet jos netikinti motina paragino ją nueiti kartu į bažnyčią. Taigi, ji pradėjo lankyti Masan Manmin bažnyčią. Nuo pat tada, kai Engion mokėsi trečioje klasėje, ją kamavo neurozė, gastritas ir galvos skausmai, ji neturėjo jėgų ir apetito. Jai buvo sunku mokytis.

Kai ji mokėsi ketvirtoje klasėje, jai atsirado kvėpavimo sunkumų. Kartą, kai ji mušėsi sau į krūtinę, nes jai buvo sunku kvėpuoti, ji neteko sąmonės ir buvo nuvežta į ligoninę. Kai ji perėjo į vidurinę mokyklą, ji susirgo juostine pūsleline. Jai kasėsi ir dūrė visą kūną. Dėl aštrių galvos skausmų ji negalėdavo užmigti. Ji jautėsi taip, lyg jos galva tuoj sprogtų.

Mergaitė buvo tokia liesa, jog atrodė kaip skeletas. Ji vartojo vaistus, bet pasveikti nebuvo taip lengva. Taip pat kentėjo ir jos šeimos nariai. Nuo pat mažumės lankiusi bažnyčią, ji neturėjo tikro tikėjimo. Ją nuolat kamavo skausmai, tad ji jau buvo neviltyje.

1998 m. liepos 12 dieną ji apsilankė sekmadieniniame palydovinio ryšio tarnavime Masan Manmin bažnyčioje. Po pamokslo ten vyko malda už ligonius, ir ji uždėjo savo rankas ant sergančių vietų ir priėmė maldą. Tuo momentu Dievas

Šventosios Dvasios ugnimi išgydė ją nuo visų jos ligų.

Staiga išnyko visi skausmai. Nuo tų laikų ji nevartojo jokių vaistų. Ji gyvena nesirgdama ir kaip solistė gieda mūsų bažnyčioje.

Pamokslavau apie menką biudžetą anksčiau už Tarptautinį valiutos fondą

1997 m. lapkričio 2 d. sekmadienio rytiniame tarnavime aš paskelbiau, kad parūpinau autobuso talonų, kuriuos galima bus gauti bažnyčios priėmimo salėje. Bet kas galėjo naudoti juos tam, kad atvyktų į bažnyčią.

Tuo metu buvo mažai žmonių, žinojusių akronimą TVF, kuris reiškė „Tarptautinis valiutos fondas". Aš taip pat jo nežinojau, bet, kadangi Dievas leido man iš anksto žinoti, kad Korėjos ekonomika atsidurs sudėtingoje situacijoje, aš parūpinau važiavimo autobusu talonus tiems nariams, kurie turėjo finansinių sunkumų.

Dar nepraėjus vienam mėnesiui, spaudoje buvo kalbama apie Korėjos TVF laikotarpį. 1997 m. lapkričio 21 d. šalį ištiko finansinė krizė. Vyriausybė paprašė paskolos iš TVF ir Korėjos ekonomikoje prasidėjo maišatis. Daug įmonių bankrutavo ir daugybė žmonių liko be darbo bei buvo išvaryti į gatvę.

Aš taip pat stengiausi užveržti savo biudžetą. Savo šeimos

narių aš paprašiau valgyti tik ryžius ir ne daugiau 3 kartų per dieną. Aš taip pat paprašiau, kad jie rečiau vaikščiotų į turgų. Akivaizdu, kad aš pirmas turėjau suveržti diržą, nes bažnyčios nariai išgyveno didelius finansinius sunkumus.

Praėjo daug laiko iki tam įvykstant, kuomet aš jau sužinojau apie artėjančią ekonominę krizę. 1995 m. gruodį Dievas leido man žinoti, kad Korėjoje bus ekonominė krizė, ir liepė man užveržti mūsų biudžetą.

Taigi, 1996 m. sausio 28 d. tarnavime, skirtame bažnyčios darbuotojams, aš pamokslavau „Palaiminimai ekonominių sunkumų laiku". Aš patariau bažnyčios nariams suspausti savo biudžetą visose sferose. Nei kiek iš bažnyčios atlyginimo ar biudžeto neišleidau pastorinei veiklai. Aš atgal atiduodavau tai Dievui, kaip tai ir buvo duota.

Kai tie, kurie buvo išgydyti ir gavo malonę per mano maldą norėjo išreikšti savo dėkingumą, aš sukaupdavau tuos paaukojimus ir pateikdavau juos Dievui labdaringiems ir misionieriškiems darbams.

Dievas davė man gausius finansinius palaiminimus, bet aš turiu įprotį taupyti net centą. Tai tam, kad padėčiau bent dar vienam vargstančiam ir daryčiau daugiau misionieriškų darbų.

Ir mūsų bažnyčia buvo ne ypatingoje finansinėje padėtyje, bet mes vis vien padėdavome kitoms, sunkumus turinčioms bažnyčioms, ypač kaimo bažnyčioms, kokiai denominacijai jos nepriklausytų. Bažnyčia taip pat kiek galėdama aukojo labdarai bei stipendijoms tam, kad nebūtų badaujančių narių ir studentų, negalinčių tęsti mokslų todėl, kad negali už juos sumokėti.

15-osios bažnyčios metinės

1997 m. spalio 12 d. daug svečių suvažiavo švęsti 15-ąsias bažnyčios metines. Tuo metu mes turėjome ypatingą svečią. Vyresnioji Chicho Li, „Nacionalinio Naujosios Politikos Kongreso" partijos pirmininko ir Azijos ir Ramiojo vandenyno šalių taikos fondo tarybos nario Kim Dečuno žmona aplankė mus per mūsų metines.

Laikui bėgant, mes vis dažniau dalyvaudavome misionieriškoje veikloje, organizuojamoje įvairių Korėjos bažnyčių susivienijimų, ir mūsų paramos reikėdavo vis daugiau. Taigi, mūsų bažnyčios scenos menų komandos turėjo daug darbo. 1998 m. vasario 5 d. aš buvau pakviestas ir pamokslavau „Osanri pasninko maldų kalne". Gegužės 19 d. aš dalyvavau judėjime prieš smurtą mokyklose kaip prokurorų evangelizavimo komiteto vykdomasis prezidentas.

Mūsų bažnyčios „Nisi" orkestras tapo gerai žinomas krikščionių bendruomenėse ir grojo daugybėje renginių.

Vyresnioji Chi Cho Li, buvusi Korėjos prezidento žmona, aplanko 15-as bažnyčios metines

Jie grojo konferencijoje „Nugalėkime nacionalinę krizę malda", organizuotoje pagrindiniame olimpiniame stadione „Čamsil", labdaringame koncerte vargstantiems, „Šlovinimo koncerte", organizuotame prokurorų evangelizavimo komiteto, CBS (Krikščioniškojo radijo) 15-ame Velykų muzikiniame festivalyje, 44-ų CBS metinių koncerte ir jų surengtame „XXI amžiaus vizijos" judėjime. Jie taip pat grojo daugelyje kitų vietinės reikšmės koncertų visoje šalyje.

Mano pamokslai buvo transliuojami 980 minutes per savaitę FEBC (Tolimųjų Rytų Transliacijos centro) ir CBS. Pamokslai taip pat buvo rodomi per televiziją kitose šalyse, tokiose kaip Jungtinės Valstijos, Rusija, Kanada ir Australija. 1998 m. rugpjūtį mūsų bažnyčia pradėjo tiekti tiesioginę tarnavimų transliaciją internetu. Per šias transliacijas taip pat vyko daug išgydymo darbų. Vietinės Korėjos bažnyčios mūsų tarnavimuose per palydovinį ryši galėjo dalyvauti jau nuo 1996-ųjų gruodžio mėnesio.

„Ne – smurtui mokyklose" judėjimas

2002 m. Pasaulio Taurės Misijų įkūrimo tarnavimas

Orkestras „Nisi" įvairiuose krikščioniškuose renginiuose

Dievui reikia kviečių

Mūsų misijų lauko plėtimas yra svarbus reikalas, bet pastoriaus tarnavimo esmė yra tikinčiuosius padaryti tarytum kviečius, kaip Mato 3:12. Ten parašyta: „*Jo rankoje vėtyklė, ir Jis kruopščiai išvalys savo kluoną. Kviečius surinks į klėtį, o pelus sudegins neužgesinama ugnimi*".

Dievas nori, kad Jo vaikai taptų tikrais kviečiais ir štai kodėl Jis iki šiol dirba su žmonija. Krikščionys turėtų būti pajėgūs atskirti, ar jie yra tikri kviečiai, mylintys Dievą ir gyvenantys pagal Jo žodį, ar jie yra pelai, kurie myli pasaulį ir savo kūno geismu, akių geismu ir gyvenimo išdidumu eina į kompromisą su pasauliu.

Kviečiai gali gauti amžinąjį gyvenimą ir eiti į dangų, bet pelai bus pasmerkti pragaro liepsnai ir amžinai kentės. Jei pateksime į dangų, mes pagal mūsų tikėjimą ir darbus turėsime skirtingas buveines ir skirtingą šlovę. Šį faktą patvirtina daugelis Biblijos vietų.

Apaštalas Paulius 1 Korintiečiams 15 skyriuje šitaip pasisakė apie prisikėlimą: *„Vienokia yra saulės šlovė, kitokia šlovė mėnulio ir dar kitokia šlovė žvaigždžių. Ir žvaigždė nuo žvaigždės skiriasi šlove"* (1 Korintiečiams 15:41). Pagal tai, ką mes nuveikėme žemėje, mums bus suteikta saulės šlovė, mėnulio šlovė arba žvaigždžių šlovė.

Mylėti Dievą

Jono 14:15 yra užrašyti Jėzaus žodžiai: *„Jei mylite Mane, laikykitės Mano įsakymų"*. Laikytis Jo įsakymų yra daryti tai, ką Dievas liepia mums daryti, nedaryti to, ko Jis liepia nedaryti, atsikratyti to, ko Jis liepia atsikratyti ir laikytis Jo įstatymų.

Patarlių 8:13 pasakyta, kad Viešpaties baimė – nekęsti pikto, o 1 Tesalonikiečiams 5:22 parašyta, kad mylintys Dievą susilaikys nuo visokio blogio.

Jei mes gyvename šviesoje ir pagal Dievo Žodį, mes galime laimėti Viešpaties širdį ir tapti dvasingais. Be to, mes galime tapti tinkamais įeiti į Naująją Jeruzalę, jei esame ištikimi Dievo namuose ir subręsime iki sveikos dvasios atvaizdo.

Kai buvau mažas, mano mama vaikščiodavo į turgų su sunkiu nešuliu ant galvos. Mažiausias atstumas iki ten buvo 12 km, taigi, 24 km ten ir atgal. Kai man buvo 5 arba 6 metai, aš visuomet lydėdavau ją į turgų.

Turėjau eiti pėsčiomis nuo ankstyvo ryto iki vėlyvo vakaro, bet neparodydavau, kad man labai skaudėjo kojas, nes būti su ja man patikdavo labiau, negu likti vienam namuose. Turguje buvo daug įdomių dalykų, bet labiausiai mano dėmesį pritraukdavo saldainių pardavėja.

Man bėgdavo seilės vien tik pamačius didelius saldainius. Mūsų užkandžiais būdavo tik saldžios bulvės ir kukurūzai. Bet mums norėjosi dar kažko. Mama negalėjo nepastebėti, kad aš labai noriu saldainio.

Tuomet ji sakydavo: „Džeirokai, tikriausiai nori saldainių?"

Ji jau ruošdavosi ištraukti iš kišenės 1 voną. Tuo momentu aš sulaikydavau jos ranką ir sakydavau: „Mama, aš jų nenoriu. Eime skubiau".

Už 1 voną ji galėjo nupirkti daug saldainių. Bet mano mama ėjo pėsčiomis tokį ilgą kelią, kad tik sutaupytų pinigų, užuot važiavusi autobusu. Vienas vonas jai buvo tikrai dideli pinigai. Suprasdamas tai, stengiausi malšinti savo norą valgyti saldainius.

Aš kiek galėdamas stengiausi nesukelti tėvams jokių rūpesčių ir įtikti jiems. Nuo tada, kai susitikau su Dievu, mano dvasios Tėvu, dabar mano vienintelis noras yra įtikti Jam.

Jei manyje būtų blogio, kurio Dievas nekenčia, kaip tai Jį nuliūdintų! Negalėjau priimti tokio blogio. Aš ėmiau varyti lauk iš savo širdies blogį pasninkavimu ir maldomis.

Ko mums reikia klausytis?

Dievas parodė ateities įvykius

Nuo 1998-ųjų Naujųjų metų tarnavimo aš labai daug verkiau. Dažnai, pamokslaudamas už sakyklos, liejau ašaras. Tai tęsėsi vienerius metus. Kadangi Dievas pranešdavo man apie bažnyčią ištiksiančius išbandymus ir apie žmones, dėl savanaudiškų siekių norėsiančius mane apgauti, turėjau raudodamas melstis. Dievas man pasakė, kad per tris išbandymus Jis išraškys piktžoles ir kviečiai bus atskirti nuo pelų. Tai buvo Dievo apvaizda, kad mes įvykdytume pasaulinę misiją ir Jo pašventintų žmonių rankomis pastatytume Didžiąją šventyklą.

1998 m. gegužę po prabudimo susirinkimo Dievas davė man regėjimą, kuriame parodė Didžiąją šventyklą, kuri Dievo apvaizda turės iškilti paskutiniuoju laiku. Jis taip pat parodė man tai, kas vyks tuoj pat po Paėmimo. Aš mačiau daugybę žmonių, atėjusių į šlovinimo tarnavimą Didžiojoje šventykloje. Vienu akimirksniu lubose atsivėrė kryžiaus formos anga ir daug tikinčiųjų buvo pagauti į orą. Tie, kurie buvo paimti, virto dvasiniais kūnais, dėvinčiais baltus lininius drabužius.

Bet aš taip pat pamačiau tuos, kurie nebuvo paimti ir liko žemėje. Kuomet jie suvokė, kad yra palikti, juos apėmė didžiulė neviltis. Kai kurie apalpo iš nusivylimo. Kiti raudodami mušėsi į grindis. Tų nepaimtųjų tarpe buvo pagrindinių pastorių ir darbuotojų, kurie dirbo kartu su manimi. Aišku, aš žinojau, kodėl taip įvyko. Jie manė, kad buvo tikintys, bet Dievo akyse jie buvo ne kviečiai, o pelai. Tie, kurie liko žemėje, atgailavo besidraskančią širdimi, bet išgelbėjimo durys jau buvo uždarytos. Jie susirinko Didžiojoje šventykloje melstis ir šlovinti Dievą. Tačiau Šventoji Dvasia jau buvo paimta ir jie negalėjo gauti jokios Dievo malonės. Tai buvo piktas, velnio kontroliuojamas pasaulis, ir jie negalėjo gauti jokios Šventosios Dvasios pagalbos.

Vestuvių puota danguje, didysis sielvartas žemėje

Tikintieji, kurie yra tarsi kviečiai, bus pagauti į orą, susitiks su Viešpačiu ir dalyvaus septynis metus trunkančioje Vestuvių puotoje ore. Tas laikas jiems bus tarsi sapnas. Tuo tarpu žemėje bus septynis metus trunkantis Didysis sielvartas. Tuo metu, kaip parašyta Apreiškimo knygoje, vyks Trečiasis pasaulinis karas. Stipresnės tautos naudos savo masinio naikinimo ginklus ir atominius ginklus. Žemę ištiks toks sielvartas, kurio jai dar nebuvo tekę patirti.

Didžioji šventykla, pastatyta mūsų bažnyčios, bus užgrobta piktos žmonių grupės ir naudojama kaip kankinimo vieta. Kai kurie galbūt liks gyvi po Trečiojo pasaulinio karo katastrofos, bet, kai pasirodys antikristas, jie nebegalės gyventi, nepriėmę 666 ženklo. Tai dėl to, kad jis uždraus pirkti ir parduoti be to ženklo ant kaktos arba ant dešiniosios rankos (Apreiškimo 13:16-18).

Ženklas 666 yra tas pats, kas bilietas į pragarą, ir tie, kurie tai žino, bėgs į kalnus, kad išvengtų šio paženklinimo. Bet jie bus persekiojami ir pagauti. Atsisakę priimti 666, jie bus kankinami. Dievas parodė man kankinimų vaizdus. Kankinimų įranga buvo tikrai baisi, jos technologija buvo sudėtinga. Kai kurie kankinami atsižadės Viešpaties Jėzaus ir gaus ženklą 666. Jie žinos, kad negalės būti išgelbėti, jei atmes Viešpatį Jėzų ir priims ženklą 666, bet jie nepajėgs ištverti kančių.

Įsivaizduokite, kaip jūsų brangūs vaikai ar tėvai būtų neįsivaizduojamai žiauriai kankinami. Iškęsti skausmą ir tapti kankiniu yra itin sunku. Tie, kurie iškęs šias kančias ir taps kankiniais, gaus gėdingą „antraeilį išgelbėjimą".

Maldavau Dievą su raudomis ir ašaromis

Ponia H. buvo vienos iš mano bažnyčių pastorė. Dievas suteikė jai daug galimybių atgailauti ir pradėti iš naujo, bet ji to nepadarė. Dievas suteikė jai brangią dovaną ir Savo malonę, bet ji išpuiko. Ji gyveno nuodėmėse ir sukeldavo problemų bažnyčioje. Iki pat paskutinės akimirkos ji atsisakydavo atsigręžti nuo savo egoistiškų tikslų. Galiausiai, Dievas atsigręžė nuo jos.

Tuo metu ji jau vykdė šėtono valią. Ji manė, kad galės kontroliuoti visą bažnyčią, jei tik jai pavyks atsikratyti manęs. Kartu su kitais bažnyčios nariais ji surezgė sąmokslą. Pranešusi transliacijų stočiai melagingus liudijimus, ji apgavo daug žmonių.

Galų gale, apšmeižusi mus, ji paliko bažnyčią. Pamačiau

regėjime, kad ji buvo palikta septynių metų Didžiajam sielvartui ir buvo kankinama. Buvau taip šokiruotas, kad ėmiau raudoti, pamatęs žmones, kurie nebuvo pagauti į debesis ir pasiliko žemėje.

Meldžiausi: „Tėve, Dieve, nei vienas neturi pasilikti žemėje. Ypatingai iš tų, kurie yra kitų mokytojai, pagrindiniai pastoriai ir bažnyčios darbininkai neturi likti žemėje septynių metų Didžiojo sielvarto laikotarpiui. Prašau, leisk jiems atgailauti ir priimti išganymą".

Dėl antraeilių dalykų aš neverkdavau, bet nuo to laiko, kai pamačiau tą vaizdą, dažnai pradėjau raudoti. Kai eidavau į kalną melstis, laikiausi vien Dievo, verkdamas prašiau Jo, kad nepaliktų jų.

Atsivėrė dvasinė sfera

1998 m. gegužės 4-14 dienomis organizavome šeštuosius dviejų savaičių ypatingo prabudimo susirinkimus, o tema buvo „Dievas yra Šviesa". Dauguma bažnyčios narių ruošėsi jiems pasninkaudami ir melsdamiesi. Po prabudimo daugeliui jų atsivėrė dvasinis regėjimas, jie prisipildė Dievo malonės. Jei mylime Dievą, nuolatos meldžiamės. Mes visuomet turėsime norą girdėti Jo balsą ir matyti dvasinę sferą. Pavyzdžiui, mes norėtume kasdien susitikti su savo artimaisiais, tad, jei mylime Dievą Tėvą, visuomet norėsime Jį matyti ir girdėti Jo balsą.

Dievas pamatė, kad mūsų bažnyčios nariai stengėsi gyventi Žodžiu, gyventi šviesoje. Jis išliejo jiems Savo malonę ir daugelis jų pradėjo matyti dvasinę sferą. Toliau įvyko daug dalykų, kurių metu jie galėjo patys išgyventi Dievo darbų jėgą. Jokūbo 1:17 skaitome apie tai: „*Kiekvienas geras davinys ir kiekviena tobula dovana yra iš aukštybių, nužengia nuo šviesybių Tėvo, kuriame nėra permainų ir nė šešėlio keitimosi".*

Apaštalų Darbų 3 skyriuje Petras pakėlė luošąjį, ir tas atsistojo ant kojų. Kai Petras ir Jonas pamokslavo Viešpaties Jėzaus prisikėlimą, 5,000 žmonių priėmė Viešpatį Jėzų per vieną dieną. Pareigūnai, lyderiai ir Rašto žinovai, kuriems nepatiko geros naujienos apie prisikėlimą, pašaukė apaštalus ir grasino jiems, reikalaudami nustoti skelbti Evangeliją. Apaštalų Darbų 4:18-20 parašyta: *„Ir vėl juos pasišaukę, įsakė jiems išvis neskelbti ir nemokyti Jėzaus vardu. Tačiau Petras ir Jonas jiems atsakė: „Spręskite patys, ar teisinga Dievo akivaizdoje jūsų klausyti labiau negu Dievo! Juk mes negalime nekalbėti apie tai, ką matėme ir girdėjome"".*

Jeigu apaštalai, žinodami, kad tai buvo Dievo valia, bijotų skelbti Evangeliją tik dėl persekiojimų ir kančių, krikščionybė visiškai nepasklistų po pasaulį.

Tačiau aistringai mylinčių Dievą ir mirties nebijančių apaštalų pastangomis, šiandien krikščionybė žydi ir atneša savo vaisių.

Negalėjome paneigti to, ką matėme ir girdėjome

Tie, kurių dvasinės akys buvo atvertos, matė Viešpatį, pranašus ir angelus. Jie net girdėjo dvasinius balsus. Kai, matydami dvasinę sferą, jie prisipildydavo Dievo malonės, jie kalbėjo apie tai ir kitiems. Tačiau, nepaisant to, kad jie tik aiškino tai, ką matė, savaime suprantama, kad, kai žmonės tai perpasakojo vieni kitiems, kai kas buvo praleista, o kai kas pridėta.

Kalbėti apie tai nėra blogai, bet, kai žmonės prie to, ką tie matė, pridėdavo savo minčių, nesugebėdavo atskirti, ką sakyti ir ko nesakyti, tai sukėlė problemų. Bet aš negalėjau sustabdyti to bažnyčioje, pasitelkdamas tokių šalutinių padarinių baimę. Turėjau prisiimti atsakomybę, kad jie turėtų daugiau Dangaus vilties ir augimo į gilesnį dvasingumo lygį, kad Naujoji Jeruzalė būtų jų pagrindiniu tikslu.

1998 m. birželį kai kuriems bažnyčios darbuotojams pasakiau štai ką: „Už tai, kad bažnyčios nariai mato dvasinę sferą, aš būsiu pasmerktas ir vadinamas eretiku. Artėja didžiulis išbandymas. Tačiau, kadangi regėti dvasinę sferą yra Dievo valia, aš neturiu kito pasirinkimo, kaip tik eiti tuo keliu, kuriuo mes einame".

Žinojau, kad tam tikru momentu tai sukels mums didžiulę bangą, bet aš neužstojau jiems kelio matyti dvasinę sferą. Tai juk Dievas atvėrė jų dvasines akis ir leido jiems matyti dvasinius dalykus, tad aš net nedrįsčiau mėginti jiems trukdyti.

Kuo daugiau mes žinosime apie dvasinę sferą, tuo labiau mes ilgėsimės dangiškosios karalystės ir būsime pajėgūs atsikratyti pasaulio tamsos. Mes turėsime daugiau vilčių patekti į dangišką karalystę ir augsime, įgaudami dvasinį tikėjimą, ir kreipsime savo žvilgsnį link Naujosios Jeruzalės.

Priešas velnias visuomet ieškojo Mesijo, net prieš gimstant Jėzui. Kai tik Jėzus gimė, velnias mėgino jį nužudyti per Erodą. Tas pats vyko ir Jo tarnavimo žemėje metu. Kai atėjo laikas, velnias sukurstė piktus žmones ir Ji nukryžiavo.

Dievo karalystė gaunama tik per dvasinę kovą. Pastoriai ir Dievo darbuotojai turi pažinoti dvasinę sferą. Nežinodami jos, mes negalėsime kontroliuoti priešo velnio ir šėtono. Tik tiksliai žinodami jo asmenybę, mes galėsime jį kontroliuoti ir rodyti Dievo jėgą.

Apaštalų darbų 16:16-18 mes matome, kad buvo viena tarnaitė, kuri sekiojo paskui apaštalą Paulių ir kėlė jam daug problemų. Ji buvo apsėsta demono ir buvo ateities spėjėja. Bet Paulius neišvarė demono.

Jam būtų pakakę tik pasakyti: „Netyroji dvasia, išeik Jėzaus Kristaus vardu!" ir demonas būtų išėjęs, bet kodėl gi jis tiesiog taip viską ir paliko? Jis laukė, nes žinojo, kad to jam daryti nereikia.

Jei jis būtų išvaręs tą demoną iš tos moters, žmonės, kuriems ji uždirbdavo pinigus savo ateities spėliojimu, būtų netekę pinigų šaltinio ir jį persekiotų. Tačiau, kai jis jau daugiau nebegalėjo to kęsti ir išvarė tą demoną, kas nutiko? Jis buvo išvestas prieš visuomenę. Nuo jo buvo nuplėšti rūbai ir jis buvo sumuštas ir kraujavo, o paskui buvo įmestas į kalėjimą.

Biblija – tai knyga apie dvasinę sferą. Priešas vardu velnias ir šėtonas nekenčia, kai žmonės mato dvasinę sferą. Tai dėl to, kad per tai evangelija bus pamokslaujama ir Dievo karalystė įsitvirtins dar stipriau. 2 Karalių 6:17 parašyta: *„Eliziejus meldėsi: „Viešpatie, atverk jo akis, kad matytų". Viešpats atvėrė tarno akis, ir jis pamatė: štai kalnas buvo pilnas ugninių žirgų ir vežimų, supančių Eliziejų".*

Eliziejus savo dvasinėmis akimis matė kalną, pilną ugninių arklių ir vežimų. Taip pat, Steponas paskelbęs Evangeliją, buvo pripildytas Dvasios ir pasakė: *„Jis tarė: „Štai regiu atsivėrusį dangų ir Žmogaus Sūnų, stovintį Dievo dešinėje""* (Apaštalų Darbų 7:56). Tuomet pikti žmonės sušaukė garsiu balsu, uždengė savo ausis ir puolė jį, turėdami tik vieną tikslą. Jie užmušė jį akmenimis. Apaštalų Darbų 7 skyriuje, kuomet Steponas pamokslavo evangeliją ir atpažindavo žmonių nuodėmes, būtent nedorieji žmonės pyko ant jo (Ap. Darbų 7:54).

Bet, jei Steponas nebūtų pasakęs, kad Dangaus vartai buvo atsivėrę ir jis galėjo matyti Jėzų, jį nebūtų užmušę akmenimis.

Kadangi jo dvasinės akys buvo atvertos, ir jis kalbėjo apie dvasinę sferą, jie neapkentė to fakto, kad jis matė kažką tokio, ko jie nematė. Jie atsiliepdavo šitaip: „Kokie dar angelai?! Tai iliuzija! Jie klysta. Visa tai apgaulė!" Žmonės sako daug panašių klaidingų dalykų.

Antgamtiški vaizdai, pasirodę ant šventyklos kolonų

1998 m. birželio 21 d. po vakarinio susirinkimo ant keturių mūsų pagrindinio šventyklos altoriaus kolonų mes pamatėme antgamtiškus žmonių vaizdus. Manau, kad taip Dievas parodė savo pasitenkinimą mano pasirengimu vykti į kalną melstis po vakarinio susirinkimo. Jis liepė savo angelams palikti vaizdus ant keturių šventyklos kolonų. Dauguma žmonių net fiziškai regėjo tuos aiškius vaizdus.

Tai buvo Jėzaus ant kryžiaus su persmeigtu šonu, Pauliaus, Jono ir Petro vaizdai. Naujienos apie tai pasklido ir daugiau negu 7,000 žmonių apsilankė mūsų bažnyčioje, norėdami pamatyti tuos vaizdus per tą savaitę.

Patmo saloje mes matome Jono vaizdą. Jo kakta ištinusi, nes melsdamasis jis daug kartų trankėsi galvą į akmeninę sieną. Jono vaizde, kuris pasirodė ant šventyklos kolonos, jo kakta irgi buvo ištinusi. Petras turėjo plačią barzdą.

Kai bažnyčios nariai pamatė Jėzų, kraujavusį nuo įsmeigtų į Jo galvą erškėčių ir į šoną įdurtos ieties, jie buvo kupini emocijų. Šie vaizdai buvo matomi daug savaičių dieną ir naktį. Taip pat buvo padarytos nuotraukos ir vaizdo įrašai. Be to vienas iš diakonų, kuris buvo tapytojas, padarė jų eskizą.

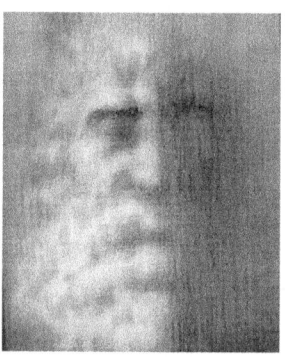

Apaštalas Jonas

Apaštalas Petras

Jėzus ant kryžiaus
Dailininko eskizai, padaryti iš vaizdų, pasirodžiusių ant kolonos

Dievas parodė dvasinio kūno šviesą

Žmonės turi kūną, bet tikrasis asmuo – tai dvasia. Kai Dievas, kuris yra dvasia, sukūrė žmogų, Jis įkvėpė į jo šnerves gyvybės kvapą. Taip žmogus tapo gyva siela (Pradžios 2:7). Kai mūsų gyvenimas čia žemėje baigsis ir mes pateksime į dangų, ten mes gyvensime dvasiniuose kūnuose. Tiek, kiek atspindime Jėzaus širdį ir atstatome Dievo atvaizdą, atitinkamai tiek skirsis kiekvieno mūsų šviesos spindesys.

Kai Mozė nusileido nuo Sinajaus kalno, nešdamas dešimt Dievo įsakymų, jo veidas taip ryškiai spindėjo, kad žmonės bijojo artintis prie jo. Pats Mozė to nežinojo, ir tik vėliau, kai žmonės bijojo prie jo priartėti, jis užsidėjo ant veido gaubtuvą. (Išėjimo 34:29-33).

Kitas įvykis buvo 1998 m. liepos 25 d. per penktadienio naktinio tarnavimo antrą dalį. Meilės Dievas, panorėjęs, kad tikintieji įgautų daugiau vilčių patekti į dangaus karalystę, parodė jiems dvasinio kūno šviesą. Tai galėjo pamatyti ne tik dvasiškai regintys žmonės, bet visi.

Vienu akimirksniu šviesa pradėjo plisti nuo mano dvasinio kūno ir išsisklaidė visur. Dėl tokios ryškios šviesos šlovinimo lyderio buvo neįmanoma matyti. Supintos gėlės, kurios puošė jo kaklą, persimainė į karūną. Kai priartėjau prie altoriaus centro, mano rūbai atrodė kaip ilga mantija, atrodžiau žymiai aukštesnio ūgio.

Šio įvykio transliacija buvo rodoma plačiaformačiame ekrane, ir bažnyčios nariai, kurie atėjo į šį susirinkimą, galėjo aiškiai tai matyti. Ši šviesa apgaubė viską aplinkui, tame tarpe ir tuos, kurie sėdėjo pirmose eilėse, o jie išgyveno stebuklingus dalykus: atsikratė nuovargio, net išsigydė.

Viena iš jų buvo Gion-ok Kim. 1996 m. spalį ji pateko į eismo įvykį. Jai diagnozavo labai rimtą 5 laipsnio abiejų kojų invalidumą. Ji net su ramentais vos paeidavo. Prieš pat eismo įvykį ji pradėjo lankyti mūsų bažnyčią. Pamačiusi tą šviesą per penktadienio naktinį tarnavimą, ji pagalvojo, kad tai kažkokia atošvaistė. Tačiau gerai įsižiūrėjusi, pamatė, kad tie, kurie įėjo į šviesą, išnyko. Ji paliudijo, kad aš atrodžiau žymiai aukštesnis, apsirengęs tarsi baltais lininiais drabužiais. Moteris patikėjo, kad tai nebuvo sutapimas ar kokia nors klastotė, bet paties Dievo darbas. Šviesa apėmė jos akis. Ji nenustojamai dejavo, bijodama, kad apaks. Tačiau po tarnavimo ji pastebėjo, kad gali laisvai vaikščioti be ramentų. Visą likusį gyvenimą ji buvo pasmerkta būti invalide, bet Dievo malone ji buvo išgydyta ir visiškai pasveiko. Kadangi tai yra dvasinis išgyvenimas, mokslas to negali paaiškinti, televizijos kompanija teigė, kad tai buvo išgalvota ir suklastota istorija.

Dievas apsaugojo bažnyčios narius

Meilės Dievas Savo liepsnojančiomis akimis apsaugodavo ne tik pagrindinės Seulo bažnyčios narius, bet taip pat ir dukterinių bažnyčių tikinčiuosius po visą šalį.

1998 m. kovo 15 d. Tegu Manmin bažnyčios nariai keliavo į Masan Manmin bažnyčios metines, jų mikroautobusas apsivertė Kuma greitkelyje.

Jie važiavo 120 km per valandą greičiu. Galinė dešinioji padanga prakiuro, automobilis apsisuko ir atsitrenkė į

Mikroautobusas po eismo įvykio

skiriamosios juostos tvorelę. Jame buvo dvylika suaugusių ir penki vaikai. Mašina buvo visiškai sudaužyta. Tai buvo didelis eismo įvykis, kuriame galėjo mirti visi buvusieji automobilyje. Tačiau Dievas apsaugojo visus septyniolika bažnyčios narių. Viena iš jų buvo nėščia, bet visai nenukentėjo. Ji papasakojo, kad, kai ji iškrito pro langą ir atsidūrė ant žemės, ji jautė, jog angelas buvo apgaubęs jos kūną.

Per tą įvykį Sonchi Li susižeidė savo nugarą ir kaklo stuburo slankstelį. Atvažiavo greitoji pagalba ir norėjo nuvežti ją į ligoninę. Bet ji ir jos šeima panoro vykti ne į ligoninę, o į Masan Manmin bažnyčią.

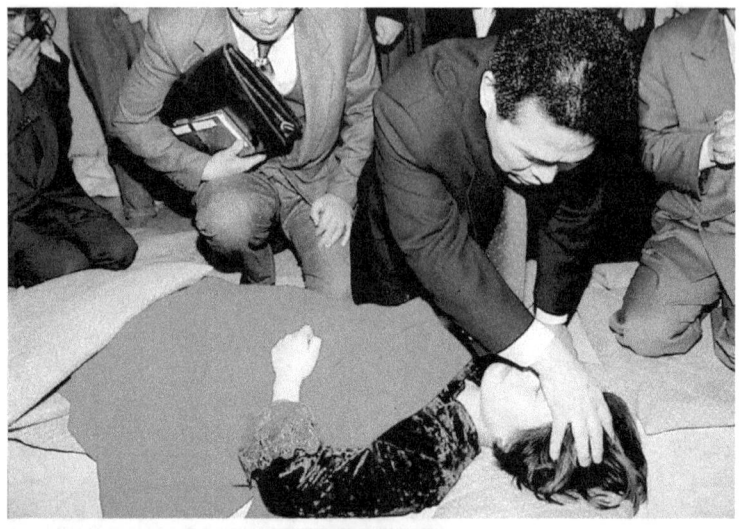

Son Chi Li buvo išgydyta po
eismo įvykio

Aš sužinojau apie tai po šlovinimo tarnavimo. Nuėjęs į ligonių kambarėlį, pamačiau gulinčią Sonchi Li. Pasimeldžiau už jos kaklą, petį ir nugarą. Ji pasakė, kad po maldos ji pajuto savo kūne tarsi karštą ugnį ir jos jėgos atsinaujino. Iš karto po maldos ji jau galėjo vaikščioti. Ji paliudijo, kad tuo metu ji taip pat buvo išgydyta nuo hemorojaus, kankinusio ją du metus.

Pagalbos ranka kritusiam iš 15 metrų aukščio

1998 m. gruodžio 23 d. diakonas Čun Ik Chun buvo specialiųjų Seulo policijos tarnybų priešteroristinio bataliono viršininkas Budistų vienuoliai surengė demonstraciją ir nelegaliai užėmė budistų kompleksą Čo Gyo Čžon. Jo grupė buvo nusiųsta į patį epicentrą – Čo Gyo Čžon šventyklą.

Kai jie užlipo į 15 metrų statinį mechaniškai ištęsiamomis kopėčiomis, staiga jos lūžo, o juos laikantis automobilis apsivertė. Penki policininkai akimirksniu nugriuvo.

Apie tai rašė visi vietiniai laikraščiai. Tačiau tuo momentu, kai diakonas Čun Ik Chun krito, jis negalvojo, kad bus stipriai sužalotas, bet tikėjo, jog Dievas jį apsaugos.

Jeigu jis nukristų ant žemės visu kūnu, stuburas būtų sutriuškintas, o kūnas sudaužytas. Tačiau jis pirma nukrito ant savo šalmo. Be to jis jautė, kaip didelė ranka palaikė jo kūną, o ant žemės buvo lyg paklota vata.

Jis garsiai krito ant asfalto. Pirmomis akimirkomis jis dėl šoko būsenos negalėjo susivokti, bet apsižiūrėjęs pamatė, kai Čo Gyo Čžon šventykla buvo apimta gaisro.

Kiti keturi policininkai buvo stipriai sužaloti. Dėl sužalojimų

Kritimo nuotrauka iš laikraščio (Čun Ik Chun
pažymėtas)

jie tapo invalidais, o diakonas Čun Ik Chun neturėjo nė vieno
sužalojimo.

Kai greitoji pagalba nuvežė jį į ligoninę kartu su kitais grupės

Čun Ik Chun policininko pareigose

nariais diagnozei, vyriausi gydytojai nustebo ir vis klausė jo, ar jis tikrai buvo vienas iš tų, kurie nukrito nuo 5-to aukšto!

Liejant ašaras maldose už išdavikus bei darančius žalą

Net ir tada, kai bažnyčios darbuotojai ar pastoriai apgaudavo mane ar būdavo nepaklusnūs, aš niekada nieko nebausdavau. Atleisdavau jiems kas kartą, tikėdamas, kad jie pasikeis. 1987 m. vienas pastorius panoro dirbti mūsų bažnyčioje. Jis teigė, kad norėjo įsteigti bažnyčią Tedžone, todėl palaikiau jį finansiškai. Atidarymo dieną kai kurie bažnyčios darbuotojai nuvyko į Tedžoną, tačiau jokios bažnyčios ten nebuvo. Jis sumelavo ir paspruko su pinigais.

Praėjus keliems metams tas pastorius sugrįžo pas mane ir atsiklaupęs atgailavo. Atleidau jam ir neklausiau apie praeitį. Tiesiog leidau jam dirbti bažnyčioje. Jis vėl teigė, kad norėjo įsteigti bažnyčią Tedžone. Aš buvau jo rėmėjas. Galiausiai, jis įsteigė bažnyčią, bet tikriausiai dėl finansinių sunkumų jis tiesiog paliko mus, nieko man apie tai nepranešęs.

Jėzus mokė Judą Iskarijotą iki pat galo

Judas Iskarijotas matė Jėzaus rodytus ženklus ir stebuklus, kuriuos galėjo vykdyti tik Dievo jėga. Bet jis vis tiek negalėjo patikėti Jėzumi. Nors jis matė konkrečius įrodymus, jo širdis buvo pripildyta kūniškų dalykų. Todėl jis negalėjo suprasti Dievo valios ir jos priimti. Tačiau Judas Iskarijotas buvo reikalingas Jėzaus tarnavimui ir išganymo darbui. Biblijoje rašoma, kad jis pardavė Jėzų (Jono 6:71).

„...bet kai kurie iš jūsų netiki". Jėzus iš pat pradžių žinojo, kas netiki ir kas Jį išduos (Jono 6:64).

Jėzus stengėsi leisti Judui suprasti ir atgailauti, bet mokiniai nesuprato, ką Jėzus turėjo omenyje. Žinodamas, kad Judas jį išduos, Jėzus apkabindavo jį su meile iki pat galo. Jis nesmerkdavo jo kitų mokinių akivaizdoje. Jis nepalikdavo jo.

Net ir už išdavikus

Nesvarbu, kokios širdies buvo žmonės, aš norėjau, kad kiekvieno jų širdis taptų gera. Aš niekada negalvojau šitaip: „Turiu būti atsargus, jo širdis yra tokia ir anokia". Niekada neatsiribodavau nuo žmonių. Pasitikėjau visais.

Tiesiog tikėjau visais net ir tada, kai aiškiai mačiau išdavikiškas mintis. Faktiškai tikėdavau, kad ateityje jie pasikeis ir jų dabartinė būsena pasitaisys. Tokiu būdu jie galės tapti pastoriais ir Dievo darbuotojais.

Nors aš pasitikėjau žmonėmis, kai kurie iš jų vėliau užpuldavo mane ir išeidavo iš bažnyčios. Daug raudojau dėl jų piktybių, netekau daug svorio ir energijos.

1991 m. vienas pastorius pasisiūlė vadovauti misijai „Šviesa ir druska", tai misijos grupė dirbanti platinimo srityje. Tuo momentu Dievas pasakė man, kad po kelių metų jis užpuls bažnyčią. Patariau jo žmonai melstis už jį, kad jo mąstymas nepasikeistų.

Kadangi žinojau, kad jis pasikeis, aš pats rūpinausi „Šviesos ir druskos" misijos darbuotojais. Galiausiai, 1997 m. jis mus paliko kartu su 30 bažnyčios narių. Jis teigė, kad padės mūsų bažnyčiai iš išorės, tačiau jis tik stengėsi suvilioti daugiau narių ir pervesti juos į savo bažnyčią. Jis skleisdavo daug melagingų gandų, smerkdavo mane sakydamas, jog klystu, trukdydamas bažnyčios tarnavimui.

Pirmo išbandymo pradžia

1998 m. birželį Dievas tarė: *"Aš išraškysiu piktžoles iš tavo bažnyčios. Tačiau kai kurias paliksiu"*. Aš pradėjau sielvartauti. Liepos mėnesį bažnyčioje prasidėjo išbandymas. Galbūt mano širdis yra per daug silpna, kad vis atleisdavau žmonėms net tuomet, kai jie darydavo dideles klaidas. Net kai jų piktadarystės buvo neįsivaizduojamai didelės, aš tiesiog meldžiausi už juos su ašaromis, norėdamas, kad jie atgailautų ir atsigręžtų. Dievas daug kartų liepdavo man ištrinti juos iš mano širdies.

"Tėve, nejaugi jiems negali būti atleista? Nejaugi jie negali būti išgelbėti? Prašau, atleisk jiems!" 1998 m. aš pasninkavau Dievui melsdamasis už juos su ašaromis daugelį mėnesių. Gavau atsakymą: *"Jeigu jie tikrai atgailaus, aš atleisiu jiems"*.

Gavęs atsakymą, stengiausi jiems apie tai pranešti ir perspėdavau juos, bet jie nepanorėjo klausytis. Bažnyčios nariai negalėjo suprasti, kodėl tiek verkdavau per savo pamokslus.

Nuo pat bažnyčios atidarymo rengdavau kasmetinę pastorių konferenciją, skirtą pastorių dvasiniam augimui. 1998 m. liepos mėnesį, savaitę prieš pastorių konferenciją, turėjau priimti sprendimą.

Ir vėl gavau atsakymą: *„Mano tarne, kadangi tu negali to padaryti, Aš pats padarysiu tai. Tu savo charakteriu jų nepakeisi, Aš padarysiu tai pats".*

Negalėjau priimti tų žmonių, kurių pats Dievas negali priimti. Priešas velnias slankiojo aplinkui juos kaip riaumojantis liūtas (1 Petro 5:8). Žinojau, kad šėtonas kurstys piktadarius ir bandys mane sunaikinti, bet galėjau palikti tai tik Dievo rankose, kadangi Jis pats pasakė, jog tuo pasirūpins. Daugybė demonų apsigyveno viename iš tokių žmonių. Mačiau, kad kitą apvyniojo didelė gyvatė.

Kai kurie bažnyčios nariai matė Liuciferio, piktų dvasių vado, ir arkangelo Mykolo aršią kovą už išdavikus, kurie buvo susirinkime jų tarpe.

Tai buvo dėl to, kad aš savo širdyje nepaleidau jų, laikiau juos, kad jie pasikeistų ir atsigręžtų. Tuomet išgirdau Dievo balsą: *„Mano tarne, Pamiršk apie juos. Arkangelas Mykolas turi teikti pagalbą, kol tu laikai juos savo širdyje. Turi ištrinti juos iš savo širdies, kad Aš galėčiau veikti".*

„Tebūna Tavo valia".

Daugiau negalėjau to pakęsti ir nustojau melstis už juos. Nuo pat to laiko išbandymas įgavo platų mastą. Buvo žmonės, kurie tiek nusidėjo, kad Dievas nusprendė juos palikti. Būtent tie žmonės susidraugavo tarpusavyje.

Ir po šio kąsnio įėjo į jį šėtonas. Tada Jėzus jam pasakė: „Ką darai, daryk greičiau!" Bet nė vienas iš esančių prie stalo nesuprato, kodėl Jis jam taip pasakė (Jono 13:27-28).

1998 m. liepą kai kurie iš tų, kurie nusprendė mane išduoti, po pastorių konferencijos sudarė klastingą planą. Viena iš pastorių pasakė, kad ji melsis dėl atgailos daugiau negu mėnesį, kol Dievas neatleis jai.

Dievas suteikė jai daugybę Šventosios Dvasios dovanų dar nuo bažnyčios atidarymo. Tačiau aš retai girdėjau ją besimeldžiančią. Per daug metų jos nepaklusnumas Dievui susidėjo į didelę krūvą, ji daugiau nebegalėjo bendrauti su Juo. Šventosios Dvasios darbai taip pat jau daugiau per ją nesireiškė.

Dievas jau buvo atėmęs iš jos tas dovanas. Be to, kadangi augo nauji šlovinimo lyderiai, jai pasirodė, kad jos pozicijai grėsė pavojus, ir tada išsiliejo jos pavydas ir įtarumas. Aš patariau jai nuoširdžiai atgailauti prieš Dievą. „Kai nuvyksi į kalną melstis, prašau tavęs, atgailauk nuodugniai ir sugriauk visas nuodėmių sienas".

Tačiau jos reakcija į mano žodžius buvo man netikėta. Ji pasakė: „Aš stebėjau tave šiuos paskutinius 17 metų, tu niekada nenuklysdavai nuo tiesos. Tavo gyvenimas yra nepriekaištingas, ir Dievas tave labai myli".

Tačiau tai pasakiusi, ji nenuvyko į kalną melstis. Staiga ji pasikeitė ir tapo pagrindine klastingo išdavystės plano veikėja. Kadangi jos nuodėmės pasidarė žinomos bažnyčiai ir ji nebegalėjo jų slėpti, ji susivienijo su tais žmonėmis, kurie paliko bažnyčią ir sumanė klastos planą.

Ji pradėjo platinti visokius melagingus gandus, pradėjo platinti savo leidinius įvairiose bažnyčių asociacijose, žiniasklaidoje ir daugeliui įvairių denominacijų pastorių. Be to ji publikavo tai Internete. Jie išgalvojo daug punktų, dėl kurių mane kritikavo kaip eretiką, ir ilgainiui kritikos pagrindų skaičius išaugo iki kelių šimtų. Norėdami sustabdyti mano pamokslų transliacijas, jie parodė suklastotus dokumentus televizijos kompanijoms, kurie juos transliavo.

Jos tikslas buvo sutriuškinti mane. Ji pati norėjo tapti bažnyčios lydere ir perimti visus žmones. Ji atidarė bažnyčią netoli mūsų, kūrė keistas istorijas ir jas skleisdavo.

Suradusi klaidingus liudytojus, ji parašė laiškus, įrašė garso juostas ir jas platino. Ji planavo sukelti tarp mūsų bažnyčios narių sąmyšį, kad jie pereitų pas ją. Man net teko pranešti šį faktą bažnyčiai ir paaiškinti jiems situaciją.

Man jau netgi pasirodė, kad melas vos neužgožė tiesos.

Kai Potifaro žmona gundė Juozapą, jis kategoriškai atsisakė. Pradžios 39:12 skaitome: *,,Ji nutvėrė jį už jo drabužio ir sakė: ,,Sugulk su manimi". Bet jis, išsinėręs iš drabužio, ištrūko ir išbėgo laukan".*

Potifaro žmona sumelavo, sakydama, kad Juozapas atėjo, norėdamas išprievartauti ją, tačiau, kai ji sušuko, jis paliko savo rūbą ir pabėgo. Potifaras buvo įsiutęs, kai išgirdo šią istoriją iš savo žmonos. Juozapo jis visiškai neklausė. Jis tiesiog pasodino jį į kalėjimą, kur sėdėjo faraono kaliniai. Jeigu spręsime tik iš žmonių žodžių, tikriausiai, nuklysime.

Juozapas buvo neteisėtai apkaltintas ir nuteistas kalėti. Tačiau jis nė žodžio nepasakė, kitaip jo šeimininko šeima iširtų, jei Juozapas prisipažintų. Būdamas kalėjime Juozapas nebuvo suteptas blogybių, kurios ten vyravo. Valdydamas Potifaro namus jis išmoko vadybos. Kalėjime jis išmoko politikos. Nors jis buvo kalėjime, Dievas buvo su juo, ir galiausiai jis tapo Egipto ministru pirmininku. Tokiu būdu Dievas įrodė jo nekaltumą.

Dievo apvaizda išgydymo prabudimams

1998 m. lapkritį prasidėjo antras išbandymas. Tarp mūsų bažnyčios pastorių buvo ir pelų, ir kviečių. Buvo viena šeima, kuri gavo ypatingą malonę nuo Viešpaties. 1989 m. 3 šios šeimos nariai dėl apsinuodijimo dujomis buvo ant mirties slenksčio, jų tarpe ir pastoriaus motina, bet po mano maldos jie buvo visiškai išgydyti ir neturėjo jokių pasekmių. Tai buvo didelė šeima, dauguma jos narių buvo išgydyti nuo nepagydomų ligų per mano maldą.

Dievo malonė ir meilė jiems buvo apsti, tačiau, kai bažnyčia pradėjo juos gerbti ir jų pareigos tapo svarbesnės, jie pasidarė pasipūtę. Aš daviau šiam pastoriui daug galimybių atgailauti, bet jis neatsigręžė net iki pat pabaigos. Galiausiai, jis pavogė konfidencialius slaptus bažnyčios dokumentus. Jo didžiosios nuodėmės buvo apreikštos.

Kai jo šeimos nuodėmės buvo atidengtos, jie visi paliko bažnyčią. Vėliau jie taip pat atidarė bažnyčią netoliese. Jie taip pat skleidė klaidingus gandus tarp bažnyčios narių ir siūlė jiems lankyti jų bažnyčią.

Kai visa tai vyko, atsirado ir kitų vyriausių pastorių, kurie turėjo egoistinių siekių ir išėjo iš bažnyčios. Jie susijungė ir kartu skleidė klaidingus gandus, kad apgautų bažnyčios narius, ir siūlė jiems lankyti jų bažnyčias. Pirma, dėl bendrų tikslų jie buvo susivieniję, bet kai jų nuomonės nesutapo, jie pradėjo nekęsti vienas kito ir kariauti tarpusavyje.

Kadangi Dievas žinojo šėtono sumanymus, Jis įdėjo man į širdį norą organizuoti išgydymo prabudimą. Nuo pirmos lapkričio savaitės, per pusantro mėnesio trunkančius susirinkimus, ligoniai išsigydydavo kasdien. Išsigydė netgi tie, kurie sirgo vaikų paralyžiumi. Daugelis atsistodavo net iš invalidų vežimėlių. Daugelis išsigydė nuo vėžio. Daugelis patyrė Dievo stebuklus.

Kuomet bibliniai ženklai įvykdavo kasdien, galėjau už tai padėkoti vien tik Dievui. Gyvasis Dievas rodė mums, kad Jis myli mus ir kad Jis buvo, yra ir bus su mumis. Dievo apvaizda padėjo mūsų bažnyčios nariams pereiti visus tuos išbandymus, kai jie matė visus tuos ženklus.

1998 m. lapkritį pagyvenusi ponia Bunnym Kim atvyko į Seulą aplankyti savo sūnaus. Dėl nepakeliamo darbo ūkininkaujant jos nugara buvo visiškai sulenkta. Dešimt metų ji kentėjo. Ji taip apgailestavo, kad negalėjo panešioti savo anūkės ant nugaros.

Savo sūnaus prašoma, ji atėjo į tą išgydymo prabudimą. Po maldos jos 90 laipsnių sulenkta nugara buvo visiškai ištiesinta ir ji pagarbino Dievą.

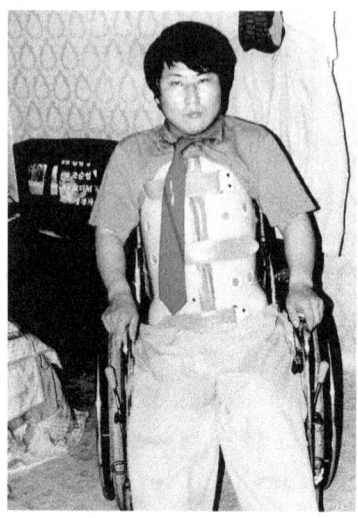
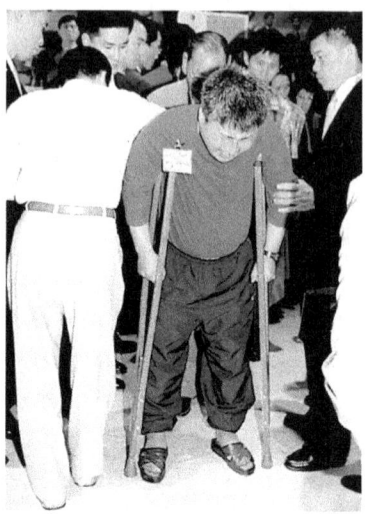

Junsop Kim prieš išgydymą, su nugaros
įtvaru ir ant invalido vežimėlio

1999 m. malda už jį prabudimo susirinkimų
metu

Prieš 1998 m. lapkričio mėnesio išgydymo prabudimą
Junsop Kim turėjo pirmosios grupės invalidumą, buvo visiškai
nedarbingas. Jis galėjo judėti tik invalido vežimėlyje. 1990 m.
gegužę, dirbdamas elektros darbus Tedžono mieste jis nukrito
nuo penkto aukšto.

Jis šešis mėnesius gulėjo ligoninėje be sąmonės. Jo ketvirtas
ir penktas krūtininiai slanksteliai bei vienuoliktas ir dvyliktas
juosmens slanksteliai buvo lūžę. Jo kepenys buvo pažeisti. Jis
buvo kritinės būklės.

1993 m. po gydymo ir terapijos galų gale jam buvo duota
pirmoji invalidumo grupė. Apimtam nuolatinio skausmo Junsop
Kim paliudijo kaimynai ir jis atvyko į išgydymo prabudimą.

Visiškas išgydymas, laiminga šeima

Jis vienas negalėjo nueiti net į tualetą. Tačiau po maldos jis atsistojo iš invalido vežimėlio! Netrukus jam jau nebereikėjo nugaros įtvaro, jis galėjo vaikščioti be ramentų. Jis taip pat galėjo gulėti ant nugaros. Sekančiais metais, 1999 m. gegužę, jis atvyko į dviejų savaičių Ypatingojo prabudimo susirinkimus, o gegužės 12 d. jį apėmė stipri Šventosios Dvasios ugnis.

Iki tol jis turėjo vaikščioti su ramentais, ir tai buvo nelengva. Tačiau, kuomet Šventosios Dvasios ugnis nusileido ant jo kūno, jis galėjo vaikščioti pats. Tai buvo jaudinantis momentas, nes pirmą kartą praėjus 9 metams po nelaimingo atsitikimo jis galėjo vaikščioti. Vėliau jis vedė, dabar jis turi gražią dukrytę.

Dievas mokė bažnyčios narius „apvalyti savo rūbus"

Dievas norėjo, kad mūsų bažnyčios nariai ir aš nugalėtumėme gerumu bei meile. Viena iš tų priežasčių, kodėl Dievas leido mums išgyventi išbandymus, buvo Jo noras suteikti man jėgą išbaigti pasaulinės misijos viziją. Taip pat per tai Dievas norėjo, kad visi bažnyčios nariai „apvalytų savo rūbus". Kitaip tariant, Jis norėjo, kad jų širdys būtų apipjaustytos, kad iš jų būtų išvarytas bet koks blogis, ir kad jos taptų pašventintos. Patariau bažnyčios nariams nematyti, negirdėti ir nekalbėti bet kokios netiesos. Dievui reikia šventų lūpų. Tuomet nebus jokios kritikos, smerkimo bei šmeižto, tamsa negalės įsiterpti, ir priešas velnias negalės padaryti sąmyšio.

Šėtonas negali kaltinti tų tikinčiųjų, kurie štai taip gyvena šviesoje. Per šitą bažnyčios išbandymą mūsų nariai turėjo galimybę suvokti tiesą ir atrasti save. Tačiau kai kurie iš jų susitikdavo su tamsos žodžių platintojais ir buvo apgauti bei paliko bažnyčią.

1998 m. gruodį Dievas liepė man melstis, kad gaučiau tokią Dievo jėgą ir būčiau pajėgus prikelti mirusį Lozorių, kaip padarė Jėzus. Jei gaučiau jėgą prikelti mirusį žmogų malda pagal Dievo valią, galėčiau labai greitai įvykdyti pasaulinę misiją. Bet Dievo jėga nėra taip lengvai duodama. Turime turėti atitinkamą tikėjimo saiką. O tam mes turime praeiti ugninius išbandymus, kad atspindėtume labai aukšto lygio meilės ir gerumo charakterį.

Dievas noriai priėmė maldos įžadus

1998 m. dėl minėtų šokiruojančių dalykų aš negalėjau valgyti. Be to meldžiausi daug raudodamas. Labai greitai netekau svorio ir energijos.

Kaip gi tie, kurie matė ir patyrė tiek daug Dievo darbų bei stebuklų ir klausėsi tiesos žodžio, galėjo akimirksniu išeiti ir tapti persekiotojais? Galvodamas apie jų piktadarystes, galėjau tik raudoti iš gailesčio jiems.

Kadangi aš tas šešias savaites iš visų jėgų meldžiausi už ligonius, netekau ypač daug energijos. Sulysau daugiau negu 10 kilogramų. Eidamas vos nealpdavau. Jei būčiau netekęs daugiau svorio, negalėčiau net pamokslauti tarnavimuose. Vieną dieną, kai meldžiausi, Dievas liepė man atnašauti įžadų maldą.

„Eik į kalnus ir duok įžadus maldoje. Melskis už pasaulinę misiją. Aš paėmiau iš tavęs fizines jėgas, kurias turėjai, ir Aš dabar tave pripildysiu dangiška energija. Jau atėjo laikas, tad melskis, kad gautumei jėgą prikelti mirusiuosius".

1999 m. sausį visą mėnesį atnašavau pirmą įžadų maldą. Dievas paragino mano širdį melstis už pasaulinę misiją ir Dievo apvaizdą, kuri turi būti įvykdyta paskutiniu laiku. Dievas leido man žinoti apie jėgą, didesnę negu mirusių prikėlimo jėga, tad liepė man melstis, kad prisipildyčiau „jėga po jėgos".

Dievas džiaugsmingai priėmė pirmąją įžadų maldą ir atsakė į daugelį mano klausimų. Keisčiausia buvo tai, kad pasikeitė mano kūno forma ir aš gavau naujų jėgų. Aš pats buvau nustebęs. Kai buvau jaunas, norėjau turėti „apversto trikampio" formos krūtinę, ir dabar tai gavau: plačius pečius ir stiprią, plačią krūtinę.

Mano pilvas tapo įdubęs, juosmuo pasidarė gana lieknas, o energijos turėjau tiek, tarytum būčiau dvidešimties metų. Dievas netgi pakeitė mano kūno formą, kad nepavargdamas galėčiau daryti didesnius darbus.

Priešas velnias norėjo sunaikinti mane, bet Dievas mane apgynė. Jis netgi akimirksniu davė man tvirtą kūną. Diakonas, kuris atvažiavo manęs pasiimti, taip pat buvo labai nustebęs ir net nufotografavo mane. Pavaduotojai, išvydę mano kūną, taip pat nustebo.

3 skyrius

Kokios buvo Jėzaus mintys, kai Jis, nešdamas kryžių, kopė į Golgotos kalną?

Trečio išbandymo pradžia

Kai pabaigiau pirmąją įžadų maldą, vėl atnašavau Dievui įžadų maldą vieną kartą per mėnesį iki pat balandžio. Per tas keturias maldas negalėjau suvaldyti raudojimo, kuris mane apimdavo, kai tik prisimindavau tuos, kurie paliko bažnyčią bei kovojo prieš mane asmeniškai ir prieš bažnyčią. Negalėjau normaliai melstis.

1999 m. maldoje išgirdau Dievo žodį. Jis pasakė, kad neatleis tiems nedoriems žmonėms, ir, kadangi mano maldų taurė buvo pilna, parodys Savo darbus, kurie skleisis už laiko ir erdvės ribų. Jau ir prieš tai per maldą Internetu buvo išgydyti daug žmonių kitose šalyse. Dievas pasakė man, kad toks darbas bus vykdomas plačiu mastu.

Jis pranešė man: „*Mano tarne, daugiau nesimelsk už tuos, kurie pasmerkė ir paliko tave. Nesisielok, kas jiems benutiktų. Aš jiems daugiau neatleisiu. Neatleisiu niekam, kas trukdo šiai bažnyčiai"*.

Kai kurie pastoriai, išėję iš mūsų bažnyčios, susivienijo su kitais išėjusiais. Kai jų nedorybės buvo atskleistos, jie surezgė piktą planą. Viena iš jų buvo pastorė, perpildyta pavydo ir apsėsta šėtono. Tie, kurie išėjo iš bažnyčios dėl savanaudiškų tikslų, užsimojo sunaikinti mūsų bažnyčią. Jie susivienijo dėl bendrų asmeninių tikslų, o kai nuomonės skyrėsi, jie išsiskirdavo.

1999 m. balandį, kai pabaigiau savo ketvirtą įžadų maldą, Dievas pasakė man, kad artėja trečias išbandymas. Dievas numatė, kad, jei aš išlaikysiu šį išbandymą, Jis duos man beribę jėgą, kuriai negalės pasipriešinti net pats šėtonas.

Dievas pasakė man, kad tų metų prabudimo susirinkimai bus plačiai skelbiami, ir kad dėl šių transliacijų tapsime žinomi visame pasaulyje. Sakydamas pamokslą, pranešiau bažnyčios nariams, kad transliacija plačiai nuaidės. Tačiau net negalėjau įsivaizduoti, kad įvyks kažkoks transliavimo incidentas.

Žiniasklaida turi būti objektyvi

1999 m. gegužę surengėme dviejų savaičių Ypatinguosius prabudimo susirinkimus. Kai žlugo planai sunaikinti mane, žmonės griebėsi viešos žiniasklaidos kaip savo paskutinės priemonės.

Buvo sumanyta sunaikinti bažnyčią per televizijos reportažą. Į MBC (Munhwa Televizijos ir Radijo Korporacijos) „Redaktoriaus skyrelio" laidą buvo nusiųsti suklastoti dokumentai ir melagingi liudininkai.

1999 m. balandžio 15 d., remdamasi šia pateikta informacija, „Redaktoriaus skyrelio" laidos komanda parengė programą ir nusprendė ją transliuoti gegužės 4 d.

Žinoma, žurnalistai turi laikytis objektyvių duomenų, ir privalėjo patikrinti gautos informacijos teisingumą ir patikimumą. Jie planavo viešinti tai, kas buvo toli nuo tiesos. Žinodami apie tai, mūsų bažnyčios darbuotojai prašė juos netransliuoti tokios vienpusiškos programos.

Pranešėme jiems apie tai, kadangi greitu laiku turėjome suplanavę savo didelį renginį – „Ypatingus prabudimo susirinkimus", po jo mes mielai sutikome su jais bendradarbiauti. Nepaisant to gegužės 7 d. „Redaktoriaus skyrelio" laidos komanda atėjo į mano namus paimti interviu. Iš anksto jie apie tai neperspėjo. Jie tiesiog atvyko su kamera ir prašė interviu, o aš net nežinojau, kad jie buvo mano namuose, nes niekas man apie tai nepranešė.

Aš, kaip įprasta, išvažiavau iš namų į penktadienio naktinį šlovinimo tarnavimą. Dažniausiai niekada nevėluoju į šlovinimo tarnavimus, o jei susivėlinu nors viena minute, atgailaudamas atnašauju pasninką.

Kadangi bažnyčios darbuotojai žinojo apie šį faktą, jie labai gerai paaiškino žurnalistams, kad aš tą dieną negalėjau duoti interviu. Tačiau jie teigė, kad jie suteikė bažnyčiai galimybę pasikalbėti su jais interviu forma, bet aš nuo jų pabėgau.

Nustebo visas pasaulis

Tuomet bažnyčios darbuotojai padavė prašymą dėl ikiteisminio programos uždraudimo. Kadangi teismas priėmė pareiškimą, transliacija turėjo būti nukelta vienai savaitei.

Gegužės 11 d., teismo įsakymu, tam tikras programos turinys buvo uždraustas transliuoti.

Po šio teismo sprendimo bažnyčios darbuotojai susitiko su žurnalistais ir paprašė transliuoti tai būtent po prabudimo susirinkimų ir tik po to, kai jie patikrins visus faktus. Bet žurnalistai ignoravo mūsų prašymą ir tvirtino, kad programa jau įtraukta į tvarkaraštį.

Gegužės 11 d. buvo 7-oji prabudimo susirinkimų diena. Programa turėjo būti rodoma tą dieną 23:00 valandą. Kaip visada, prabudimo susirinkimas baigėsi apie 22:10, tačiau staiga atsitiko netikėti dalykai. Po susirinkimo nuvažiavau namo, o kitą dieną bažnyčios darbuotojai pranešė man šokiruojančias naujienas.

Tą dieną apie 22:20, po prabudimo susirinkimo, kai kurie bažnyčios nariai nuėjo protestuoti prie televizijos stoties. Jie žinojo, kad programa bus redaguota, ten bus daug iškreiptų faktų, tad nuėjo protestuoti. Apie 23:05 jie jau buvo prie stoties.

Pirma į stotį atvyko dvidešimt ar trisdešimt bažnyčios narių ir, kadangi prie pagrindinio įėjimo nebuvo apsaugos, jie įėjo į vidų. Sutikę ketvirtame aukšte personalo darbuotojus jie paklausė, kur yra studija. Kai kurie atsakė jiems, kad ji yra 4-ame, o kiti – 7-ame aukšte. Mūsiškiai išsisklaidė, ieškodami tos patalpos.

Tuo tarpu kai kurie iš jų buvo antrame aukšte, kur vienos durys buvo pusiau atdaros. Įėję, jie pamatė visą sieną su televizijos monitoriais, kur pamatė programą apie mūsų bažnyčią.

Pamatę tokius neįrodytus kaltinimus, nukreiptus prieš mūsų bažnyčią, jie labai susijaudino. Tarp jų ir televizijos darbuotojų įvyko ginčas, kadangi bažnyčios nariai reikalavo sustabdyti transliavimą. Kažkas tiesiog ištraukė kištuką, ir programa nutrūko. Apie tai sužinojo visas pasaulis.

Įstatymo vykdymo svarba

Aš visada mokiau žmones vykdyti ne tik Dievo įstatymus, bet ir šalies įstatymus reikšminguose ir net nereikšminguose dalykuose. Mūsų bažnyčios nariai iš tiesų laikosi įstatymų, tarnauja visuomenei ir gyvena kaip pasaulio šviesa ir druska. Tačiau tą dieną keli mūsų bažnyčios nariai negalėjo susivaldyti ir akimirkai nusižengė prieš įstatymą. Mūsų bažnyčiai teko padengti milžiniškus nuostolius. Nors ir buvome teisūs, nusižengti vis tiek neturėjome teisės.

Norėdamas nuraminti tikinčiuosius, kurie buvo pagrindinėje studijoje, pastorius Chion Kvon Čžu užlipo ant kažkokio stalo ir pasakė: „Nedarykite niekam žalos ir neapgadinkite įrangos. Nelieskite jų. Išeikite iš čia kuo greičiau". Bet šis vaizdas buvo parodytas per naujienas taip, lyg pastorius Čžu vadovavo protestu.

Televizijos kompanija pavadino visus bažnyčios narius

maištininkais. Jie ištrynė garsą ir suredagavo įrašą taip, kad matytųsi tik vaizdai. Reportažas atspindėjo visišką priešingybę to, kas iš tikrųjų ten vyko. Pavyzdžiui, tuose kadruose fone už monitorių ir televizijos įrangos matosi daug supainiotų laidų. Ant pagrindinės studijos stalo gulėjo didelė kamera be korpuso ir objektyvo. Tikriausiai, ji buvo taisoma. Tačiau per naujienų reportažą jie parodė tuos supainiotus laidus ir tą kamerą be korpuso ir objektyvo, sakydami, kad mes rimtai apgadinome jų įrangą.

Televizijos žiūrovams, kurie nežinojo, kas iš tikrųjų vyko, teko patikėti naujienomis.

Po šio incidento mes norais nenorais įgavome neigiamą įvaizdį, kaip televizijos studijos užgrobėjai, sustabdę transliaciją. Dėl šio įvykio dauguma padorių bažnyčios narių prarado savo gerą reputaciją.

Žinoma, niekas nebuvo suplanuota iš anksto. Tai buvo nenumatytas atvejis, bet turėjome atsiprašyti žmonių. Savo viešą atsiprašymą dėl neramumų visuomenėje publikavome „Čoson Ilbo", „Tona Ilbo", „Chankere Sinmun" ir kituose svarbiausiuose Korėjos dienraščiuose.

Tačiau manau, kad televizijos stoties darbuotojai tikriausiai nujautė, kad bažnyčios nariai ateis protestuoti, nes šie nusprendė parodyti neįrodytą ir vienpusę didelės bažnyčios kritiką. Jeigu televizijos pastate prie durų būtų apsauga, bažnyčios nariai net neįeitų taip laisvai į vidų.

Žiniasklaida teigė, kad mūsų bažnyčia darė tai pagal gerai apgalvotą planą. Daugelis televizijos studijos įvykyje dalyvavusių bažnyčios narių buvo iškviesti policijos ir apklausti, ir paaiškėjo, kad visa tai įvyko nesuplanuotai.

Ši programa buvo sukurta remiantis klaidinga norėjusių sunaikinti mūsų bažnyčios reputaciją žmonių informacija. Be to dėl šios programos ne tik bažnyčia, bet ir patys bažnyčios nariai turėjo atlyginti didelius nuostolius. Jie buvo pravardžiuojami „smurtaujančios" bažnyčios nariais. Daugelis jaunųjų narių buvo atstumiami mokyklose. Daug žmonių jau nebegalėjo lankyti bažnyčios.

Sąžiningas pilietis prarado darbą

Tuo metu diakonas Ikson Ju buvo aukšto rango policininku. Jo darbo patirtis policijoje siekė dvidešimt metų. Jis buvo žinomas, kaip patikimas policininkas, be to, jo gyvenimas buvo pavyzdingai krikščioniškas, jis daug ką supažindino su Evangelija. Tačiau kai kurie iš tų, kurie išėjo iš bažnyčios, stengėsi pasodinti jį į kalėjimą ir pranešė melagingą informaciją policijai ir televizijos kompanijai.

Jis buvo kaltinamas už šio incidento kontroliavimą ir buvimą televizijos stotyje kartu su kitais bažnyčios nariais. Žiniasklaidai, žinoma, ši istorija buvo labai patraukli – esą policininkas suorganizavo tokį incidentą.

Policijos vadovybė iškvietė jį ir ištyrė šią bylą. Žiniasklaida ir televizijos kompanija teigė, kad, atseit vykdydamas savo pareigas, jis piktavališkai įsiterpė į šį įvykį. Gegužės 17 d. 9:00 valandą MBC naujienose buvo pranešta:

„Policija pradėjo tyrimą dėl policininko Ju iš sostinės apylinkės Jančhon, kaltinamo dėl nelegalaus įsiveržimo į televizijos centrą „Munchva" organizavimo. Rezultatai rodo, kad policininkas Ju tą dieną po darbo buvo bažnyčioje ir žinojo, kad bažnyčios nariai vyks prie televizijos centro patalpų, tačiau neinformavo apie tai policijos..."

Tačiau iš tikrųjų tyrimas parodė, kad jis buvo bažnyčioje, kai nariai vyko prie centro, ir net paskambino į televizijos stotį, perspėdamas apie galimą demonstrantų atvykimą, kad jie galėtų tam pasiruošti.

Norėdamas atskleisti tikrą tiesą, jis kreipėsi į Žiniasklaidos nagrinėjimo arbitražinę komisiją dėl naujienų paneigimo ir pataisymo, tačiau dėl kažkokių kitų priežasčių jis turėjo atšaukti tą prašymą. Policijos tyrimas vyko pusantro mėnesio, bet nerado jo kaltės. Tyrimas baigėsi tuo, kad policininkas buvo pripažintas nekaltu.

Po to jis dar pusantrų metų dirbo policijoje, tačiau buvo nuolatos stebimas. Žmonės įtariai elgėsi su juo. Galu gale jis nusprendė atsistatydinti. Sąžiningas ir patikimas pilietis ir policininkas dėl melagingų kaltinimų buvo beveik paverstas nusikaltėliu. Galiausiai, jis turėjo išeiti iš savo darbo.

Dievo darbai vyksta be pasikeitimų

1999 m. gegužės 3 d. pradėjome dviejų savaičių Specialųjį Prabudimą, pavadintą „Dievas yra Meilė" (1 Jono 4:16). Dievas rodė daug ženklų, stebuklų ir nepaprastų dalykų visoje prabudimo susirinkimų eigoje.

Napšim Pak buvo 85 metai. Ji lankė bažnyčią Kvesane, šiaurės Čhunchono provincijoje. Jos širdį palietė garso pamokslai, kuriuos jos sūnus jai siuntė iš mūsų bažnyčios. Nuo pat gimimo ji negalėjo matyti savo kairiąja akimi, jos akies vokas buvo nusviręs.

Kai jai buvo trisdešimt metų, jos dėdė (iš tėvo šeimynos pusės) pliaukštelėjo jai už tai, kad ji tikėjo Viešpačiu Jėzumi. Dėl to trūko jos ausies būgnelis. Nuo to laiko ji nebegirdėjo savo dešiniąja ausimi. Tačiau 1999 m. gegužės 3 d., pirmą prabudimo dieną, jos kairioji akis praregėjo, o dešinioji ausis pradėjo girdėti.

Pirmą kartą per 85 metus ji galėjo matyti savo kairiąja akimi, ir jos kurčioji ausis, kuri negirdėjo 55 metus, irgi buvo išgydyta. Du metus prieš tai buvo Chi Gion Son išgydymo atvejis . Ji gimė neišnešiota septintą nėštumo mėnesį. Dėl įgimto vaikų paralyžiaus ji negalėjo judinti savo kairės pusės rankos ir kojos nuo pat vaikystės. Po ilgai trukusio gydymo, ji tik dalinai jas valdė, be to, kairioji koja buvo 4 cm trumpesnė už kitą. Jos stuburas buvo sulenktas, klubas iškreiptas. Jos gyvenimas buvo pripildytas skausmo. Dėl to, kad ji šlubavo, kiti vaikai juokėsi iš jos. 1997 m. ji įstojo į koledžą ir pirmą kartą pateko į penktąjį dviejų savaičių Specialųjį Prabudimą. 1997 m. gegužės 6 d. per pirmą susirinkimą aš pasimeldžiau už ją. Jos kojos sustiprėjo ir ji pradėjo šokinėti.

Akimirksniu įvyko dar vienas stebuklas. Jos kairioji koja pasiekė grindis. Po diagnozės ji sužinojo, kad jos koja, kuri buvo 4 cm trumpesnė, pailgėjo. Jos sulenktas stuburas ir iškreiptas klubas irgi išsitiesė. Vėliau ji ištekėjo ir dabar šioje laimingoje šeimoje yra jau du vaikai.

Po „Redaktoriaus skyrelio" laidos apie mūsų bažnyčią pas mus atvykdavo daug žurnalistų iš CNN (Cable News Network), ABC (American Broadcasting Company), BBC (British Broadcasting Corporation), NHK (Nippon Hōsō Kyōkai: Japonijos Transliavimo korporacija). Stebėdami stebuklus prabudimo metu, jie darė vaizdo įrašus ir nuotraukas.

Kai kurie iš jų siuntė savo reportažus į vyriausiąją valdybą apie tai, kad akli praregėjo, žmonės išmesdavo savo ramentus, kiti atsistodavo iš invalidų vežimėlių. Jie pranešdavo apie tai, kas iš tikrųjų vyko.

Po laidos incidento aš kelis mėnesius negyvenau namuose, pasilikau bažnyčioje ir vien tik meldžiausi. Nuo raudojimo ir

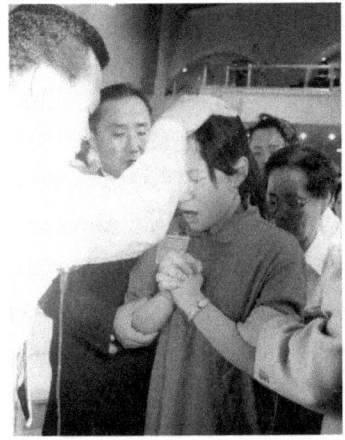
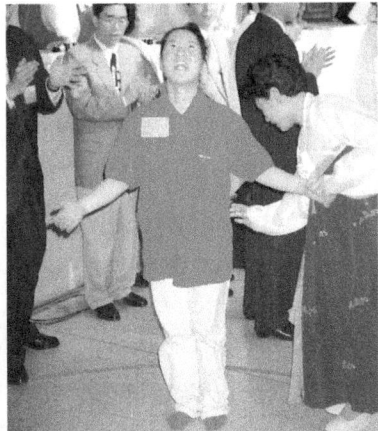

Viršuje: Malda prabudimo susirinkimo metu (1997)
Žemiau: Chi Gion Son šeima

šoko netekau labai daug svorio, kad net mano kojos drebėjo. Iki tol mūsų bažnyčia padarė daug gero. Mes padėdavome krikščionių bažnyčių vystymuisi, atlikdavome daug socialinio darbo. Mes niekuomet nekėlėme problemų visuomenei.

Daug šeimų, buvusių ant skyrybų ribos, liko laimingomis šeimomis. Buvo išgydyta tiek daug žmonių, kurie dabar neturi sveikatos problemų. Buvo tokių, kurie, prieš jiems pirmą kartą ateinant į bažnyčią, gyveno labai vargingai, bet gyvendami pagal Dievo žodį, jie buvo finansiškai palaiminti ir praturtėjo.

Viešoji televizijos stotis net nesiruošė pranešti žmonėms apie mūsų bažnyčios geruosius darbus. Jų nuomone, visos didelės bažnyčios turi problemų ir tai, kas vyko, buvo panašu į „raganų medžioklę".

Jei žmogus pateikia jiems melagingą informaciją, jie parašo scenarijų ir padaro reportažą, neatspindintį tiesos, – tai yra didelė piktadarystė. Tokia šališka televizijos programa yra tiesiog nepateisinama. Tačiau, žinoma, kai kurių nesubrendusių bažnyčios narių poelgiai sukėlė man dar daugiau sunkumų.

Galėjau tik vieną – galvoti vien apie Jėzų, kuris be priekaištų paėmė kryžių. Galėjau tik pasninkauti ir verkdamas melstis Dievui, kuris viską žino.

Savo pamoksluose niekuomet neminėjau žmonių, kurie skleidė tiek daug melagingų gandų ir apgaulingų liudijimų, vardų.

Aš buvau stipriai apšmeižtas, bet, jei atskleisčiau jų nusižengimus, jiems būtų labai sunku sugrįžti atgal. Taigi, norėjau paimti kaltę tik ant savęs. Tačiau bažnyčios darbuotojai manė, kad bus per sunku vykdyti misionierišką veiklą, jei nebus atskleista tikra tiesa. Jie padavė transliuotoją į teismą.

1999 m. gegužę po „Redaktoriaus skyrelio" laidos Pasaulinės Krikščionybės Prabudimų Misijos Asociacijos nuolatinis pirmininkas ir atstovas Gerb. Čonmanas Li buvo toks nustebęs, kad net atėjo į mūsų bažnyčią. Tai vienas iš žinomiausių pastorių visoje Korėjoje, žymus prabudimų pamokslininkas, kuris retai turėjo bendrų reikalų su mūsų bažnyčia.

Bet, pažiūrėjęs laidą, jis atėjo, nes žinojo, kad aš buvau melagingai apkaltintas. Jis išleido pareiškimą pavadinimu „Mes reikalaujame sąžiningos žiniasklaidos". Toliau cituojama iš šio pareiškimo:

„...kalbėdami apie religiją, turime būti atsargūs, kad nepakeltume rankos prieš tam tikros religijos unikalumą ir tikslą. Ypač transliuotojai turi pripažinti faktą, kad jie neturi sugebėjimo spręsti religinius klausimus, ypatingai kas liečia erezijas. Transliuotojas turi teisę tik pranešti abiejų pusių argumentus sąžiningu būdu..."

Tačiau toji MBC laida peržengė ribas. Religiniai klausimai turi būti nagrinėjami teisingais ir priimtinais tyrimo ir mokslo metodais.

Bet MBC programa ignoravo tokį požiūrį. Jie rėmėsi tik tam tikrų žmonių nuomonėmis, lyg tai būtų daugumos požiūris.

Žiniasklaida, teisdama religiją pagal nereliginius standartus, kelia ranką prieš ją ir trukdo jai vykdyti savo misijas ir pareigas.

Vėliau Gerb. Čonmanas Li interviu žiniasklaidai pareiškė:

„Manau, kad šis incidentas įvyko dėl to, kad dvasinės

sferos neišmanėliai nesuprato Manmin Centrinės bažnyčios.

Šiandien mums itin trūksta Šventosios Dvasios darbų ir antgamtiškų išgyvenimų. Tačiau, kai kalbame apie tokius išgyvenimus, daugumai žmonių jie atrodo keisti. Turime išgydyti Korėjos bažnyčias nuo šios ligos – nuo arogantiško teisimo ir kritikos pagal savo standartus. Aš myliu Manmin Centrinę bažnyčią dėl to, kad joje pasireiškia daug Šventosios Dvasios darbų. Mano manymu, Manmin Centrinė bažnyčia – tai pirmaujanti bažnyčia, kurios Šventosios Dvasios išgyvenimų pavyzdys yra kone geriausias".

Pats nė karto nežiūrėjau šios programos, todėl nežinau jos detalių. Bet, kai girdžiu iš bažnyčios darbuotojų apie tai, kas buvo parodyta, tai yra tiesiog iškraipymas, dėl kurio man norisi raudoti.

Kaip tada, taip ir dabar neturiu jokio noro teisintis ar bandyti atskleisti, kas teisus, o kas kaltas. Tačiau, kadangi pateikiu tiesą, žinau, kad sveiko mąstymo tikintieji patys padarys teisingas išvadas.

O žmonės tiesiog aklai pasitiki žiniasklaida. Žiniasklaida – tai labai galingas dalykas. Kai transliuotojas iškerpa pradžią ir pabaigą, ir suredaguoja ją pagal savo sumanymą, tai jau nėra originalios teisingos medžiagos atspindys. Leiskite man tiesiog paaiškinti kai kuriuos dalykus, kurie buvo parodyti toje „Redaktoriaus skyrelio" laidoje.

Istorija apie Las Vegą

Kai mūsų evangelizacijos ar prabudimai kitose šalyse ateina prie pabaigos, aš skiriu kažkiek laiko dalyvių ir organizatorių poilsiui. Kai mūsų prabudimas Los Andžele pasibaigė, aš paklausiau jų, ką jie norėtų veikti. Dauguma norėjo pamatyti Didįjį Kanjoną, nes tai nuostabus Dievo Kūrėjo šedevras. Kad nuvyktume tenai, turėjome važiuoti per Las Vegą.

Ten yra daug viešbučių, o juose būna kazino. Lošimo automatai monetoms laimėti – tai normalus šeimų ir senyvo amžiaus žmonių pasilinksminimas.

Vyriausybė įteisino azartinius žaidimus, ir Las Vegas tapo turistiniu miestu. Natūralu, kad dauguma turistų mėgsta tuos žaidimus.

Žinoma, kai kurie žmonės lošia iš didelių pinigų sumų, tačiau dabar tai jau yra kultūros dalis, ir žaidimai kazino yra lengvas pasilinksminimas.

Kai aš važiuoju į misijų keliones, mes darome vaizdo įrašus

ir paruošiame reportažą apie tai visai bažnyčiai. Taip mes atiduodame šlovę Dievui. Grįžęs iš prabudimo Jungtinėse Valstijose aš papasakojau bažnyčios nariams apie tai, kaip mes aplankėme kazino Las Vege, ir visi bažnyčios nariai apie tai žinojo. Tai įvyko, kai aš buvau Las Vege. Vienas iš mūsų komandos narių pasiūlė mums palošti kazino žaidimus. Aš absoliučiai nieko nežinojau apie kazino. Bet, kai vedamas Šventosios Dvasios aš pasirinkau lošimo automatą ir įmečiau monetą, iš jo išbyrėjo daugybė monetų. Kadangi tikėjau, kad savo tikėjimu galiu nugalėti automatus, kartas po karto tai pasikartodavo.

Visi mūsų komandos nariai lošė, bet dauguma jų pralošdavo. Porą kartų pralaimėję, jie pasidavė ir stebėjo, kaip lošiu aš.

Prie kiekvieno automato monetos iškrisdavo daugiau negu po dešimt kartų iš eilės. Žmonės buvo labai nustebę. Per šį atvejį jie suprato, kad tikėjimas gali kontroliuoti net aparatus.

Sugrįžęs į bažnyčią, aš tai paaiškinau bažnyčios nariams, norėdamas įdiegti bažnyčios nariams tikėjimo. Žinoma, toks žaidimas yra skirtas tik pasilinksminimui, o ne tam, kad priklausytum nuo jo. Niekada neturėtume lošti tam, kad gautume nepelnytas pajamas.

Vienas iš tų žmonių, kurie paliko bažnyčią, buvo viso to laidos įvykio iniciatorius. Tas žmogus melagingai paliudijo apie tai, kad aš pralošiau daug tūkstančių dolerių tame kazino. „Redaktoriaus skyrelio" laidoje buvo parodytas protokolas, kuris tariamai vadinosi „Išlaidos žaidimams". Jie taip jį sufabrikavo, lyg tai buvo mūsų bažnyčios dokumentas. O mūsų bažnyčioje tokio niekada nebuvo, tai buvo gryna klastotė.

Toje laidoje tas popiergalis, tarsi tikras dokumentas, buvo

parodytas su tikslu apšmeižti mane. Programa buvo suredaguota su vienu tikslu – parodyti tarsi aš praradau ir švaisčiau dideles bažnyčios pinigų sumas lošdamas žaidimus. Jei kas nors švaistytų pinigus lošimo automatams, nejaugi jie registruotų tai dokumente ir pavadintų tai „Išlaidomis žaidimams"?

„Ganytojas" – tai biblinis terminas

Biblijoje yra sakoma, kad Jėzus yra didysis Ganytojas (Žydams 13:20) ir Vyriausiasis Ganytojas (1 Petro 5:4). Taigi, kas yra ganytojas? Jeremijo 3:15 parašyta: *„Aš jums duosiu ganytojų pagal savo širdį: jie jus ganys išmintingai ir sumaniai"*. Ganytojai maitina Dievo vaikus išmintimi ir sumanumu.

Šioje vietoje ganytojai reiškia tuos, kurie puikiai sugeba mokyti Dievo vaikus.

Jeremijo 23:2-4 parašyta: *„Todėl taip sako Viešpats, Izraelio Dievas, apie savo tautos ganytojus: „(...) Aš paskirsiu joms ganytojų, kurie tikrai jas ganys. Jos nebebijos ir nesibaimins, nė vienos iš jų netrūks, – sako Viešpats""*.

Čia yra sakoma, kad ganytojai – tai tie, kurie gano Dievo vaikus. Jiems Viešpaties, Vyriausiojo Ganytojo, yra pavesta kaimenė, kurią jie turi ganyti ir mokyti. Net ir šiomis dienomis vadinti pastorių ganytoju yra visiškai teisinga ir atitinka Bibliją.

Be to, daugelis misionieriškų organizacijų ar koledžų misijų organizacijų naudoja terminą „ganytojas", taip vadindami tuos, kurie moko studentus, nors jie dar nėra paskirti pastoriais. Jei kai kurie žmonės vadina pastorių „ganytoju" – mes negalime jų smerkti tarytum jie dievintų savo pastorių.

Neteisingai traktuojama mintis apie tai, kad tarnautojai ir Šventoji Dvasia yra viena

Žmonės, kurie išėjo iš bažnyčios ir pasmerkė mus išbandymams ir patikrinimams, sudarė suklastotus dokumentus, kuriuose teigiama, jog aš pavadinau save Dievu ir pamokslavau Dievą keturiuose asmenyse.

Tiesiog buvau netekęs žado, juk aš pamokslauju tik Dievo trejybę ir tą faktą, kad visi Biblijos aprašomi darbai yra tiesa.

Kadangi mūsų bažnyčioje reiškiasi daugybė Šventosios Dvasios darbų, priešas velnias ir šėtonas mūsų neapkenčia ir stengiasi mus sužlugdyti. Iki šiol yra tam tikrų žmonių, kurie skleidžia melagingus gandus, sakydami, kad aš teigiau esąs Dievas ar Šventoji Dvasia.

Mano mokymas toks: jei per aistringas maldas atsikratysime viso blogio ir atspindėsime nepriekaištingą ir nesuteptą Dievo bei Viešpaties širdį, tuomet galėsime gauti Dievo jėgą, taip pat galėsime susijungti su Šventąja Dvasia ir rodyti galingus Šventosios Dvasios darbus.

Jėzus taip pat kalbėjo apie vienybe su Dievu.

Jono 17: 21-22 Jėzus pasakė: „*Kad jie visi būtų viena. Kaip Tu, Tėve, manyje ir Aš Tavyje, kad ir jie būtų viena mumyse, kad pasaulis įtikėtų, jog Tu mane siuntei. Ir tą šlovę, kurią man suteikei, daviau jiems, kad jie būtų viena, kaip mes esame viena*".

Pavyzdžiui, jei kompanijos generalinis direktorius pasakytų visiems savo darbuotojams, kad jie būtų viena su juo. Tai reikštų, kad jie turi būti vieningi su direktoriumi ir susivienyti jo tikslui. Tai nereikštų, kad darbuotojai dabar turi tapti direktoriais.

Net negalėčiau pagalvoti apie tai, kad pasakyčiau, jog esu Dievas ar Šventoji Dvasia! Mano nuoširdumą galima pamatyti ir ankstesniuose mano pamoksluose:

„**Daug ką esu girdėjęs. Kadangi vyksta tiek daug ženklų, stebuklų ir antgamtiškų reiškinių, sužinojau, kad kai kurie žmonės sunerimo, jog galiu pavadinti save Dievu. Broliai ir seserys, nejaugi Jūs irgi taip manote?**
Ilgus 7 metus aš sirgau ir buvau apleistas giminaičių ir tėvų. Dievas akimirksniu mane išgydė. Aš pradėjau vien melstis Dievui ir ištikimai darbuotis Jam. Mano šeima irgi nuoširdžiai pasišventė Dievo karalystei ir teisumui.

Jūs puikiai žinote, kad visagalis Dievas yra su manimi ir rodo daugelį ženklų, stebuklų ir antgamtiškų darbų. Kuris iš Jūsų nebuvo patyręs visagalę Dievo ranką per mane?
Kai kurie iš Jūsų buvote pasmerkti mirčiai ligoninėse.

Kai kurie buvote luoši, kai kurie turėjote cerebrinį paralyžių ir daugelį kitų ligų, bet po maldų Jūs išgijote ir pasveikote. Jūsų šeimos irgi priėmė Evangeliją.

Jūs taip pat palikote šį pasaulį, atsisakėte nuodėmių ir tamsos, pasninkaujate ir meldžiatės ištisomis naktimis, kad gyventumėte pagal Dievo žodį. Jūs bėgate tikėjimo lenktynėse pripildyti dangiškosios karalystės viltimi.

Tad kam gi man būti dievu-apsišaukėliu? Tai net sunku įsivaizduoti. Aš pamokslavau tiek pamokslų, tokių kaip „Žinia apie kryžių", liudydamas apie tai, kad gyvenu vien Dievo šlovei.

Visą šlovę atiduodu tik Dievui. Nejaugi galėčiau akimirksniu pasikeisti ir tapti kaip Dievas, kaip mūsų Viešpats? Ar galėčiau paneigti Bibliją?

Yra žmonių, kurie skleidžia tokias neįsivaizduojamas idėjas. Jeigu jie taip išgyvena dėl manęs, nejaugi jie nesupranta, kaip stipriai jie įžeidžia mane? Juk tokio niekada neįvyks. Brangieji broliai ir seserys Kristuje, kaip bebūtų, Jūs niekada negalvokite ir nesakykite tokių dalykų.

Neturite turėti net minčių apie tai. Jeigu aš tikrai pasivadinsiu Dievu, prašau Jūsų visų: tokiu atveju pasmerkite mane ir išeikite iš šitos bažnyčios. Yra tik vienas Dievas.

Tik Jėzus Kristus yra mūsų Gelbėtojas. Dievas yra Tėvas, Sūnus ir Šventoji Dvasia. Dievas trejybėje. Mes tikime šešiasdešimt šešiomis Biblijos knygomis. Žinoma, tokius dalykus sakote ne Jūs, bažnyčios nariai. Paminėjau tai, kadangi irgi išgirdau tokias naujienas".

(ištrauka iš 1998 m. liepos 31 d. pamokslo „Paskaita apie

Patarles".)

Girdėjau, kad „Redaktoriaus skyrelio" laidoje buvo teigiama, kad aš sudievinau save. Įrodymas, kurį jie pateikė, buvo epizodas, kuriame kai kurie bažnyčios nariai nusilenkė prieš mane. Apie tai irgi vertėtų papasakoti.

1998 m. Dievas davė dvasinį praregėjimą daugeliui bažnyčios narių ir padėjo jiems patirti daug dvasinių išgyvenimų. Gegužės 15 d., penktadienį, buvo mano gimtadienis. Vyko padėkos tarnavimas, kurį surengė mūsų bažnyčios Moterų Misija. Ryte buvo tarnavimas, ir man pranešė, kad danguje pasirodė labai ryški dviguba žiedo formos vaivorykštė. Kai tarnavimas pasibaigė, aš išėjau į lauką ir pamačiau didelę apvalią vaivorykštę.

Nuo tos dienos Dievas dažnai rodo mums apvalias vaivorykštes per mūsų bažnyčios renginius. Tai Dievo meilės ženklas, rodantis, kad Jis yra su mumis.

Ir ne vien tik vaivorykštė. Daugelis bažnyčios narių matė ore dvasinės sferos šviesas ir auksinius bei sidabrinius taškelius, kuriuos siųsdavo angelai. Kai kurie iš jų matė angelus. Bažnyčios kieme susidomėję žmonės žiūrėjo į dangų.

Matyti dvasinę sferą ir jos nematyti – tai didelis skirtumas. Bažnyčios nariai dalinosi vieni su kitais tuo, ką jie pamatė. Visa tai buvo penktadienį, 23:00 valandą, prasidėjo penktadienio naktinis tarnavimas. Pirmoje jo dalyje vyksta šlovinimo tarnavimas, o antroje dalyje mes šloviname, garbiname Dievą ir meldžiamės Jam.

Žmogus, kuris vedė šlovinimą antroje tarnavimo dalyje staiga nusilenkė prieš mane. Tie, kurie nežino Korėjos papročių, turi įsidėmėti, kad Korėjoje yra priimta išreikšti padėką ar pagarbą taip vadinamu „dideliu nusilenkimu". Tai yra tradicija, ypač naudojama tėvams ar, ankstyvoje šalies istorijoje, mokytojams pagerbti. Būtent tai ir įvyko.

Tą dieną šlovinimo lyderė pasakė, kad nusilenkia prieš mane mano gimtadienio proga, padėkodama už tai, kad iki tos dienos auklėjau ją gyvenimo žodžiu. Kai šlovinimo lyderė nusilenkė, bažnyčios vyresnieji irgi pradėjo lenkti galvas prieš mane. Žinoma, aš supratau, ką jie turėjo omenyje, jie tiesiog taip išreiškė savo padėką ir pagarbą savo ganytojui, kuris mokė juos Dievo malonės.

Man buvo nepatogu ir aš bandžiau juos sustabdyti. Tai įvyko pirmą kartą per visą bažnyčios istoriją. Toji, kuri parodė kitiems pavyzdį, vėliau paliko bažnyčią. Būtent ji vėliau ir inicijavo visas problemas.

Jie nusilenkė prieš mane ne dėl to, kad tarnavo man kaip Dievui, o tiesiog norėjo išreikšti savo padėką man, kaip ganytojui už tai, jog mokiau juos Dievo žodžio.

Tačiau transliuotojai nepaminėjo ir nepaaiškino gerų ketinimų, slypėjusių už to veiksmo. Po jų redakcijos vaizdas atrodė taip, lyg man patiko manęs garbinimas, jie pavaizdavo mane kaip kažkokio kulto lyderį.

Biblija kupina nuostabiai paslaptingų dalykų

„Redaktoriaus skyrelio" laida bendradarbiavo su Korėjos Krikščionių Taryba (KKT) ir parodė laidą apie tai, kad mūsų bažnyčia yra eretikų sekta, puolusi į misticizmą. KKT ir Pasipriešinimo erezijoms ir kultams komitetas greitai nuteisė mūsų bažnyčią kaip eretišką, remdamasis medžiaga, pateikta palikusių mūsų bažnyčią žmonių.

Komitetas prisiminė incidentą, kuriame dalyvavo Jėzaus šventumo denominacija, įvykusį 1990 m. Aš jau nuodugniai paaiškinau tai, kas tuomet įvyko, pirmoje knygos „Mano Gyvenimas, Mano Tikėjimas" dalyje. Tačiau, trumpai tariant, tą kartą Jėzaus šventumo denominacija neteisėtai pasinaudojo savo valdžia nuteisti ir ekskomunikuoti mane.

Nenorėčiau dabar skirti laiko paaiškinimams, kodėl jų pokalbiai buvo neteisingi, ar kas buvo kaltas, o kas teisus. Tačiau norėčiau paaiškinti tai, kas yra misticizmas.

Pradžios knygos pirmieji skyriai, Apreiškimo knyga, kaip ir

visa Biblija, yra kupini paslaptingo turinio. Dievas yra dvasia ir egzistuoja ketvirtame išmatavime, t.y. dvasinėje sferoje. Jis parašė Bibliją per Savo išrinktuosius: pranašus ir apaštalus, kurie Jam tinkamai tarnavo.

Pranašai ir apaštalai per Šventosios Dvasios įkvėpimą sužinodavo, kas buvo Dievo širdyje, ir užrašydavo tai. Jie labiau panašūs į tuos autorius, kurie rašo knygas kitų garsenybių vardu, ir faktiškai jie nėra Biblijos autoriai.

Kaip pavyzdį galime paimti motiną, kuri gyvena kaime ir yra beraštė, tad ji prašo vieną iš savo kaimynių parašyti už ją laišką jos sūnui. Jos kaimynė rašys tik jos vardu, o iš tiesų šį laišką diktavo jo autorė – motina.

Biblija moko mus apie Dievą, kuris yra dvasia. Ji moko mus apie dvasinę sferą ir Dievo kūriniją, kurią Jis sutvėrė iš nieko. Biblijoje yra daug dalykų, kurių mes negalime suprasti, pasitelkdami žmogiškąją logiką.

Dievas nusileido ant Sinajaus kalno ir kalbėjo su Moze, varnos maitino Eliją duona ir mėsa, Petras pabėgo iš kalėjimo, vedamas angelo, ir Jėzus vėl ateis su trimito garsais. Nejaugi galime tikėti tokiais dalykais pasitelkdami žmogiškąjį mąstymą ir logiką?

Išėjimo 19:18-19 parašyta: *„Visas Sinajaus kalnas buvo apgaubtas dūmų, nes Viešpats nužengė ugnyje ant jo. Dūmai kilo tarsi iš krosnies, visas kalnas smarkiai drebėjo. Trimito garsas vis stiprėjo. Mozė kalbėjo, o Dievas jam atsakinėjo balsu".*

„Jis [Elijas] atsigulė ir užmigo po kadagiu. Angelas palietė jį ir tarė: „Kelkis ir valgyk". Elijas pažiūrėjo ir pamatė galvūgalyje paplotį ir indą su vandeniu.

Pavalgęs ir atsigėręs jis vėl atsigulė. Viešpaties angelas atėjo antrą kartą ir, jį palietęs, tarė: „Kelkis ir valgyk, nes tavęs laukia ilgas kelias". Pavalgęs ir pasistiprinęs tuo maistu, jis ėjo keturiasdešimt parų iki Dievo kalno Horebo" (1 Karalių 19:5-8).

„Ir štai ten atsirado Viešpaties angelas, ir kamerą nutvieskė šviesa. Jis sudavė Petrui į šoną ir žadindamas tarė: „Kelkis greičiau!" Ir nukrito jam grandinės nuo rankų. Angelas kalbėjo toliau: „Susijuosk ir apsiauk sandalus!" Jis taip ir padarė. Angelas tęsė: „Užsimesk apsiaustą ir eik paskui mane!" (Apaštalų Darbų 12:7-8)

„Nes pats Viešpats nužengs iš dangaus, nuskambėjus paliepimui, arkangelo balsui ir Dievo trimitui, ir mirusieji Kristuje prisikels pirmiausia" (1 Tesalonikiečiams 4:16).

Šiandien, jei kalbame apie šią dvasinę sferą, daugelis žmonių smerkia mus, sakydami, kad mes puolėme į misticizmą. Yra nedaug mokytojų, kurie deramai moko žmones apie dvasinę sferą, todėl mažai kas turi tikrą tikėjimą.

Net jeigu žmonės vaikšto į bažnyčią, daugelis iš jų nėra patyrę jokių Šventosios Dvasios darbų. Taigi, jie nėra tikri savo išgelbėjimu. Daugelis iš jų netiki dangumi ir pragaru, ir jie gyvena nuodėmėje taip pat, kaip ir netikintieji.

Dėl interviu apie priverstinius paaukojimus

Iš žmogaus, kuris išėjo iš mūsų bažnyčios, buvo paimtas

interviu. Ji teigė, kad per daug pinigų atiduodavo paaukojimams. Tuo ji kaltino savo verslo bankrotą ir šeimos skilimą.

Ji pasakė, kad geros algos laikais ji uždirbdavo bet 6 milijonus vonų (apie 6,000 dolerių), ir didžiąją dalį atiduodavo paaukojimams. Tačiau kai ištyrėme paaukojimų registrą, sužinojome, kad tai buvo grynas melas.

Jos vaikų ir darbuotojų teigimu, ji turėjo daug skolų. Tad problemų priežastis buvo ne paaukojimai, o asmeniniai dalykai. Daugiau negu pusę savo algos ji turėjo mokėti dėl savo skolos procentų. Kadangi per ilgą laiką skolų prisikaupė daug, galiausiai ji bankrutavo.

Jos sūnus žinojo, kad jo motina pateikė melagingą liudijimą tame interviu dėl kėslų, suregztų nepalankių bažnyčiai žmonių. Jis tiesiog negalėjo būti išvien su savo motina.

Prieš visus tuos įvykius kartą išgirdau, kad ta šeima turėjo finansinių sunkumų, ir aš asmeniškai padėjau jiems svaria pinigų suma. Bet ji vis tiek paliko bažnyčią ir sukėlė visas tas problemas bei davė melagingus paliudijimus. Galėjau tik raudoti dėl jos.

Aš padėdavau tiems, kurie turėdavo finansinių problemų, taupydamas savo paties išlaidas. Kai tie žmonės mane išduodavo ir sumokėdavo blogiu už gerą, tai mano širdžiai atnešdavo daug skausmo.

Neteisėtas paslėptų kamerų padarytas vaizdo įrašas

1999 m. gegužę viena iš mūsų bažnyčios narių diakonė Chiončžu Kim buvo apstulbusi, stebėdama save laidos „Redaktoriaus skyrelis" interviu. Tuo laiku ji buvo nėščia penktą mėnesį, ji buvo labai šokiruota. 1999 m. balandžio pabaigoje diakonei Kim paskambino nepažįstama moteris. Ji paprašė diakonės Kim pagalbos. Iš gailesčio tai poniai diakonė Kim susitiko su ja. Ji net negalėjo įsivaizduoti, kad ta ponia galėtų filmuoti ją slapta kamera.

Užmaskavę savo tikrą tapatybę tie žmonės uždavė tam tikrus klausimus, o vėliau suredagavo įrašą ir padarė reportažą, kuris buvo labai toli nuo tiesos.

Diakonė Chiončžu Kim atvyko į mūsų bažnyčią iš tolimos Prancūzijos 1998 m. balandį. Ji atvyko, norėdama jos sūnaus Čonsu išgydymo tikėjimu. Dėl smegenų vystymosi sutrikimų jis nepaliaujamai verkė. Ji atvyko į prabudimo susirinkimą ir aš už ją pasimeldžiau. Nuo to laiko Čonsu liovėsi verkęs ir jo vyzdžiai tapo normalūs.

Diakonė Chiončžu Kim patyrė dieviškąjį išgydymą ir grįžo į Prancūziją, kur studijavo jos vyras. Kai jis pabaigė studijas, jie sugrįžo į Korėją ir pradėjo lankyti mūsų bažnyčią. 1999 m. diakonė Kim pastojo antrą kartą, o jų pirmasis sūnus Čonsu, gimęs su negalia, išėjo į dangų. Dvasine prasme Čonsu išgelbėjimas ir išėjimas pas Viešpatį buvo palaiminimas, palyginus su jo kančiomis šioje žemėje.

Pora suvokė, kad tai buvo Dievo meilė, jog Jis paėmė jų pirmą sūnų ir davė jiems kitą vaiką. Taigi, jie nebuvo nusiminę ir dėkodami tęsė savo krikščionišką gyvenimą.

Diakonė Kim paliudijo apie šį laimingą gyvenimą ir paragino tą ponią priimti Viešpatį. Tačiau visa tai programoje nebuvo parodyta. Daugiaprasmiai klausimai ir žurnalistų redagavimo gudrybės padarė iš šio reportažo liūdno gyvenimo neviltyje vaizdą.

Paaiškinau tik kelis dalykus, parodytus laidoje apie mūsų bažnyčią. Iš tiesų net ir apie šiuos dalykus nelabai noriai pasakoju. Jei pradėtume aiškinti apie viską, kas buvo pristatyta „Redaktoriaus skyrelio" laidoje, reikėtų parašyti nemažai knygų.

Tačiau jau poros atvejų apžvalga parodo mums, kaip nekalta situacija gali tapti melu. Tai buvo žiniasklaidos nusižengimas, nes jie savo laidoje apgalvotai pateikė tam tikrus dalykus kaip tiesą. O faktiškai tai buvo religijos persekiojimo atvejis.

Paaiškinau kai kurias situacijas, tikėdamasis, kad niekam kitam neteks kentėti tokių dalykų dėl panašių laidų. Kai tokie dalykai vyksta, žmogus yra rimtai diskredituojamas.

Prieštaravimo pareiškimo pateikimas

Dėl minėtos laidos ir jos melagingumo mūsų bažnyčia patyrė milžiniškus nuostolius, ir mes pateikėme prašymą dėl arbitražo į Žiniasklaidos nagrinėjimo arbitražinę komisiją. Tačiau transliuotojo stotis pareiškė, kad neketina dalyvauti arbitraže. Todėl prieštaravimo pareiškimu mes padavėme juos į teismą.

Prieštaravimo pareiškimas – tai ieškovo galimybė pareikšti savo pretenzijas ir pateikti situacijos paaiškinimus. Ji yra duodama tai bylos šaliai, kuri patyrė nuostolius dėl žiniasklaidos reportažo, kur tiesa nebuvo reikiamai pateikta.

Tai nukentėjusiųjų dėl melagingų ir šališkų žiniasklaidos reportažų šansas pasiekti teisingumo ir sąžiningumo.

1999 m. spalio 14 d. Seulo apygardos teismo Pietų Teismas nutarė:

„MBC turi transliuoti Manmin Centrinės bažnyčios

교회연합신문

"MBC는 만민중앙교회 반론을 보도하라"

서울지법남부지원 판결 MBC 보도내용 대부분 사실 아닌 것으로 해석

기독교연합신문 1999년 11월 7일(일)

"MBC, 만민교회 반론 보도" 판결

남부지원, 총 14회 걸쳐

서울지방법원 남부지원(재판장) 등 최근 MBC에 대한 만민중앙교회의 반론보도청구 소송
에서 "MBC는 방영자 기독
교관련에서 시간과 프로그램, 방
송순서 및 시간에 따라 만민교회의
반론을 ··· 판결을 내렸다.

99년 11월 7일

제보에만 근거, 적절한 확인절차 없이 방송
남아있는 명예훼손등 소송에 영향 미칠 듯

기독교신문

종교관련 한건주의식 선정

만민중앙교회 관련 반론보도

조선일보

MBC PD수첩 만민중앙교회
방영금지 가처분조치 정당
헌법재판소 결정

99년 MBC 'PD수첩'의 방영하려
던 만민중앙교회와 관련된 프로그램
에 대해 교회측의 방영금지 가처분
신청을 법원이 받아들인 것은 합헌이
라고 헌법재판소가 30일 결정했다.

國民日報 1999년 10월 28일 목요일

MBC 만민중앙교회 관련
반론보도 14건 대거 방송

MBC가 만민중앙교회 이재록 목사
에 대한 비리의혹 보도와 관련, 30일
까지 방송사상 가장 많은 14건의 반론
보도문을 내보낸다. 26일 'PD수첩',
27일 '화제집중, 생방송6시' 첫머리에
반론보도문을 내보낸데 이어, 28일부
터 '뉴스데스크' 등 5개 TV 뉴스 프
로그램, '아침 종합뉴스' 등 6건의 라
디오 프로그램에 이를 방송한다.

prieštaravimus pagal numatytą laiką, programą, procesus ir metodus, minimus priede, 14 kartų trylikoje programų – septyniose televizijos programose ir šešiose radijo programose".

Be to teismas taip pat nusprendė, kad:

„Jeigu MBC neįvykdys nutarimo per nurodytus terminus, jie turės sumokėti 5 milijonus vonų už kiekvieną prieštaravimo pareiškimą, kuriuos jie turi transliuoti".

Taigi pagal teismo nutarimą MBC transliavo „prieštaravimo pareiškimą" keturiolika kartų: pagrindinėse MBC naujienose, vidurdienio naujienose, rytinėje laidoje „Chauče Čhipčon" („Dėmesys interesams"), paskutinėse dienos naujienose, ir t.t. Bet ir tai nepadėjo kompensuoti nors mažiausios dalelės nuostolių, kuriuos mes patyrėme.

Vyresnieji tarnautojai išdavė Jėzų iš pavydo

Jėzus tik pamokslavo dangaus karalystės evangeliją, išgydydavo daugelius ligonių, daugeliui grąžindavo gyvybę. Tačiau dėl to, kad Jis rodydavo Dievo jėgą, pavyzdžiui, išgydydavo aklus, kas buvo neįmanoma žmonėms, fariziejai, Rašto žinovai ir lyderiai pavydėjo Jam ir šmeižė Jį. Jono 10:20 parašyta: *„Daugelis iš jų sakė: „Jis turi demoną ir šėlsta. Kodėl Jo klausote?"* Jėzus darė tik gerus darbus, tačiau, kadangi tai buvo Dievo jėgos darbai, jie pasmerkė Jį, pavadinę Jį pamišėliu.

Taip pat, kai Jėzus išgydė demono apsėstą aklą ir kurčią

žmogų, fariziejai pasakė Jam Mato 12:24: „*Jis išvaro demonus ne kitaip, kaip tik demonų valdovo Belzebulo jėga*".

Argi Jėzus išvarydavo demonus Belzebulo pagalba? Jie panaudodavo štai tokį melą, kad sužlugdytų Jėzų. Daugelis žmonių apkalbėdavo Jį ir stengėsi apjuodinti Jo reputaciją.

Apaštalas Paulius taip pat rodė Dievo jėgą antgamtiškais darbuose, jis irgi buvo kritikuojamas kaip „nazariečių sektos vadeiva" (Apaštalų Darbų 24:5). Apaštalų Darbų 26:24 mes matome, kad jis irgi buvo vadinamas bepročiu.

Kadangi per mane taip pat pasireiškia Šventosios Dvasios darbai ir jėga, priešas velnias nuolat kėsinasi sužlugdyti mane.

Žmonės, pavydintys besireiškiančių Dievo darbų ir bažnyčios augimo skleidė daug melagingų gandų, stengdamiesi pasmerkti mane eretiku.

Pastatyta ant uolos bažnyčia nekris

Daugelis žmonių manė, kad po televizijos laidos incidento mūsų bažnyčia bus uždaryta.

Iš vienos pusės, buvo natūralu taip manyti. 1999 m. gegužės 11-22 dienomis mūsų bažnyčia buvo rodoma laidose 67 kartus: 33 per televiziją ir 34 kartus per radiją. Transliuotojo stotis sukritikavo mūsų bažnyčią, pateikdama melagingą informaciją, taigi, buvo nenuostabu, kad žmonės taip galvojo.

Tačiau bažnyčia, pastatyta ant uolos, negali kristi, nepaisant to, kiek tamsos jėgos ją bekratytų. Dievo įsteigta bažnyčia yra laikoma Jo galingos dešinės rankos.

Kai Jėzus įvažiavo į Jeruzalės miestą, izraelitai priėmė Jį šauksmais „Osana!", tačiau jie akimirksniu pasikeitė ir tapo minia, šaukusia: „Nukryžiuok Jį!"

Jėzus turėjo būti išduotas vieno iš Savo mokinių, kurį Jis mylėjo ir mokė. Kai Jėzus buvo areštuotas, visi Jo mokiniai pabėgo. Kaip gi jautėsi Jėzus, kai matė Savo mokinius, bėgančius iš baimės, kad jiems kas neatsitiktų?

Tikriausiai, Jis jautė gailestį jiems, juk Jis niekuomet negalėtų nusivilti jais ar nepakęsti jų. Aš irgi nejaučiau neapykantos ar antipatijos žmonėms, pakenkusiems man ir išdavusiems mane. Jų neteisumą ir kūno darbus labai sunku atleisti, bet aš nuolatos atleisdavau jiems, neatskleisdamas jų nusižengimų. Jie apsimetinėjo geromis avelėmis, bet slapta rengė sąmokslą, kad sužlugdytų mane. Jie bandė sunaikinti ir mane, ir bažnyčią. Nors pačios jų nuodėmės neapkenčiau, jiems patiems nejaučiau jokios neapykantos. Aš tik su ašaromis ir raudojimais meldžiau, kad niekas iš jų nenueitų į pražūtį ir atgailautų, atsigręžę atgal į išgelbėjimą.

Patirdamas seriją tokių incidentų, galėjau pajausti Dievo širdį, kurio numylėtas arkangelas Liuciferis tapo pasipūtęs ir išdavė Jį. Galėjau pajusti Jėzaus širdies emocijas, kai Judas Iskarijotas išdavė Jį. Juk kai draugas ar draugė tave palieka, sunku iškęsti kartėlį ir skausmą.

Jėzus Jono 3:6 pasakė: „Kas gimė iš kūno, yra kūnas, o kas gimė iš Dvasios, yra dvasia", – ir mes negalime pasitikėti kūnu, nes kūnas yra permainingas. Kai iš visos širdies atsiribojame nuo kūno, kuris yra netiesa, ir gyvename pagal dvasią, t.y. tiesą, mūsų širdys gali būti ištikimos ir turėti tobulą tikėjimą be blogio.

Išgyvendamas šiuos tris išbandymus 1998-1999 m. turėjau daugiau laiko pagalvoti apie Jėzų, kuris be priekaištų nuėjo į Golgotą ir paėmė kryžių.

Jis niekada nereiškė pretenzijų, esąs nekaltas ir melagingai apkaltintas. Jis priėmė nepakeliamą skausmą ir kančias vien tik tam, kad galėtų įvykdyti Dievo apvaizdą. Galėjau tik iki tam tikro mažo laipsnio pajusti, kokie gilūs buvo Viešpaties meilė ir Jo paklusnumas.

4 skyrius

Noriu vykdyti tik Dievo valią

Kai gavau Dievo malonę

Prieš pažindamas Dievą, aš 7 metus praleidau ligos patale. Pagal savo sesers kvietimą aplankiau Šin-ai Chiun Altorių. Šis įvykis pakeitė mano gyvenimą, skirtumas buvo kaip dangus ir žemė. Tikintieji šaukė Dievui, o man buvo nejauku stovėti ten vienam be emocijų. Net nemokėjau melstis, bet vis tik atsiklaupiau. Dievo Šventosios Dvasios ugnis akimirksniu mane išgydė. Kadaise vadinamas „vaikščiojančia ligų kolekcija" vieną akimirką buvau apvalytas nuo visų savo bėdų. Ligos dingo. Aš visiškai pasveikau.

Nors tai įvyko ne dėl Vyresniosios diakonės Šin-ai Chiun maldos, aš buvau išgydytas toje bažnyčioje ir buvau labai dėl to laimingas! Kaskart, kai pamokslavau prabudimo susirinkimuose, pasakodavau šį įvykį, pasakodavau apie tai, kaip susitikau su savo Dievu, kuris palietė ir išgydė mane.

Nors Šin-ai Chiun jau nebėra tarp mūsų, ji porą kartų lankėsi mūsų bažnyčioje invalido vežimėlyje. Ji kartais prašė mano pagalbos ir aš niekada neatstumdavau jos prašymų. Kartais dėl to net turėjau sunkumų, bet visada stengiausi iš visų jėgų jai padėti.

Nuo laiko, kai įtikėjau, iki mano bažnyčios atidarymo, aš tarnavau skirtingų pastorių bažnyčiose, ir, progai pasitaikius, aš iki šiol išreiškiu jiems savo padėką. Be to, esu nuolat dėkingas pastoriui Teigu Son, kuris seminarijoje buvo mano profesoriumi ir Jėzaus šventumo (jungtinės) denominacijos pirmininku tais laikais. Dėl savo užimtumo neturiu laiko aplankyti jį asmeniškai, bet kasmet nusiunčiu savo žmoną, ar kitus bažnyčios darbuotojus perduoti jam mano linkėjimus.

Svarbu atsilyginti malone tiems, iš kurių ją gauname. O svarbiausia yra dėkoti Dievui už Jo malonę. Kaip ir kuo mes galėtume atsilyginti Dievui už Jo meilę ir malonę?

Dievas sako: *„Aš myliu tuos, kurie Mane myli. Kas anksti Manęs ieško, suras Mane"* (Patarlių 8:17). Aš visada laikiausi šios Rašto eilutės: visų pirma, mylėjau Dievą ir stengiausi eiti ten, kur surasčiau Jį.

Kadangi Dievas yra Šviesa, turime vaikščioti šviesoje, kad galėtume su Juo susitikti. Kadangi Jis yra gerumas, turime rodyti gerumą. Kadangi Jis yra meilė, turėdami dvasinę meilę, galime susitikti su Juo.

Mylėti Dievą – tai vykdyti Jo įsakymus, ir tiek, kiek praktikuojame Jo žodį, tiek Jis mus mylės.

Kaip ištroškusi elnė trokšta vandens, taip ir mano didžiausias malonumas buvo suprasti Dievo žodį širdies gilumoje ir paklusti Jam. Visa mano esybė visada buvo kupina noro ir atsakomybės dėl Dievo karalystės ir teisumo pasiekimo aukštesniame lygyje.

Iš jėgos į jėgą

Kai nugalėjau šiuos tris išbandymus tikėjimu, paklusnumu ir meile, Dievas leido man patirti gilesnius Jo jėgos lygmenis. Man lengviau būtų negyventi, negu išgyventi tuos tris išbandymus. Abraomas tapo tikėjimo tėvu, praėjęs paklusnumo išbandymą – savo sūnaus Izaoko atnašavimą. Taip Dievas buvo patenkintas mano egzaminų išlaikymu ir palaimino mane, suteikęs didesnę jėgą, nei turėjau anksčiau.

Jono 14:12 yra užrašyti šie Jėzaus žodžiai: *„Iš tiesų, iš tiesų sakau jums: kas mane tiki, darys darbus, kuriuos Aš darau, ir dar už juos didesnių darys, nes Aš einu pas savo Tėvą".* Tai reiškia, kad, kai visiškai gyvename žodyje, būsime viena dvasioje su Dievu Tėvu ir galėsime daryti galingus darbus, kuriuos rodė Jėzus.

„Kartą Dievas kalbėjo, du kartus girdėjau tai: galybė priklauso Dievui" (Psalmė 62:11). Kaip minėjau anksčiau, priešas velnias negali naudotis jėga, kuri priklauso Dievui.

Kadangi demonai yra dvasinės būtybės, jie kursto žmones priešintis Dievui. Tačiau jie nėra pajėgūs net imituoti Dievo jėgą. Gyvenimo, mirties, sėkmės ir nesėkmės kontrolės jėga, žmogiškosios istorijos eigos ir sutvėrimo iš nieko jėga priklauso išskirtinai tik Dievui. Tačiau šią jėgą gali rodyti žmonės, priklausantys Dievui, kuris yra Šviesa, gyvenantys toje Šviesoje, pašventintieji ir pasiekusieji Jėzaus Kristaus tikėjimo saiką.

Skirtumas tarp valdžios, jėgos ir valdingos jėgos

Dažniausiai, kai kalbame apie Dievo jėgą, naudojame terminus valdžia, jėga ir valdinga jėga, kaip vienodų reikšmių sinonimus. Tačiau yra tam tikri skirtumai. Jėga – tai daryti dalykus, kurie yra neįmanomi žmonėms, bet įmanomi Dievui. Valdžia – tai garbinga ir šlovinga stiprybė, suteikta Dievo. Dvasinėje sferoje, neturėti nuodėmės – tai tam tikroji stiprybė. Taigi, galima teigti, kad valdžia prilygsta šventumui. Tie Dievo vaikai, kurie apvalo savo širdis nuo blogio ir netiesos ir tampa pašventinti, gaus dvasinę valdžią.

O kas gi tada yra valdingoji jėga? Tai Dievo jėga, lydima Dievo suteiktos valdžios tiems, kurie visiškai atsikratė blogio ir tapo pašventinti. Tai jėga ir valdžia kartu. Tačiau, kalbėdami apie valdingąją jėgą, dažnai vadiname ją tiesiog „jėga". Toji valdingoji jėga gali išvarinėti netyrus demonus ir gydyti visas ligas ir negalias.

Negalios – tai ne šiaip kokios nors paprastos ligos. Tai – paralyžius arba kūno dalių funkcijų išsigimimai, trukdantys žmogui dalyvauti įprastoje gyvenimo eigoje. Negalios – tai dalykai, kuriuos žmogus negali išgydyti. Tai ir aklumas, kurtumas, nebylumas, ir kitos tam tikros paralyžiaus formos.

Skirtumas tarp išgydymo dovanos ir jėgos

Žmonės dažnai mano, kad išgydymo dovana ir Dievo jėga – yra du vienodi dalykai. Tačiau ta du labai skirtingi dalykai. Išgydymo dovana, paminėta 1 Korintiečiams 12:9, yra susijusi su bakterijų ir ligų sudeginimu.

Turėdami išgydymo dovaną, negalėsime išgydyti iškraipytą kūno dalį arba suteikti klausą kurčiam, sugebėjimą kalbėti nebyliui, kurių nervai yra apmirę. Tačiau tuos dalykus galima pasiekti, jeigu už juos su tikėjimu pasimels žmogus, turintis Dievo jėgą.

Jei nors kartą gausime Dievo jėgą, ji veiks nuolatos. Tačiau išgydymo dovanos atžvilgiu, situacija yra kitokia. Išgydymo dovana gali būti suteikta nepaisant to, ar ją gaunantis žmogus yra pašventintas ar ne. Ji nėra suteikiama tiems, kurie sukaupė daug maldų savo meile sieloms, ar tiems, kurie yra ryžtingi ir gali būti naudojami Dievo.

Tačiau Dievo, kuris yra šviesa, jėga gali būti duoda tik pašventintam žmogui. Jeigu jis ją įgauna, ji jau negali sumažėti ar išnykti. Kuo labiau mes atspindime Viešpaties širdį, tuo didesnę jėgą gausime ir rodysime didesnius darbus.

Išgydymo dovana yra sunku išgydyti labai rimtas ar retas ligas. O dar sunkiau, kai ligonis turi tik mažą tikėjimą. Tačiau Dievo jėga, jei ligonis parodys nors ir labai menką tikėjimą, ji iš karto pradės veikti. Čia kalbama ne apie intelektualų tikėjimą, o apie dvasinį.

Keturi Dievo, kuris yra šviesa, jėgos lygiai

Dievas apreiškė man, kad yra skirtingi Jo jėgos lygiai. Mes galime gauti Jo aukštesnio lygio jėgą priklausomai nuo to, kiek tiesos yra išugdyta mūsų širdyse.

„Bet jums, bijantiems mano vardo, užtekės teisumo saulė su išgydymu po jos sparnais. Jūs išeisite ir šokinėsite kaip išleisti iš tvarto veršiukai" (Malachijo 4:2).

Žmonės, kurie regi dvasinius dalykus, mato šviesas, panašias į lazerio spindulius, išsiliejančias ir gydančias ligas.

Pirmasis Dievo jėgos lygis yra susijęs su raudona šviesa. Tai Šventosios Dvasios ugnies šviesa, kurios dėka yra sudeginamos ligos. Šventosios Dvasios ugnimi šiame jėgos lygyje yra sudeginamos ligos, sukeltos bakterijų ir virusų. Šios jėgos dėka galima išgydyti taip pat ir įvairias vėžio formas, plaučių tuberkuliozę, diabetą, leukemiją, širdies ligas, artritą, ŽIV ir kitas neišgydomas ligas. Tačiau pirmojo lygio jėga negali išvaduoti nuo visų ligų. Paskutinės stadijos vėžio ar plaučių tuberkuliozės atveju, jei pacientas jau peržengė Dievo nustatytą gyvybės liniją, yra sunku išgydyti šią ligą pirmojo lygio jėga. Kai kūno organai ar audiniai yra pažeisti taip, kad jie daugiau nebefunkcionuoja, tai problema, susijusi jau ne tik su bakterijomis. Kūnas turi suformuoti ir atstatyti naujus audinius ir organus. O tam reikalinga aukštesnio lygio jėga.

Tačiau net ir šiuo atveju, jei ligonis ir jo šeima yra suvienyti meilėje ir parodo savo tikėjimą, Dievo darbai pasireikš. Mūsų bažnyčioje per ankstesnius bažnyčios metus vyko daug stebuklų, kurie prilygsta pirmojo lygio jėgai.

Antrasis jėgos lygis išvaro tamsos galias. Ji yra susijusi su mėlyna šviesa. Šiame lygyje dažniausiai turime sugebėjimą išvaryti tamsą iš tų, kurie yra apsėsti demonų ir vykdo šėtono darbus.

Ši antrojo lygio jėga gali išgydyti ir proto ligas ar nervų sistemos sutrikimus, pavyzdžiui, autizmą, neurozę, šizofreniją, nervų sistemos sutrikimą ir chronišką proto ir psichinį depresijos nuovargį. Tokios ligos dažnai įsišaknija žmonėse, kurie slepia didelę neapykantą kitiems, slopina priešiškumą, turi nepilnavertiškumo kompleksą ar karštą būdą.

Taigi, antrąja jėga daugelis ligų, kurios yra sukeliamos tamsos jėgų, yra išgydomos. Tamsos jėgos taip pat pradės sprukti iš šeimų, verslo ir darboviečių. Taip pat gali įvykti mirusiųjų prikėlimas ar dvasios atėmimas.

Apaštalas Paulius atgaivino Eutichą (Ap. Darbų 20:9-12).

Petras prakeikė Ananiją ir Sapfyrą, kai jie sumelavo Šventajai Dvasiai, ir jie nukrito ir mirė (Ap. Darbų 5:1-11). Kai Eliziejus prakeikė jaunuolius, kurie išjuokė jį, dvi meškos išėjo ir nužudė kai kuriuos iš jų (2 Karalių 2:23-24). Šie veiksmai buvo padaryti antro lygio Dievo jėga.

Trečiasis Dievo jėgos lygis yra susijęs su balta ar permatoma šviesa. Ji pasireiškia ženkluose ir sutvėrimo darbuose. Ženklas – tai aiškiai matomas akimis dalykas, pavyzdžiui, aklojo praregėjimas, nebylio kalbos atstatymas, kurčiojo klausos atgimimas.

Taip pat, kai luošieji pradeda vaikščioti ir išgydomas

paralyžius. Iškrypimai, invalidumas ar visiškai iškraipytos kūno dalys ir organai yra atstatomi. Lūžę kaulai išgyja, atsistato net tie kaulai, kurių žmogus neteko.

Ketvirtasis jėgos lygis pasireiškia auksinėje šviesoje, tai tobulumo lygis. Šį jėgos lygį mes matome pasireiškusį Jėzuje. Šis lygis duoda jėgos keisti oro sąlygas. Jis pasireiškia „stebukluose". Pavyzdžiui, galima sustabdyti ar iškviesti lietų. Šiame lygyje galima stumti debesis. Ketvirtasis Dievo jėgos lygis yra sugebėjimas viską kontroliuoti ir valdyti.

Net negyvi dalykai paklūsta ketvirto lygio jėgos įsakymams. Apsinuodijimas smalkėmis išnyksta pas tuos, kurie buvo apsinuodiję. Karštis išeina iš tų, kurie buvo nudegę. Kai Jėzus prakeikė nenešantį vaisių figmedį, jis akimirksniu sudžiuvo (Mato 21:19). Kai Jis uždraudė vėjui siautėti jūroje, viskas aprimo (Mato 8:26).

Medžiai, vėjas ir jūra, kaip ir viskas gamtoje, paklūsta Jėzaus įsakymams. Būtent taip, kaip Dievas sutvėrė dangų ir žemę Savo žodžiu, kai Jėzus kalbėjo, viskas paklusdavo ir materializavosi realybėje.

Kaip yra parašyta Žydams 11:1, jeigu turime štai tokį tobulą tikėjimą, tai, ko viliamės, bus užtikrinta, o tai, ko nematome, bus parodyta. Pasireikš kūrimas iš nieko.

Ketvirtame lygmenyje jėga išsiverš už laiko ir erdvės ribų tiesiog pagal ištartąjį žodį. Dievas nori suteikti Savo jėgą visiems Savo mylimiems vaikams, tačiau tokio lygio pasiekusieji žmonės iš tikrųjų yra retenybė.

Morkaus 7:24-30 moteris su demono apsėsta dukra atėjo pas Jėzų ir paprašė Jo išvaryti iš jos demoną. Jėzus, pamatęs jos nuolankumą ir tikėjimą, 29 eilutėje pasakė: „Dėl šitų žodžių eik namo, – demonas jau išėjęs iš tavo dukters". Dukra iš karto pasveiko. Kai ta moteris sugrįžo namo, demonas jau buvo palikęs jos dukrą.

Be to, Jėzus net nebuvo nuėjęs į tą vietą, kur buvo ligonė. Tiesiog pagal Jo įsakymą pasireiškė Dievo jėga, veikianti už laiko ir erdvės ribų.

Ypatingi antgamtiški darbai

Apaštalų Darbų 19:11-12 yra parašyta: *„Pauliaus rankomis Dievas darė ypatingų stebuklų. Žmonės net dėdavo ligoniams jo kūną lietusias skepetėles bei prijuostes, ir nuo jų pasitraukdavo ligos, išeidavo piktosios dvasios ".*

Būtent taip, kaip Dievas parodydavo ypatinguosius stebuklus per apaštalą Paulių, Dievas per mane parodė tą patį. Kaip ir Pauliaus atveju, šviesos jėga susikaupia skepetėlėse, už kurias aš meldžiuosi, ir kai žmonės uždeda jas ant kitų ir tikėdami meldžiasi, įvyksta išgydymai.

Mūsų bažnyčioje daugelis bažnyčios darbuotojų ir pastorių praktikuoja išgydymo darbus per šias skepetėles ir maldą, jie taip pat pamokslauja prabudimų susirinkimuose kitose šalyse.

Ketvirtame jėgos lygyje dingsta ligos ir tamsos jėgos traukiasi, veikiami Dievo jėgos, kuri siekia už laiko ir erdvės ribų. Ketvirtame lygyje pasireiškia ženklai ir viskas visatoje paklūsta. Ketvirtojo lygio Dievo jėgos auksinėje šviesoje pasireiškia visų keturių – pirmojo, antrojo, trečiojo ir ketvirtojo – lygių darbai.

Liudijimas apie mergaitę Pakistane vardu Sintija

Gerb. Vilsonas Džonas Gilas Pakistane turėjo jaunametę dukrą vardu Sintija. 1999 m. liepą ji staiga pradėjo vemti, tuštintis su krauju ir viduriuoti. Ji buvo paguldyta į „Rašid" ligoninę Lahoro mieste. Jai diagnozavo celiakinę ligą ir vidurių užkietėjimą. Skubi neatidėliotina operacija jai buvo būtina. Bet jos kūnas buvo pernelyg silpnas, kad ji ištvertų tokią operaciją. Liga vadinasi gliuteno enteropatija kartu su žarnyno nepraeinamumu.

Tuo metu Sintijos vyresnė sesuo Marija buvo Korėjoje. Ji atnešė man Sintijos nuotrauką. Tai įvyko 1999 m. liepos 23, aš nuoširdžiai pasimeldžiau, laikydamas tą nuotrauką. Tą pačią akimirką, pirmą kartą po 10 dienų, Sintijos žarnynas pradėjo veikti. Ji labai greitai pasveiko ir jau kitą dieną galėjo sėdėti. Praėjus trims dienoms ji buvo paleista iš ligoninės. Ji buvo visiškai išgydyta.

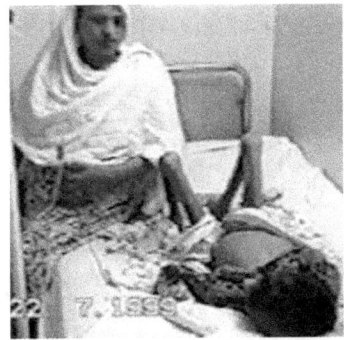

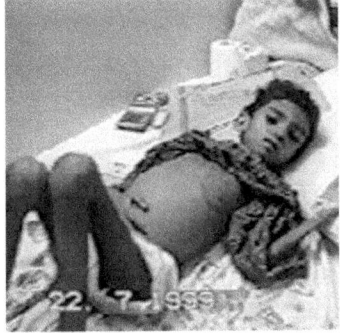

Sintija ligoninėje (1999 m. liepos 22 d.)   Sintija pasveiko (2007 m.)

Malda už Sintijos nuotrauką

Aukščiausioji sutvėrimo jėga

Dar yra aukštesnis jėgos lygmuo, kuris yra virš visų šitų keturių lygių. Tai jėga, kuri nuo pat pradžių priklauso Dievui Kūrėjui. Kai Dievas tarė: „Tebūnie šviesa", – atsirado šviesa. Tai jėga, per kurią viskas įvyksta taip, kaip įsakoma. Kai Dievas įsako aklam praregėti, jis atgauna regėjimą. Kai Dievas įsako luošam vaikščioti, jis atgauna gebėjimą vaikščioti. Darbai, kuriuos rodė Jėzus, pasireikšdavo per Aukščiausiąją Sutvėrimo Jėgą, kuri yra aukštesnė už visus tuos keturis lygius. Tai jėga, kurios pagalba Kūrėjas viską sutvėrė.

Tai ne tas lygis, kuriame Dievo sukurta būtybė gauna iš Jo jėgą ir rodo įvairus darbus. Tai jėga, ateinanti iš pradinės šviesos, kuri buvo pas Dievą, kai Jis buvo vienas iki sutvėrimo pradžios.

Jono Evangelijos 11 skyriuje skaitome apie mirusį Lozorių, kuris keturias dienas buvo miręs ir jau smirdėjo, bet buvo prikeltas iš mirusių ir, pagal Jėzaus įsakymą: „Lozoriau, išeik!", jis išėjo.

Kai žmogus atsikrato visų formų blogio, tampa pašventintas, jo dvasia apsivalo ir atspindi Dievo širdį, įgijęs beribes dvasines žinias, jis gali pereiti į tokį lygį, kuris siekia toliau už keturis jėgos lygius.

Kai žmogus pasiekia Aukščiausios Kuriančios jėgos lygį, įvyksta stulbinantys dalykai – Dievas pradeda viską kurti Savo žodžiu, ir tai atsiranda.

Naujasis tūkstantmetis prasidėjo svarbiu ženklu

2000 m. Dievas įdėjo man į širdį norą atnašauti Jam įžadų maldas. Atnašavau jas keturis kartus. Dievas norėjo, kad skirčiau ypatingą dėmesį maldoms. Jis apreiškė man, kad turiu melstis vienas kalnuose, neturėdamas kontakto ar pokalbių su kitais žmonėmis.

Tuo metu turėjau daug susirūpinimų dėl bažnyčios finansų ir kitų dalykų, tad man buvo iš tikrųjų labai sunku sutelki visą dėmesį į savo maldą. Jei nebūčiau bendravęs su Dievu, dėl susikaupusio streso turėčiau jau daug problemų.

Gyvendamas šioje žemėje Jėzus taip pat, kai tik turėjo progą, meldėsi. Nors Jėzus yra pati Dievo jėga, kadangi turėjo žmogišką kūną, Jis turėjo per maldą prisipildyti Šventosios Dvasios pilnatvės, kad galėtų pilnu mastu demonstruoti Dievo jėgą.

Vasario 21 d. 10 dienų atnašavau pirmą įžadų maldą. Būdamas kalnuose miegojau po kelias valandas per parą ir valgiau tik du kartus per parą. Tai buvo labai paprastas maistas, tad per

10 minučių suspėdavau jį suvalgyti. Išskyrus valgymo laiką, meldžiausi ištisas dienas ant kelių, o per pertraukas skaitydavau Bibliją.

„Kaip gi galiu gauti daugiau jėgos, išreikšti Dievą Kūrėją ir tuo pačiu išgelbėti bent dar vieną sielą? Kaip manyje gali pasireikšti Išgelbėtojas Jėzus? Kaip aš galiu parodyti dangaus ir pragaro realybę ir atvesti žmones pas Viešpatį? Kaip gi galėsiu evangelizuoti pasaulį?"

Mano vienintelis noras buvo skelbti Dievo karalystę ir Jo teisumą. Tačiau po pirmos įžadų maldos pasijutau susigėdęs ir pasimetęs Dievo akivaizdoje.

Meldžiausi iš visų jėgų, bet jaučiau, lyg mano malda neatitiktų Jėzaus maldos, nes Jo prakaitas virto krauju, kai Jis meldėsi Getsemanėje. Tačiau Dievas buvo patenkintas mano malda ir padovanojo mano didelę dovaną.

Ženklas – kartus vanduo virto saldžiuoju

Čhun Čan kaime, namo nr. 153, netoli nuo Čheče miesto provincijos Čolla-Namdo apygardoje Muan yra Muano Manmin bažnyčia. Dabar ji yra sujungta su gyvenviete, o anksčiau tai buvo izoliuota salelė, vadinama „Čžukdo". Ten buvo jaunimo stovyklos pastatas, kurį šventyklos pastatymo tikslu nupirko Manmin bažnyčia. Nuo ten iki kaimo, kur aš praleidau savo vaikystę, yra tik penkių minučių važiavimo atstumas.

Muan Manmin bažnyčia persikėlė į šią vietą 1999 m. vasarį, tačiau jie greitai suprato, kad ten yra geriamojo vandens stoka. Ten buvo anksčiau iškastas šulinys, tačiau jame buvo tik jūros vanduo, naudojamas tik baseinams.

Mion Sul Kim – Muan Manmin bažnyčios pastorius – visada

svajojo apie tai, kad tas vanduo būtų šviežias ir tinkamas gerti. Kadangi jie neturėjo šviežio geriamojo vandens, jie gaudavo vandenį per žarną iš trijų kilometrų atstumo. Žiemą jie turėjo daug problemų, kadangi vanduo žarnoje užšaldavo ir vandens tiekimas nutrūkdavo.

Dievas vakar ir šiandien yra tas pats

Muan Manmin bažnyčios pastorius Mion Sul Kim skaitė apie Maros kartų vandenį, kuris Išėjimo knygoje virto saldžiu. Jis patikėjo, kad, jei aš už jį pasimelsiu, jūros vanduo virs geriamuoju. Išėjimo 15:23-25 parašyta: *"Atėję į Marą, jie negalėjo gerti Maros vandens, nes jis buvo kartus. Todėl ta vieta vadinama Mara. Tauta pradėjo murmėti prieš Mozę sakydami: "Ką gersime?" Jis šaukėsi Viešpaties. Viešpats parodė jam medį, kurį įmetus į vandenį, vanduo tapo saldus. Čia Jis davė jiems įstatymą ir nuostatus, ir čia Jis išbandė juos"*.

Tai buvo prieš 3,500 metų, kai izraelitai perėjo per Raudonąją jūrą. Jie ieškojo vandens Šūro dykumoje, bet nerado gero geriamojo vandens. Tuomet jie pradėjo murmėti prieš Mozę. Kai Mozė pasimeldė Dievui, negeriamas kartus vanduo virto šviežiu ir saldžiu geriamuoju vandeniu.

Pastorius Mion Sul Kim ir jo bažnyčios nariai meldėsi ne tik už vandens pasikeitimą. Jie taip pat prašė manęs aplankyti jų bažnyčią ir pasimelsti už ją. Jie tikėjo, kad sūrus vanduo gali virsti saldžiu.

Per savo pirmą maldą kalnuose aš ypatingai meldžiausi už Muan Manmin bažnyčią. Vėliau sužinojau, kad per dešimt mano maldos dienų Muan Manmin bažnyčioje dieną ir naktį spindėjo

Muano saldaus vandens šaltinis

žiedo formos vaivorykštės. Taip pat paaiškėjo, kad Muan Manmin bažnyčios nariai meldėsi už mane, kol buvau kalnuose ir meldžiausi.

Kai kovo 4 d. grįžau po maldų kalnuose, po penktadienio naktinio tarnavimo, pastorius Mion Sul Kim priėjo prie manęs su maldos prašymais ir paprašė, kad pasimelsčiau už tai.

Kadangi bažnyčios Muane nariai tiek kentėjo, aš pasimeldžiau ne tik už jo duotus maldos prašymus, bet taip pat ir už tai, kad sūrus vanduo virstų saldžiu geriamuoju vandeniu. Dievas išgirdo šią maldą, kuri prasiskverbė už laiko ir erdvės ribų, ir išreiškė Savo darbus Muano šulinyje, kuris buvo už kelių šimtų kilometrų nuo ten.

Kitą dieną pastorius Kim kartu su bažnyčios nariais patikrino šulinį ir pamatė, kad tas kartus ir sūrus vanduo tapo geriamuoju. „Vyriausias Pastoriau, įvyko stebuklas! Sūrus vanduo virto saldžiu. Negeriamas vanduo tapo saldžiu!"

Pastorius Kim paskambino man ir pranešė naujienas. Per telefoną buvo girdėti džiaugsmingi Muan Manmin bažnyčios narių balsai.

Išgydymai saldžiuoju vandeniu

Saldus vanduo yra nestipriai šarminis ir apstus mineralų. Jis tapo ne tik geriamu, bet turėjo ir gydančių savybių. Korėjiečiai dažniausiai neturi „dvigubų akies vokų", tai yra viršutinio akies voko sulenkimo. Tačiau daugeliui išgėrusių šio vandens tikėjimu staiga atsirado toks dvigubas sulenkimas ant viršutinio akies voko. Daug žmonių išsigydė nuo skrandžio ligų ir odos problemų.

Vienas iš mūsų bažnyčių pastorių Son Čhil Li atvedė pas mane savo tris vaikus, kad pamatyčiau jų dvigubus vokus. Niekas iš jų neturėjo jų, tačiau saldusis vanduo padėjo dvigubiems vokams susiformuoti. Yra daug liudijimų ir iš kitų šalių.

Iš šulinio Muane vanduo bėga per vamzdį. Kai kurie iš tikinčiųjų dvasine rega matė šviesos spindulius, einančius nuo Dievo sosto ir supančius tuos vamzdžius.

Kai sūrus vanduo teka pro šias šviesas, jis virsta saldžiu. Daugelis žmonių ne tik iš Korėjos, bet ir iš kitų šalių jau yra aplankę šią vietą. Kai kurie iš jų savo dvasinėmis akimis taip pat matė šiame saldžiame vandenyje šviesos spindulius ir šviesos jėgą.

2000 m. kovo 29 d. diakonė Chion Čžuo išpylė verdantį vandenį iš didelio geležinio ąsočio. Vanduo atsitiktinai išsipylė jai

Gėlujų vandenų žuvis negali gyventi sūriame vandenyje; jūrinė žuvis negali gyventi gėlame vandenyje. Tačiau gėlujų vandenų žuvis ir jūrinė žuvis gali kartu gyventi Muano saldžiame vandenyje

ant kaklo ir pečių.

Jos krūtinė ir nugarinė kaklo dalis buvo stipriai nudegusios. Ji iš karto tikėjimu išklausė maldą už ligonius, įrašytą į automatinio atsakiklio sistemą, ir pajuto, kad karštis pasitraukė. Dėl nudegimo atsirado išskyros, bet, jai pasitepus Muano saldžiuoju vandeniu, jos išnyko.

Po trijų dienų aš asmeniškai pasimeldžiau už ją. Praėjus savaitei, jos randai apsitraukė šašais, o kai jie atkrito, oda tapo visiškai sveika. Ji buvo visiškai išgydyta nuo visų pasekmių.

Saldusis Muano vanduo atgaivina net gyvūnus

Tai įvyko Galilėjos maldos namuose, kur aš meldžiuosi, 2003 m. gegužę. Vienas laukinis karvelis žaidė prie vokiečių aviganio. Paukštis nebijojo net ir tuomet, kai šuo ant jo lojo. Aš susirūpinau.

„Šuo pririštas, bet, kai bus arti, jis įkąs. Kodėl tas paukštis ten žaidžia?" Kai aviganis lodavo, karvelis truputėlį atsitraukdavo, bet nesiliovė žaidęs. Taip praėjo pora valandų. Šuo atrodė pavargęs, jau nebelojo.

Maldos namų prižiūrėtojas papasakojo man įdomią istoriją. Porą dienų prieš tai, į kiemą nukrito laukinis karvelis, jis, gulėdamas ant žemės, tekšeno sparnais. Kai prižiūrėtojas pamatė paukštį, karvelis jau buvo netekęs daug plunksnų ir buvo beveik miręs. Atrodė, lyg paukštis prisilesęs kažkokių nuodų.

Prižiūrėtojui buvo gaila paukščio. Jis pasimeldė ir pagirdė karvelį Muano saldžiuoju vandeniu. Porą kartų išgėręs saldaus vandens paukštis atsigavo ir išskrido.

Nuo tos dienos karvelis atskrisdavo ten kasryt. Jis tiesiog žaisdavo kieme ar tupėdavo ant medžių, o vakare išskrisdavo. Kartais kartu su juo atskrisdavo ir kiti paukščiai, kurie žaidė su juo. Iki to karto niekada nebuvau pastebėjęs, kad prie maldos namų atskrisdavo karvelis.

Ši istorija sujaudino mano širdį, faktas apie tai, kad net paukštis supranta, kas yra malonė, padarė man įspūdį. Jis vis atskrisdavo, atsidėkodamas už malonę. Tikriausiai ant kalno jis turėjo žymiai daugiau draugų, bet jis atskrisdavo ir pasilikdavo ten.

Paprašiau to darbuotojo, palikinėti kieme pakankamai

maisto, kad ten galėtų žaisti ne tik jis, bet ir jo draugai.

Čindolis išgyvena po 18 dienų mūšio su mirtimi

Mes turime čindo veislės šunį vardu Čindolis. Prižiūrėtojas paleisdavo jį pabėgioti kartą per dieną. Čindolis nubėgdavo į šalia esantį kalną ir po pusvalandžio sugrįždavo. Tačiau vieną sniegingą dieną Čindolis dingo. Net ir po poros dienų jis nesugrįžo. Visur jo ieškojome, bet niekur neradome. Jau beveik nuleidome rankas. Bet po 18 dienų jis sugrįžo. Matėsi, kad jis buvo pagautas į spąstus ant kalno ir stipriai nukentėjo. Metalinė viela buvo apvyniota aplink jo kaklą. Jis buvo sunkiai sužeistas.

Šuo buvo labai liesas, atrodė kaip skeletas. Ant jo kaklo kailis buvo nuplėštas, viela buvo įsirėžusi vos ne iki kaulų. Jo visas kūnas buvo padengtas purvu, tikriausiai jis ilgai vargo, kad išsivaduotų iš to purvyno. Bažnyčios darbuotojai be paliovos purškė ant jo saldųjį Muano vandenį. Jie taip pat pagamino jam žuvies, kad jis atsigautų. Aš jo taip gailėjau, kad pasimeldžiau už jį.

Dažniausiai, jis mane nelabai mėgo. Aš tik kartais patapšnodavau jį, kai eidavau į maldos namus. Taigi, aš nebuvau vienas jo mėgstamiausių žmonių. Jis net nesekdavo iš paskos to, kuris jį maitindavo.

Bet po to įvykio Čindolis visiškai pasikeitė. Tik išgirdęs mano mašinos garsą, jis labai džiaugėsi ir vizgino uodegą. Dabar jis visur laksto iš prižiūrėtojo paskos. Jis tapo visų numylėtiniu.

Panašiai kaip žmonės, einantys per išbandymus, tuo pačiu labiau subręsta, Čindolis irgi tarsi suvokė savo namų vertingumą ir tapo dėkingas savo šeimininkams. Supratęs, kad be šeimininko jis gali pražūti, jis pasikeitė ir tapo mielu šuneliu, paklusniu savo šeimininkui.

Patvirtinta Maisto ir vaistų kontrolės tarnybos

Kai kurie žmonės neteisingai supranta Muano saldžiojo vandens esmę. Neseniai Korėjos televizijos kompanija MBC rodė laidą apie Muano saldųjį vandenį. Dėl jų šališko pristatymo iškilo kai kurių nesusipratimų. Maisto ir vaistų kontrolės tarnyba (FDA) – tai valstybinė institucija, priklausanti Jungtinių Amerikos Valstijų Sveikatos apsaugos ir socialinių paslaugų Departamentui. Jie palaiko maisto, vaistų, cheminių medžiagų, kosmetikos ir maisto priedų saugumo priemones ir standartus. Jų darbas – patikrinti ir patvirtinti.

FDA patikrino Muano saldųjį vandenį penkiais būdais, padarė mineralų kiekio patikrinimą, sunkiųjų metalų testavimą, pesticidų liekanų testavimą, pirminio odos dirginimo ir stipraus oralinio toksiškumo testus.

Rezultatai parodė, kad Muano saldusis vanduo yra tinkamas gerti ir saugus žmogaus kūnui. Buvo nustatyta, kad jis yra labai turtingas mineralais, kurie būtini žmogaus kūnui, jame ypatingai gausu kalcio, kurio jame yra tris kartus daugiau negu žinomuose Prancūzijos ir Vokietijos šaltinių vandenyse.

Įrodyta, kad Muano saldusis vanduo yra puikus geriamas vanduo. Net ir dvasiškai, tie, kurie tiki, kad jame yra Dievo jėga, geria jį ir naudoja kitaip, patiria dieviško išgydymo darbus.

O kiti šaipydamiesi kalbėjo: „Jie prisigėrė jauno vyno".

Po Viešpaties prisikėlimo Petras gavo Šventąją Dvasią. Petras rodė daug ženklų, tokių, kaip ligonių išgydymas ir demonų išvarymas. Žydai pavydėjo Petrui ir įkalino jį bei kitus apaštalus. Kuomet Paulius išvarė demoną, jis buvo ne tik sumuštas, bet ir įmestas į kalėjimą.

Sekminių dieną žydai iš visų tautų pamatė Viešpaties mokinius, pilnus Dvasios, kalbančius kitomis kalbomis. Jie buvo nustebę, tačiau nepalaikė to Šventosios Dvasios darbais. Jie atvirkščiai šaipėsi iš jų, sakydami, jog šie prisigėrė jauno vyno.

Lygiai taip pat yra žmonių, kurie kritikuoja Šventosios Dvasios darbus, priskirdami šiuos įvykius misticizmui ar kažkokios rūšies apsimetinėjimui. Man labai liūdna girdėti tokius dalykus.

Dievas parodė mums šį ženklą: po mano pirmos maldos kalnuose sūrus vanduo virto saldžiu. Jis leido mums žinoti, kad suteiks man išminties iš kito išmatavimo per antrąją maldą kalnuose. Tai buvo išmintis, galinti išspręsti bet kokią sudėtingą problemą.

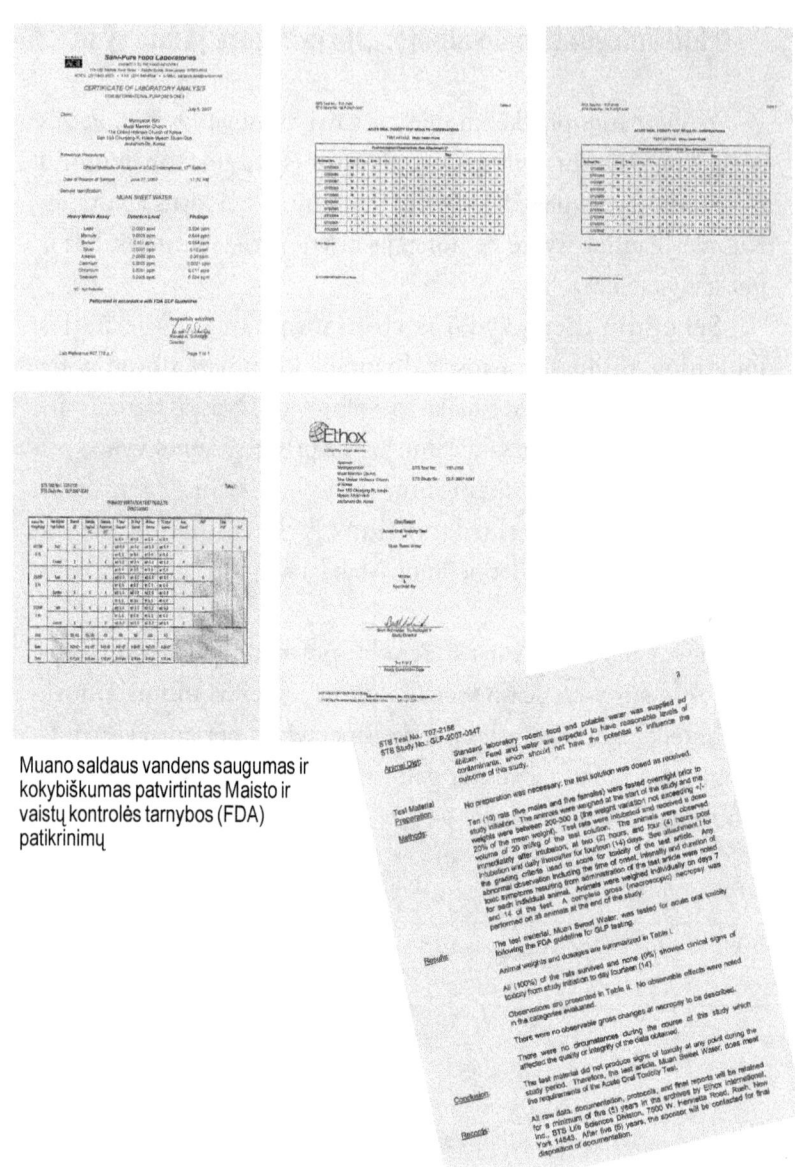

Muano saldaus vandens saugumas ir kokybiškumas patvirtintas Maisto ir vaistų kontrolės tarnybos (FDA) patikrinimų

Malda kalnuose ir pavojus gyvybei

Trečią kartą kalnuose Dievas liepė man melstis kaip Jokūbui, kai jam lūžo klubikaulis. Jis taip pat liepė man melstis taip, lyg mano širdis plyštų. Tai reiškė, kad turėjau įdėti į tai visą savo gyvybę. Maldos metu Dievas davė man Savo žodį:

„Gelbėk sielas kuo greičiau šia šventumo evangelija. Savo lupomis jie sako: „Viešpatie, Viešpatie, mes tikime". Bet jie neturi tikėjimo, kad priimtų mane savo viduje. Jeigu jie iš tikrųjų Manimi tiki, nejaugi jie pasitikės ligoninėmis, kai jiems kažkas atsitiks? Iš išorės jie dedasi esą šventi, bet viduje jie teisia, smerkia ir apkalbinėja kitus. Tai pabaltinti kapai. Kaip vienas aklas veda kitą, taip ir kai kurie Dievo tarnai ir mokytojai veda daugybę sielų į pražūtį. Kuo greičiau pamokslauk šią evangeliją visame pasaulyje. Mokyk juos priimti išgelbėjimą. Pažadink visas sielas pasaulyje".

Tai reiškia, kad yra labai mažai žmonių, kurie turi dvasinį tikėjimą ir galės paskutinėmis dienomis priimti išgelbėjimą. Dievas parodė man, kaip meldėsi Mozė. Jis paaiškino man, kaip meldėsi Mozė, kad gautų Dešimt Dievo Įsakymų, negerdamas net vandens ant Sinajaus kalno.

Ant Sinajaus kalno nebuvo nei vandens, nei medžių, nei gėlių, nei paukščių čiulbesio. Tai buvo dykuma: vien akmenys ir smėlis, augalai ten buvo retenybė, Mozė meldėsi vienas. Kai jis meldėsi pirmus kartus, Jozuė buvo dar su juo kartu. Bet, kai jis meldėsi antrą kartą nuėjęs gauti įsakymus, jis turėjo melstis vienas.

Kai Mozei jau buvo virš 80 metų, jis negalėjo trykšti energija. Jis vilkėjo sudėvėtus rūbus ir nuoširdžiai meldėsi dieną ir naktį. Iš jo delnų bėgo kraujas, jo keliai buvo apdraskyti iki pat kaulų. Jis dieną ir naktį meldėsi 40 dienų, kęsdamas tokius skausmus, ir gavo Dievo atsakymą – Dešimt Įsakymų.

Gauti iš Dievo įsakymus ir išgirsti Jo balsą – tai nėra labai lengvas dalykas. Tu turi būti visiškai paklusnus ir švarus. Kai baigiau savo trečiąją maldą kalnuose, Dievas pasakė man, kad aš iš tikrųjų meldžiausi rizikuodamas savo gyvybe. Jis išmokė mane kai kurių dvasinės sferos paslapčių ir apreiškė būsimus įvykius.

Laikydamasis Jono 14:12 žodžių, aš meldžiausi, kad gaučiau dvigubą jėgos saiką ir įkvėpimo vykdyti didesnius darbus, apie kuriuos kalbėjo Jėzus.

Tai dėl to, kad Dievo jėga ir aiškus įkvėpimas yra būtini šiais paskutiniais laikais, kuomet pasaulis taip pripildytas nuodėmių. Taip pat, kad išgelbėčiau tuos, kurie net pamatę nepatikėjo ir nuversčiau stabus, bei darvinizmo idėją, kurie yra įsitvirtinę visame pasaulyje. Dievas buvo patenkintas šia malda ir pažadėjo, kad išpildys tai.

Besibaigiant balandžio mėnesiui, prieš 2000 metų gegužės

ménesio prabudimo susirinkimus aš pradėjau ketvirtąją įžadų maldą. Dievas liepė man apie nieką negalvoti, net apie mano šeimą ar bažnyčią. Dieną ir naktį mąsčiau tik apie dangų ir Dievą Tėvą bei šaukiu maldoje.

Dažnai dieną žiūrėdavau į debesis ir saulę, o naktį – į mėnulį ir žvaigždes, taip daugiau supratau apie Dievo meilę ir apvaizdą. Dievas pamokė mane daugelio dvasinės sferos paslapčių. Jis atskleidė man gilesnius dangiškosios karalystės dalykus, bei apreiškė apie netyrąsias dvasias, kurios vadovauja pragarui.

Po visų keturių įžadų maldų Dievas ateinančios jėgos stiprumą prilygino Iguasu kriokliui. Dievas buvo pasirengęs atsakyti, net jei ligonis parodys nors ir labai menką tikėjimą. Per prabudimo susirinkimus gegužės mėnesį aš neuždėdavau savo rankos ant kiekvieno iš ligonių, tiesiog meldžiausi už visus juos iš sakyklos.

Tik po vienos maldos buvo išgydytos įvairios ligos, žmonės praregėdavo, daugelis atsistodavo iš invalidų vežimėlių. Galėjau padėkoti tik Dievui.

Nenaikinkite apdovanojimų, laikomų danguje

2000 m. birželio 2 d. ruošiausi išeiti iš namų į penktadienio naktinį tarnavimą. Pamačiau vyresnįjį Čion Giu Li. Jis stipriai sirgo. Kai jį pamačiau, aš supratau, kad turiu melstis ne už jo išgydymą, o už jo išgelbėjimą. Jis buvo apimtas baimės ir net negalėjo kalbėti.

Per įkvėpimą pastebėjau, kad angelai ir piktosios dvasios kovojo, kad pertemptų jo sielą į savo pusę. Tai reiškė, kad išsigelbėti šioje situacijoje jam buvo sunku. Velnias kaltino jį prieš Dievą, norėdamas pasiimti jį į pragarą.

Aš suvokiau situacijos rimtumą ir pasimeldžiau: „Visos piktosios dvasios, viešpataujančios ore, eikite lauk! Tėve, priimk jo dvasią". Žmonės aplinkui buvo nustebę ir prašė, kad pasimelsčiau už jo išgydymą.

Vienas iš jų pasakė: „Vyriausias Pastoriau, jis daugelį metų buvo savanorių grupės lyderiu, ir jam reikės būti ateinančiame savanorių grupės šlovinimo tarnavime".

Atsakiau: „Nejaugi negirdėjai mano maldos? Kaip buvo pasakyta, taip ir turėjo būti".

Po maldos vyriausiojo brolio veidas aprimo ir iš akių pradėjo bėgti ašaros. Jis gavo ramybę savo stipriuose skausmuose. Aš pasakiau jo šeimos nariams ruoštis jo laidotuvėms. Taip pat paprašiau bažnyčios darbuotojus įdėti visas savo pastangas į jo laidojimo tarnavimą, nes, kaip jie ir minėjo, jis daugelį metų dirbo savanorių grupės lyderiu.

Šiuo atveju tai buvo žmogus, kuris dirbo bažnyčios labui, bet pats vos pasiekė išgelbėjimą. Kitą dieną, birželio 3, šis brolis mirė. Dievas man parodė, kad jis buvo viršutinėse kapuose, kur laukia išgelbėti žmonės. Daugelis žmonių laukė ilgoje eilėje, o jis nulenkė savo galvą.

„Argi nežinai, kodėl šis sūnus nulenkia savo galvą?
Tai todėl, kad jis Manmin bažnyčios narys, kuris valgė
tavo pamokslautą dvasinį maistą".

Būdamas Manmin nariu jis girdėjo gyvenimo žodį. Jis buvo vyresniuoju, vadovavo savanorių grupei. Jis galėjo patekti į geresnę gyvenimo vietą danguje, pavyzdžiui, į Naujosios Jeruzalės trečiąjį dangų. Tačiau jis vos išsigelbėjo. Kitaip tariant, jis gavo antraeilį išgelbėjimą ir pateko tik į rojų. Štai kodėl jis negalėjo pakelti savo galvos. Dievas parodė man, kad jis su ašaromis dėkojo už tai, kad išsigelbėjo, ir jis pasakė, kad melsis už mane, kol mes vėl susitiksime.

Taigi, kodėl toks ištikimas darbuotojas tokią akimirką turėjo pasitenkinti antraeiliu išgelbėjimu? Dievas atsakė man šitaip: Kai mūsų bažnyčia ėjo per tuos tris išbandymus, būdamas savanorių grupės lyderiu, jis turėjo palaikyti pastorių ir narius daugiau, negu kas kitas. Tačiau išgirdęs melagingus gandus ir pamatęs medžiagas, pateiktas piktanoriškų žmonių, jis buvo sukrėstas.

Aš visada mokiau savo narius ir pabrėždavau daug kartų, kad jie nežiūrėtų, neklausytų ir neplatintų jokios netiesos, bet jis nebuvo paklusnus. Jis klausėsi tų, kurie bandė sunaikinti bažnyčią, ir jo širdis buvo sukrėsta.

Netgi per 1999 m. incidentą jis turėjo apginti bažnyčią ir ganytoją, bet jis buvo apgautas piktų žmonių ir neįvykdė savo pareigos. Kadangi jis taip apvylė Dievą, Jis negalėjo jam leisti ilgiau gyventi. Jo atlygiai, kuriuos jis kaupė danguje, išnyko, ir net išsigelbėti dabar jam buvo sunku.

Dėl šios situacijos velnias pateikė kaltinimus, kad galėtų paimti jį į pragarą, bet angelai traukė jį į dangų. Tikriausiai, jam buvo labai sunku tai kęsti. Tuomet, kai pasimeldžiau už priešo velnio išvarymą, piktosios dvasios išėjo, ir jis buvo išgelbėtas.

Taigi, jeigu kas nors vadina bažnyčią, kurią Dievas myli, eretikais ar smerkia kaip eretiką jos pastorių, kurį irgi myli Dievas, ar juos kokiu nors būdu apkalbinėja, jie nusideda ir piktžodžiauja prieš Šventąją Dvasią. Už tokią nuodėmę žmogui negali būti atleista, net jei atgailaus. Jam bus labai sunku išsigelbėti, ir atlygiai, kuriuos jis kaupė danguje, bus sunaikinti.

Todėl, mes irgi turime laikytis savo žodžio ir išbaigti savo išgelbėjimą su baime ir drebėdami (Filipiečiams 2:12).

Pranašystė apie Šiaurės Korėją

2000 m. birželio 13 d. prezidentas Kim Dedžiunas atskrido į Pchenjano, Šiaurės Korėjos, Sunano oro uostą. Tai buvo pirmasis oficialusis Korėjos respublikos prezidento vizitas Šiaurės Korėjoje. 1983 m. aš pranašavau apie tai, kad po trijų metų Pietūs pradės bendrauti su Šiaure. Tai vyko iš karto po to, kai Šiaurės Korėjos teroristai užpuolė daug Korėjos ministrų Mianmare, ir šalių tarpusavio santykiai visiškai atšalo. Jeigu žmonių pasakymai nesutapdavo su valstybės politika Šiaurės Korėjos atžvilgiu, tai reiškė, kad nusižengdavome prieš „Nacionalinį Saugumą Įstatymą".

Šis teroro aktas įvyko 1983 m. spalį, kai prezidentas Čon Du Chvan lankėsi šešiose šalyse. Mianmaras buvo jo pirmoji vizito šalis. Kai jie lankėsi Aun Sano mauzoliejuje, įvyko didelis sprogimas, per kurį žuvo septyniolika žmonių iš prezidento palydos, keturiolika buvo sužaloti.

Paaiškėjo, kad ataka buvo nukreipta paties Kim Ir Seno, tuometinio Šiaurės Korėjos lyderio. Pietų ir Šiaurės Korėjų santykiai sustingo, ir niekam net į galvą negalėjo ateiti, kad bus kokių nors pokyčių.

Tačiau praėjus 3 metams, 1987 m. sausį buvo pasiūlytos politinės ir karinės derybos tarp Pietų ir Šiaurės ministrų pirmininkų dėl karinio pajėgumo sumažinimo. Be to, 1990 m. pirmoje pusėje aš pranašavau apie tai, kad santykiai tarp Pietų ir Šiaurės Korėjų dar labiau gerės ateityje.

Tų metų rugsėjo mėnesį Seule įvyko pirmosios aukščiausio lygio derybos tarp Pietų ir Šiaurės Korėjų valdžios atstovų. Spalio mėnesį buvo futbolo rungtynės tarp dviejų šalių, žmonės tikrai nustebo pamatę tokius netikėtus įvykių posūkius. Nuo to laiko prasidėjo bendravimas tarp dviejų šalių, tame tarpe ir sporto derybos, ir kiti aukščiausio lygio susitikimai tais pačiais metais.

Iš karto po mūsų bažnyčios atidarymo Dievas apreiškė man, kad tarp Pietų ir Šiaurės Korėjų įvyks aukščiausio lygio susitikimas, o taip pat ir šios situacijos ateitį paskutiniais laikais.

Viešpats pasakė man, kad, kai prasidės derybos dėl vieno prezidento rinkimų Pietų ir Šiaurės Korėjoje, tai reikš, jog Jis jau greitai ateis. Taigi, šie įvykiai yra glaudžiai susiję su Viešpaties atėjimu ore.

Aukščiausio lygio susitikimas, kaip ir buvo pranašauta

Kaip Dievas ir apreiškė man 1983 m., aukščiausio lygio susitikimas tarp Pietų ir Šiaurės Korėjų įvyko 2000 m. birželio 15 d. Prieš pat susirinkimą, 2000 m. birželio 4 d., aš paskelbiau, kas įvyks ateityje, ryšium su šiuo aukščiausio lygio susitikimu. „Šiaurės Korėja turi savo planus dėl šio aukščiausio lygio susitikimo. Mūsų atstovai neturi leistis apgaunami. Viena iš priežasčių – ekonomika, bet tai antraeilis dalykas. Noriu paraginti jus, bažnyčios narius, melstis už tai".

Birželio 11 d. per sekmadienio tarnavimą aš paaiškinau dalykus, kuriuos man leido žinoti Dievas.

„Derybos įvyks. Pirmosios derybos bus labai draugiškos, jie eis pasivaikščioti ir net juokaus. Bus daug pokalbių politikos, ekonomikos ir sporto tema. Tačiau pradedant nuo antrųjų derybų prezidentas turės problemų dėl jų sumanytų planų. Prašau jus melstis už tai, kad jis galėtų įveikti tuos didelius sunkumus. Kalbėdamas apie „pasivaikščiojimą" turiu omenyje tai, kad du lyderiai eis pasivaikščioti kartu draugiškam ir asmeniškam pokalbiui".

Iš tikrųjų, birželio 13 d., kai prezidentas Kim Dedžiunas atskrido į Pchenjaną, Kim Čen Iras atvyko į oro uostą jo sutikti. Dauguma žmonių galvojo, kad derybų nuotaika bus sunki ir įtempta.

Tačiau mūsų prezidento vizito metu Kim Čen Iras buvo labai draugiškas, vaikščiojo su prezidentu Kim Dedžiunu palankiai nusiteikęs. Daugelis pietiečių nustebo. Pietų Korėja buvo tiesiog sužavėta jo veiksmais. Atsirado net tokios frazės kaip „Kim Čen Iro šokas" ar „Kim Čen Iro sindromas".

Kaip Dievas man ir pasakė, aukščiausio lygio susitikimas įvyko labai palankioje atmosferoje, jie pažadėjo vėl susitikti. Po pirmų derybų žmonės buvo kupini emocijų. Visa šalis džiaugėsi dėl teigiamos atmosferos.

Slapti įmantrūs planai atsiskleidžia

Kai prezidentas Kim Dedžiunas grįžo iš savo kelionės į Šiaurės Korėją, birželio 16 d., o taip pat 18 d., per penktadienio naktinį ir sekmadienio rytinį tarnavimus aš paaiškinau žmonėms tai, ką man apreiškė Dievas. Šiaurės Korėja parodė savo palankumą ir priėmė Pietų Korėjos prezidentą, turėdama labai detalizuotą planą.

Dievas pasakė, kad iš karto po to, kai Kim Čen Iras Šiaurės Korėjoje atsisveikino su Kim Dedžiunu, jis surengė slaptame susirinkime slaptas derybas apie susivienijimą per smurtą. Jie išanalizavo visus pietiečius, bandydami susirasti talkininkus šiauriečiams.

Kol pietiečiai, apgauti šiauriečių draugiškumu, svajojo apie taikų susivienijimą, Šiaurės Korėja sudarinėjo planus apie šalių susijungimą jėga.

Dievas atskleidė man tai, kad Kim Čen Iras užvaldė pietiečių širdis per trumpą ir svetingą prezidento Kim Dedžiuno priėmimą. Iki to laiko Pietų Korėjos gyventojai turėjo tik neigiamą Kim Čen Iro įvaizdį. Tačiau šis susitikimas pakreipė jį į teigiamą pusę. Tuo pačiu Kim Čen Irui pavyko pelnyti pietiečių palankumą savo tikslų įvykdymui.

Dievas taip pat apreiškė man tai, kad taip vadinama „Saulės Šviesos politika" neturės gerų rezultatų. Kol šiauriečiams bus teikiama pagalba, jie norės bendradarbiauti, bet tik trumpam laikui. Iš išorės jie yra draugiški, viduje – atvirkščiai. Šis žodis išsipildė realybėje. Pagal savo planus šiauriečiai pradėjo ruošti savo branduolinius ginklus.

Netrukus po mano bažnyčios atidarymo Dievas apreiškė man, kad vieną dieną Šiaurės Korėjos durys bus atvertos. Ir ta diena iš tikrųjų artėja su Jungtinių Valstijų ir kitų šalių daromu spaudimu.

Tam metui mes ruošėme tam tikrus pastorius ir bažnyčios narius misionieriškam darbui Šiaurės Korėjoje. Tačiau Šiaurės Korėjos atvirumo laikas bus trumpas. Jie pajus grėsmę savo sistemai ir vėl uždarys duris. Prieš tai jie perspės visus užsieniečius, kad jie paliktų šalį. Taigi, daugelis misionierių išvažiuos iš Šiaurės Korėjos, tačiau kai kurie pasiliks ten iki pat pabaigos, pamokslaudami evangeliją, ir galų gale taps kankiniais.

5 skyrius

Kaip vanduo jūroje

Užsienio misijų pradžia visu pajėgumu

Nuo pat tos dienos, kai 1982 m. liepą mažoje apie 70 kvad. metrų patalpoje atsidarė mūsų bažnyčios durys, kartu su keliais bažnyčios nariais meldžiausi už pasaulinę misiją ir Didžiosios šventyklos, parodytos Dievo regėjime, pastatymą. Praėjus septyniolikai metų, ant naujojo tūkstantmečio slenksčio ir per Dievo apvaizdą, pasaulinė misija prasidėjo plačiu mastu.

Apaštalų Darbų knygoje skaitome apie didįjį prabudimą, vykusį ankstyvosios bažnyčios laikais Jeruzalėje. Kai prasidėjo nuožmus bažnyčios persekiojimas, tikintieji išsisklaidė po įvairias šalis.

Persekiojimų dėka jų tikėjimas sustiprėjo ir prasidėjo krikščionybės plitimas po visą pasaulį. Nors priešas velnias skirtas trukdyti, Dievo valia ir apvaizda būtinai išsipildys.

Nuo pat pradžių mūsų bažnyčia buvo pripildyta Šventosios Dvasios. Pasireikšdavo daugelis ženklų ir stebuklų, ir bažnyčia labai sparčiai augo. Žinoma, priešas velnias norėjo sužlugdyti mūsų bažnyčią. Kiekvieną išbandymą mes nugalėdavome tikėjimu ir meile, o Dievas apdovanodavo mus dar stipresne jėga. Pradedant nuo Ugandos, 2000 m. liepos mėnesį mes pradėjome vykdyti pasaulinę misionierišką veiklą plačiu mastu.

Uganda – pasaulinės misijos pirmtakė

Nors Uganda yra vadinama „Afrikos perlu", Dievo malonės poreikis ten yra milžiniškas. Skurdo, ligų ir pilietinio karo pavojai yra akivaizdūs. Pagal statistinius duomenis 30 procentų visų šalies gyventojų serga ŽIV liga, kuri labai greitai plinta. Ugandos krikščionys taip pat jaučia pavojų dėl pasaulinės Islamo plitimo tendencijos.

Kai pamokslavau per Jungtinę Ugandos Evangelizaciją, supratau, kodėl Dievas siuntė mane į tą šalį.

Kai vykome iš Londono į Nairibį, pro lėktuvo langą matėsi apvali vaivorykštė. Tai buvo išskirtinė vaivorykštė. Lėktuvo kontūrai buvo šios apvalios vaivorykštės apskritime. Nuo to laiko, į kokias šalis misijoms bevyktume, pasirodydavo vaivorykštės. Matėme trigubas vaivorykštes, tiesias ir daugelį kitų.

2000 m. liepos 4 d. su mūsų misijų delegacija atvykau į Ugandą. Mūsų pasitikti į oro uostą atvyko politiniai ir religiniai vadovai, jų tarpe prezidento patarėjas religijos klausimais, Kampalos miesto meras ir Ugandos teisingumo ministras ponas

Džechoa Nkangi. Vietiniai gyventojai, dėvėdami tradicinius rūbus, svetingai mus priėmė entuziastingais šokiais ir džiaugsmo šūksmais.

Kai važiavome iš oro uosto į viešbutį, daugelis žmonių mums mojavo. Pastebėjau daug didelių sieninių plakatų su evangelizacijos skelbimais. Apie evangelizaciją buvo daug kartų skelbiama per televiziją, vietinė žiniasklaida taip pat buvo labai sudominta.

Kampaloje, Nilo viešbutyje įvyko spaudos konferencija, kur susirinko daug žiniasklaidos atstovų, jų tarpe ir CTV. Aš pažadėjau jiems, kad aklieji praregės, luošieji vaikščios ir bus daug stebuklų Dievo šlovei.

Tačiau, kai evangelizacija buvo viešinama, priešas velnias ir šėtonas norėjo ją nutraukti. Kai kurie Korėjos misionieriai pradėjo platinti melagingus gandus. Jie taip pat paveikė tam tikrus žiniasklaidos veikėjus, kad tie sustabdytų evangelizaciją.

Tačiau nuoširdus afrikiečių tikėjimas Dievu sureagavo į tai visiškai ne taip, kaip tikėjosi Korėjos misionieriai. Jų pastangos sustabdyti evangelizaciją tik labiau išplatino apie ją žinias. Evangelizacija itin susidomėjo ne tik valdžios pareigūnai, bet ir daugelis žiniasklaidos darbuotojų.

Bažnyčios lyderių konferencija

Liepos 5 ir 6 d. Kampalos tarptautinių konferencijų salėje įvyko Bažnyčios lyderių konferencija. Atvyko pastoriai ne tik iš Ugandos, bet ir iš Kenijos ir Tanzanijos. Tūkstančiai aistringai tarnaujančių pastorių pripildė auditoriją. Netgi perėjimai tarp eilių buvo užimti žmonių.

Pamokslavau tema „Šventumas Dievui". Jie labai įdėmiai

klausėsi, o kai pamokslo viduryje buvo parodyti Dievo ženklai ir stebuklai, jie šlovino Dievą šaukdami ir plodami. Jie džiaugėsi taip, tarsi jie patys būtų patyrę tuos Dievo darbus.

Kai korėjiečiai išgirsta apie Dievo darbus, daugelis iš jų pradeda keistai dairytis, smerkti, trukdyti ir stengiasi sustabdyti tuos dalykus. Ugandoje viskas vyko ne taip, kaip Korėjoje. Jie tyra širdimi tikėjo Dievo žodžiu, koks jis yra.

Jungtinė Evangelizacija – išgydymo darbų išsiveržimas

Nuo kitos dienos Jungtinė Evangelizacija tris dienas vyko „Nakivubo" stadione. Pirmą dieną buvo apie 70,000 lankytojų. Evangelizacija prasidėjo nuo vyskupo Grivas Musisi skelbimo ir mano pamokslo apie Dievą Kūrėją.

Pamokslas buvo verčiamas į anglų kalbą ir vietos Ugandos kalbą, taigi, tikroji pamokslo trukmė buvo tik apie dvidešimt minučių.

Po pamokslo aš meldžiausi už ligonius tik apie 5 minutes. Nors ilgai tai netruko, išgydymo darbai pradėjo gausiai vykti jau nuo pat pirmos dienos. Pastebėjau vieną ponią, gulinčią po pakyla. Ji negalėjo judėti.

Žmonės, stovėję šalia jos (atrodę esą jos šeimos nariai) papurtydavo ją, bet ji nejudėjo ir atrodė lyg lavonas. Bet kai tik malda pasibaigė, ji atsistojo ir pakilo ant scenos. Kai žmonės tai išvydo, jie buvo apimti džiaugsmo.

Mergaitė su nudegimais ant kojos, kuri negalėjo vaikščioti, pradėjo vaikščioti. Žmogus, kurio viena koja buvo trumpesnė už kitą, pradėjo normaliai vaikščioti. Be to, daugelis žmonių skubėjo liudyti apie išgydymą nuo AIDS, odos ligų ir daugelį kitų įvykusių Dievo stebuklų.

Antrą ir trečią dienomis pasireiškė net stipresni Dievo darbai. Kai žmonės išmesdavo ramentus bei lazdas ir išeidavo į platformą, kiti neapsakomai šaukė. Fotografų ir kitų žiniasklaidos veikėjų blykstės nenustojamai švytėjo, o tiesioginės transliacijos korespondento balsas nuo susijaudinimo pakilo iki aukštumų. Žmogus, kuris 14 metų net neįsivaizdavo gyvenimo be ramentų, išmetė juos lauk. Akli praregėjo. Vienas žmogus, negalėjęs vaikščioti dėl vėžio, pradėjo vaikščioti. Šešių metų berniukas, kuris negalėjo nei kalbėti, nei vaikščioti, prabilo ir pradėjo žingsniuoti.

CNN laida

Žmonių išgydymo liudijimai, plojimai, džiaugsmingi šauksmai padarė stadioną panašiu į emocijų ir sužadinimo katilą. Vieni mojavo nosinaitėmis, kiti šoko, dar kiti kilnojo kėdes.

Tiesioginę evangelizacijos transliaciją rodė per nacionalinę Ugandos televiziją, o taip pat WBS (Pasaulio Transliacijų Sistema). Naujienos apie evangelizaciją buvo pranešamos kasdien per keturis televizijos kanalus ir įvairių radijo stočių. Net CNN, transliatorių kompanija iš Jungtinės Karalystės, rinko naujienas ir transliavo vietoje.

„Dr. Džeirokas Li įrodė esąs Dievo tarnas, Jo jėgos dėka parodęs Jėzaus Kristaus ženklus ir stebuklus. Tai ženklai ir stebuklai, kurie gali ateiti tik iš Dievo".

Net jau po evangelizacijos pabaigos CNN tris kartus

CNN laida

rodė reportažus apie Dievo jėgą. Dievas viską suplanavo taip, kad Dievo darbai pirma taptų žinomi kitose šalyse. Kuomet išsigydžiusieji liudijo apie savo pasveikimą, kiti žmonės, matydami tai, augo tikėjimu. Buvo atnešta labai daug skepetaičių, kad už juos pasimelsčiau.

Susirinko krūva laiškų, maldos prašymų ir nuotraukų. Neturėjau laiko pasimelsti už visus juos atskirai, tad pasimeldžiau už visas iš karto. Vėliau kiti žmonės surinko dar vieną tokią krūvą, prašydami maldos.

Ugandos bažnyčių lyderiai klausėsi tyrių ir gyvų pamokslų ir buvo nepaneigiamų Dievo jėgos darbų liudytojai. Jie pripažino, kad jų tikėjimas išaugo ir sustiprėjo.

Po evangelizacijos kai kurie pastoriai atėjo pas mane ir

klūpėdami atgailavo už tai, kad trukdė Ugandos Evangelizacijai. Girdėjau, kad evangelizacijos organizatoriai taip pat sulaukė daug panašių atgailos skambučių. Kadangi jie nesuprato, kad aš esu Dievo tarnas, jie stengėsi įsiterpti, o dabar jie norėjo sužinoti, kaip galima tai ištaisyti.

Priimti Dievo jėgos darbus

Dvidešimt dvejų metų sesuo buvo musulmonė ir negalėjo vaikščioti dėl žemutinės kūno dalies paralyžiaus, tačiau evangelizacijos metu buvo išgydyta. Islamistų valdžia paskelbė tariamą draudimą kalbėti apie šios merginos išgydymą evangelizacijos metu. Tačiau žinau, kad ji pasakė: „Aš lankiausi šioje evangelizacijoje, buvau išgydyta, tad turiu kalbėti apie tai". Vargšai dvasia ugandiečiai priėmė šventumo evangeliją ir Dievo darbus savo tyromis širdimis. Jei kas nors šalia išsigydydavo, pastoriai ar paprasti bažnyčių nariai džiaugėsi ir šūkaudavo taip, lyg patys būtų išsigydę. Net jau po evangelizacijos ilgai dar žmonės nenorėjo vykti namo. Jų širdžių tyrumas ir gerumas sujaudino mano širdį. Viena moteris net pamatė kai ką savo dvasine rega. Ji prisipažino mačiusi ugninius arklius ir vežimus aplink evangelizacijos vietą (2 Karalių 6:17). Dievas per tai išvarinėjo priešo velnio darbus. „Ugniniai žirgai ir vežimai" – tai reiškia, kad dangiškoji kariuomenė buvo ten.

Po evangelizacijos, kai meldžiausi už Ugandos gyventojus, Dievas pasakė man, kad, nors jie iš visos širdies gieda Jam gyrių, jie dar mažai ką žino apie Dievo žodį.

„Šios šalies žmonės gieda gyrių iš visos širdies ir šlovina Dievą. Jie žino Dievą, kai Jį giria, bet iš žodžio jie Dievo nežino. Tačiau šįkart aiškiai pateik jiems Dievą žodyje".

Dievo žodis ir Dievo jėgos darbai, kurie pasireiškė per šią evangelizaciją, tapo plačiai žinomi žiniasklaidoje ir įvairiose televizijos stotyse. Tai susivienijo ir sustiprino Ugandos bažnyčias.

Dešimt kurčnebylių išsigydė per Nagojos Evangelizaciją

Po Ugandos Evangelizacijos Dievas nukreipė mus evangelizuoti Japoniją. Japonai garbina vien stabus, tad krikščionių ten yra mažiau nei 1 procentas.

Kai kurių japonų pastorių širdys buvo paveiktos Jungtinės Korėjos ir Japonijos Evangelizacijos, surengtos mūsų bažnyčios 1992 m. Jie norėjo turėti nuolatinį bendravimą ir misionierių pagalbą. Mes nusiuntėme savo pirmąjį misionierių į Japoniją 1994 m. ir įsteigėme dukterinę bažnyčią. Tai buvo mūsų misijos Japonijoje pradžia.

Evangelizacija buvo suplanuota nuo 2000 m. rugsėjo 14 d., bet rugsėjo 11 d. dėl taifūno pradėti smarkiai lyti. Per naujienas rodė, kad Nagojos mieste buvo potvynis. Buvo pranešta, kad taifūnas, tikriausiai, judės Korėjos linkme.

Japonijoje tuo metu 30,000 namų jau buvo užtvindyta. Nagojos mieste 17,000 gyventojų buvo įsakyta evakuotis. Miestas visiškai nustojo funkcionavęs. Nagojoje tą savaitę, kai buvo suplanuota evangelizacija, prognozavo stiprų lietų.

Tačiau rugsėjo 13 d., kai mes atvykome į Japoniją, stiprus lietus baigėsi ir vanduo visame mieste sugrįžo į savo vietas. Mes surengėme evangelizaciją, kaip ir buvo planuota, rugsėjo 14-15 d.,oras buvo giedras. Mūsų bažnyčios orkestras „Nisi" surengė jiems aukštos klasės krikščionišką kultūrinį koncertą. Evangelizacijos ypatumas buvo tas, kad joje lankėsi 13 kurčnebylių. Jiems mes parengėme vertimą į gestų kalbą, ir jie labai įdėmiai klausėsi, norėdami suprasti pamokslus. Antrą dieną maldos metu 10 iš jų buvo akimirksniu išgydyti dėl Dievo gailiaširdiškumo. Tai buvo jaudinantis momentas, kai galėjome matyti juos džiūgaujančius ir pasakojančius savo liudijimus apie tai, kad atgavo klausą.

Niširo Šenbiro negalėjo sustabdyti savo džiaugsmo, kadangi nuo pat gimimo ji buvo visiškai kurčia, o prieš du metus iki evangelizacijos ją kamavo zvimbesys ausyse, bet ir nuo to ji buvo išgydyta, kai palaipsniui atgavo klausą.

Išvykau į Pakistaną su kankinystės laukimu dvasioje

97 procentų Pakistano gyventojų yra musulmonai. Pagal konstituciją jie turi religijos laisvę, tačiau krikščionys susiduria su visokiausiomis kliūtimis. Jie kenčia smurtą, kartais net yra nužudomi, tačiau gali pareikalauti savo teisių. Jeigu net tarp musulmonų grupuočių vyksta bombų mėtymai, tai kokį gi šansą turi krikščionys? Iš tikrųjų turėjau būti pasiruošęs kankinystei. Kai meldžiausi už šią evangelizaciją, Dievas tarė: *„Bus daug kliūčių, kol neįvyks evangelizacija. Bet aš paraginsiu vieną iš aukštų valdininkų, kad padėtų tau, taigi nesirūpink. Evangelizacija praeis be nelaimingų atsitikimų ar nesėkmių, ir tu Mane galingai pašlovinsi".*

2000 m. spalio 16 d., kai skridome į Pakistaną, pro lėktuvo langą aiškiai matėsi keturlypė apvali vaivorykštė. Suvokiau, kad taip Dievas parodė man, kad ši vaivorykštė reiškia, jog Dievas garantuoja man 4 dienų evangelizaciją Pakistane su keturių lygių Dievo jėgos šviesomis. Pastoriai, evangelizacijos organizatoriai ir žiniasklaida laukė mus oro uoste. Sintija, Gerb. Vilsono Džono Gilo dukra, pasveikino mane gėlių puokšte. (Aš pasakojau jos liudijimą 3 skyriuje.) Ji subrendo ir tapo labai sveika jauna mergina. Lahoro mieste buvo daug plakatų su evangelizacijos reklamomis. Žiniasklaidoje irgi buvo apie tai skelbta. Kai kuriose vietose plakatai buvo nuplėšyti musulmonų, buvo net bombų mėtymų grasinimai.

Spalio 18 d. „Avari Hotel International" viešbutyje organizatoriai surengė sveikinimo banketą. Atėjo daug aukšto rango pareigūnų, tarp jų S. K. Tresleris, kultūros, sporto, jaunimo veiklos ir turizmo ministras, taip pat ir Pandžabo provincijos teisingumo ministras, bei buvęs Aukščiausio Teismo vyriausias teisėjas.

Prieš patį banketą įvyko neįsivaizduojamas dalykas. Ponas Abdula, aukščiausias iš Pandžabo provincijos Islamo lyderių, atvyko invalido vežimėlyje, kad pasimelsčiau už jo kojas.

Musulmonams yra neleidžiama bendrauti su krikščioniais. Taigi musulmonų lyderiui daug kainavo tas sprendimas atvykti pas mane maldos. Kai meldžiausi už šį islamistų lyderį, supratau, kad tai ženklas, rodantis, jog Jėzus Kristus jau iškovojo dvasinę pergalę šioje evangelizacijoje.

Kadangi tai Islamo šalis, be Pakistano vyriausybės palaikimo būtų sunku surengti evangelizaciją. Dievas iš anksto paruošė daug padėjėjų.

Tvirtai užrakinti vartai

Tai įvyko spalio 19 d. 9:00 valandą, per pirmą pastorių konferencijos dieną. Tą rytą sužinojau, kad konferencija buvo staiga atšaukta. Geležinkelio stadionas ir konferencijos rengimo vieta taip pat buvo uždaryti. Iš tikrųjų mes gavome iš jų valdžios visus reikalingus leidimus.

Kai atvykome į evangelizacijos vietą mus sustabdė ginkluoti policininkai. Kai mūsų personalas pareikalavo, kad vartai būti atrakinti, jie įleido tik mano mašiną ir eskortavo mane vidun. Vartai už mūsų užsidarė. Policijos pareigūnai su šautuvais ir granatomis stabdydavo autobusus, kad jie negalėtų įvažiuoti į vidų.

Dėl musulmonų daromo spaudimo vyriausybei, valdžia turėjo atšaukti susirinkimus, bijodama konfliktų. Stadione buvo kai kurie vietiniai pastoriai, kurie suspėjo atvykti ten iki užsidarius vartams. Jie šlovino Dievą ir meldėsi.

Po kurio laiko policininkai pradėjo griežčiau elgtis su susirinkusiais. Buvo žmonės, kurie važiavo daugiau negu 10 ar net 20 valandų, kad atvyktų į evangelizaciją, bet jie negalėjo net prisiartinti prie stadiono. Iš toli, iš už vartų girdėjau žmonių šlovinimo ir maldų garsus.

Tiesiog pasitikėjau Dievu, meldžiausi ir gavau atsakymą: *„Niekas negali sutrukdyti šiai evangelizacijai. Vidudienį vartai bus atrakinti"*. Aš pasakiau žmonėms: „Konferencija prasidės vidudienį, tad neverta jaudintis".

O situacija, faktiškai, matomai dar nepasikeitė, ginkluoti policininkai dar buvo savo vietose. Tačiau su manimi buvęs personalas tikėjimu vis išpažindavo, kad konferencija prasidės vidudienį.

Dievas paruošė pagalbos ranką

Kaip ir buvo išpažinta tikėjimu, stadiono vartai atsidarė vidudienį.

Daugelis žmonių ėjo į stadioną su džiaugsmingu orumu, pakėlę rankas į viršų. Jie atrodė lyg generolai, kurie sugrįžo iš karo su didele pergale. Ministras S. K. Tresleris išgirdo apie tai, kad konferencija buvo atšaukta. Jis susisiekė su vyriausybės pareigūnais ir paprašė, kad konferencija įvyktų, o pats kuo greičiau į ją nuvyko.

Jis planavo išvykti į Islamabadą, bet išgirdęs šias naujienas atidėjo savo kelionę ir atvažiavo pas mus. Žmonės, kurie laukė už miesto ribų, kurie meldėsi ir laukė konferencijos pradžios, irgi atvyko su džiaugsmingais šauksmais.

Ministras S. K. Tresleris pasakė pastorių konferencijos įvadinę kalbą. Per dvi konferencijos dienas aš kalbėjau apie bažnyčios augimo paslaptį ir pamokslavau „Žinią apie kryžių". Kai pasimeldžiau už ligonius, mergaitė, buvusi demono apsėsta, buvo išlaisvinta. Žmogus, 14 metų turėjęs auglį savo kūne, išsivadavo nuo jo. Kai kurie kurtieji pradėjo girdėti. Buvo daug liudijimų apie tai, kaip žmonės neteko skausmų. Šios naujienos greitai pasklido per nacionalinę televiziją ir kitas transliacijas, žiniasklaidą ir žmonių liudijimus.

Minios žmonių susirinko net ir už evangelizacijos rengimo vietos

Spalio 20 d. 19:00 valandą evangelizacija prasidėjo „Burt" institute. Pastorių konferencija praėjo sėkmingai, todėl minios žmonių susirinkdavo evangelizacijos vietoje. Daugiau negu

100.000 žmonių lankėsi kasdien per tas tris dienas. Jie atvažiuodavo iš visos šalies autobusais ir traukiniais. Evangelizacijos vieta buvo visiškai pripildyta žmonių, nebuvo daugiau vietos kitiems. Tie, kurie nepateko į vidų, turėjo už sienų klausytis pamokslų per garsiakalbius. Taip pat girdėjau, kad daugeliui teko grįžti namo, kadangi jie nieko negalėjo girdėti, nes nepavyko atsistoti arčiau.

Antrą ir trečią dienomis atėjo dar daugiau žmonių, ir netgi už evangelizacijos sienų jau nebebuvo vietos. Policininkų, kurie pirmą dieną mėgino sustabdyti mūsų susirinkimą, nusistatymas visiškai pasikeitė, ir jie iki pat renginio pabaigos stengėsi padėti mums palaikyti saugias sąlygas.

Sunkiai ginkluoti policininkai saugojo pakylą ir mūsų personalą visą dieną. Aplink evangelizacijos vietą buvo daug apsaugos, kurie nepriekaištingai mus saugojo.

Į evangelizaciją atvyko daug aukštų pareigūnų ir bažnyčių vadovų, nacionalinė televizija ir kiti žiniasklaidos atstovai entuziastingai ruošė reportažus. Naujienos apie evangelizaciją greitai pasklido Vidurio Rytų ir Islamo šalyse.

Pamokslavau apie tai, kodėl Jėzus yra mūsų Išgelbėtojas. Taip pat pabrėžiau, kad visos ligos gali būti išgydytos, ir problemos gali būti išspręstos, ir kad žmonės gali gauti amžino gyvenimo džiaugsmą danguje, tik jeigu melsis Jėzaus Kristaus vardu. Lankytojai labai įdėmiai klausėsi pamokslo. Jis buvo verčiamas į anglų ir urdų kalbas.

Daugiau negu dešimtys tūkstančių musulmonų lankėsi šioje konferencijoje. Organizatoriai man pranešė, kad 50-60 procentų lankytojų buvo musulmonai. Susirinkimo metu paprašiau žmonių pakelti rankas, jeigu jie tiki Jėzumi Kristumi. Dauguma

Jungtinė Pakistano evangelizacija

iš jų pakėlė savo rankas. Tai buvo džiaugsminga ir jaudinanti akimirka.

Per tris evangelizacijos dienas po pamokslo meldžiausi už ligonius bendrai. Iš visų jėgų meldžiausi, kad dar bent vienas žmogus gautų dieviškąjį išgydymą. Dievas veržliai rodė Šventosios Dvasios darbus per maldą.

Kai malda pasibaigdavo, daug žmonių, patyrusių dieviškąjį išgydymą, ateidavo ant pakylos ir liudydavo. Akimirksniu pakyla prisipildydavo žmonių. Per šią evangelizaciją daugybė žmonių patyrė Dievo išgydančią jėgą.

Žmonės išsigydė nuo daugelio endemijų, demonai buvo išvaryti. Alkieji praregėdavo, kurtieji pradėdavo girdėti. Viena sesuo, kuri nuo pat gimimo dėl kūdikių paralyžiaus negalėjo vaikščioti, pradėjo vaikščioti, ir viena iš jos kojų, kuri buvo trumpesnė už kitą 5 centimetrais, pailgėjo.

Ši misionierinė evangelizacija tapo įmanoma tik dėl mūsų bažnyčios narių pagalbos: jų maldų, pasninko ir paaukojimų misijoms dėka. Daug žmonių tikėjimu atidavė savo paskutinius „du skatikus" misionieriniam darbui. Dievas apreiškė man, kad tie žmonės gaus palaiminimus čia, žemėje, o be to ir nuostabius atlygius, auksą ir brangakmenius dangiškojoje karalystėje.

Dievas buvo patenkintas šia evangelizacija Pakistane, ir dėl to Jis pasakė, man, kad Jis apsupo mūsų bažnyčią ir visas dukterines bažnyčias visame pasaulyje sutvėrimo pradžios šviesa iš karto po evangelizacijos.

Taip pat Jis padovanojo man ugnies kardą. Kuomet sutvėrimo šviesa išvaro visą tamsą, ugnies kardas padės ją pjauti ir kirsti. Jis paaiškino man, kad per tai Jis patvirtins mano žodį, pavyzdžiui, jei aš paliepsiu kaulams sugyti, jie susijungs ir sugis. Jis taip pat pranešė mums, kad vyks sutvėrimo darbų.

Dievo jėga pakelia mirusius

2001 m. gegužės 6 d. per sekmadienio tarnavimą virš mūsų bažnyčios aplink saulę pasirodė aiški apvali vaivorykštė. Tai buvo ženklas to, kad Dievas bus su mumis devintajame dviejų savaičių ypatingame prabudime, vyksiančiame sekančią dieną.

Per prabudimo susirinkimą virš bažnyčios daug kartų pasirodydavo apvalios vaivorykštės ir netgi tiesios vaivorykštės. Per šį prabudimą taip pat vyko daug išgydymo darbų. Pavyzdžiui, buvo išgydytas vėžys, išsiplėtęs po visą pilvaplėvę, bei leukemija. Prieš prabudimą jau 10 metų Jamazaki Chiromi iš Japonijos nugara buvo sulenkta 90 laipsnių. Pirmą savaitę ji stebėjo mūsų susirinkimus per internetą Japonijoje. Kai patikėjo malda už ligonius, jos nugara beveik išsitiesė ir pamažu skausmas nyko.

Ji taip nustebo, kad atvyko į Korėją, kad dalyvautų likusiuose prabudimo susirinkimuose. Gegužės 17 d. kuomet už ją buvo pasimelsta, Šventosios Dvasios ugnis nužengė ant jos. Visas jos kūnas suprakaitavo, ir jos nugara visiškai išsitiesino.

Ueda Chideo, taip pat iš Japonijos, kentėjo nuo diabeto, hepatito ir alkoholizmo. Jis vos galėjo ateiti į prabudimą, raginamas kitų žmonių. Kai aš už jį pasimeldžiau, jis pajuto, tarsi kokios šiukšlės būtų iššluotos iš jo galvos, ir dabar jis jis, kupinas naujų jėgų, galėjo vaikščioti pats.

Sustingęs ir šaltas kūnas

Čechu Li buvo dukterinės bažnyčios apylinkėje pastorius. Gegužės 8 d. kažkas jam nutiko. Jo šeimos nariai papasakojo man visą situaciją. Anksti ryte jis staiga pradėjo vemti. Atėjus antrai valandai dienos, jis jau nebegalėjo kontroliuoti savo kūno.

Dėl viduriavimo ir vėmimo jo kūnas nuolat netekdavo skysčio, ir apie 17:00 valandą jis neteko sąmonės. Kadangi jis greitai neteko skysčių, jo oda pasidarė raukšlėta. Netgi jo išangė atsidarė ir baltas putojantis skystis sunkėsi iš jo kūno. Pagal mediciną tai reiškia, kad jis buvo beveik miręs.

Iki tol jis buvo labai sveikas žmogus, bet tai įvyko tiesiog per kelias valandas. Jo šeimos nariai atvežė jį į bažnyčią prieš vakarinį prabudimo tarnavimą. Jie jaudinosi, kad jei aš tai sužinosiu, tai gali paveikti visą vakarinį tarnavimą. Taigi jie laukė, kol tarnavimas pasibaigs, ir tada man apie tai pasakė.

Tuo metu pastoriaus Li kūnas jau buvo visiškai paralyžiuotas. Po kelių konvulsijų priepuolių jis visiškai neteko sąmonės.

Apie 23:00 valandą sužinojęs naujieną, aš nuskubėjau į kiemą. Pastorius Čecho Li apmiręs gulėjo mašinoje. Jo vyzdžiai išsiplėtė, o jo kūnas buvo sustingęs ir šaltas. Tačiau jo šeimos nariai tikėjo, kad, jei tik aš uždėsiu ant jo rankas, jis atgis.

Kuomet aš pasimeldžiau, tikėdamas Dievu, kuris atgaivina net mirusius, Jis iš karto atsakė. Tuo momentu, kai aš pabaigiau

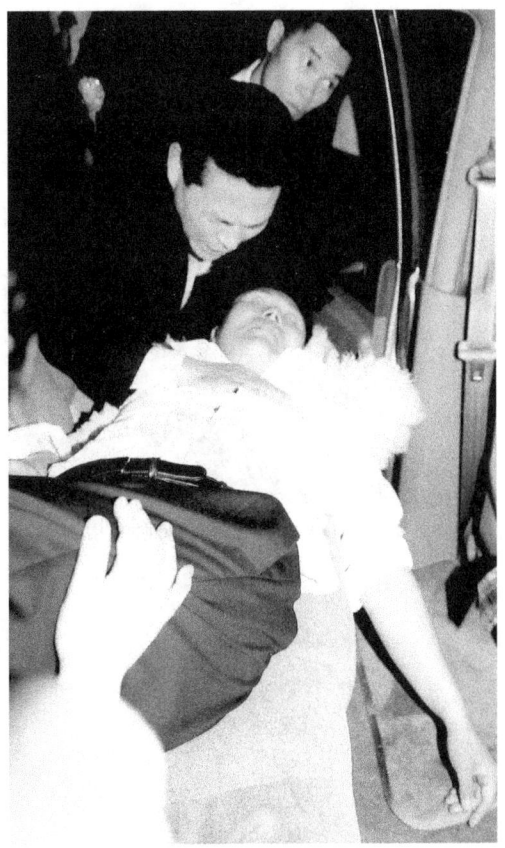

Malda už praradusį sąmonę pastorių Lozorių Čecho Li

maldą, jo kūnas atsipalaidavo ir jis atgavo sąmonę. Po 5 minučių jis jau galėjo stovėti be kitų pagalbos. Pastorius Čecho Li pakeitė savo vardą, ir tapo Lozoriumi Li, sakydamas, kad jis gyvena papildomą gyvenimą. Šiandien jis kaip misionierius tarnauja Lotynų Amerikoje.

Jis pamokslauja Lotynų Amerikoje kaip misionierius (Miesto konferencijų salė, Kusko, Peru)

Paskaitos Pradžios knygos ir stebuklų tema

Dievas paaiškino man Pradžios knygą. Pradžios knygos paskaitas pradėjau 2000 m. gruodžio 1 d. Tai buvo penktadienio naktinio tarnavimo metu. Serija tęsėsi šešis metus. Kadangi Dievas sutvėrė viską visatoje, Jis gali paaiškinti net ir tai, kas vyko prieš laiko pradžią.

Šiandienos sudėtingasis ir pažengęs mokslas ir žinios nepadeda suvokti dalykų, kurie vyko prieš laiko pradžią. Tuos dalykus galima suprasti tik, jei Dievas juos paaiškins.

Bet kaip gi mes galime patikėti, kad tas aiškinimas yra tiesa? Dievas pradėjo aiškinti Pradžios knygą, po to, kai Jis parodė mūsų bažnyčioje daug galingų darbų, kurie yra aprašyti Biblijoje.

Jėzus pasakė: *„Jeigu jūs nepamatysite ženklų ir stebuklų, tiesiog nepatikėsite"* (Jono 4:48). Kaip ir parašyta aukščiau, netgi įrodymai neįtikina žmonių iš tiesų tikėti, todėl yra toks didelis gyvojo Dievo darbų stygius.

2001 m. balandžio 5 d. mūsų bažnyčios Moterų Misija surengė mažą grupelių vadovų konferenciją. Konferencijoje buvo speciali programa, kuri vadinosi „Stebėk debesis". Jie suplanavo ją tų metų sausio mėnesį. Kadangi Dievas rodė mums daug stebuklų žvaigždėse ir krentančiose žvaigždėse, jie tuo metu planavo stebėti debesis. Aš pasimeldžiau už šį renginį.

„Dieve, konferencijoje bus debesų stebėjimo renginys, prašau, parodyk mums stebuklą".

Dievas atsakė: „Aš parodysiu jums įvairių debesų panoraminį vaizdą".

Gavęs atsakymą į maldą, aš paskelbiau jį bažnyčios nariams iš anksto per kovo 30 d. penktadienio naktinį tarnavimą ir sekmadienio tarnavimą.

„Dievas parodys mums įvairių formų debesų panoramą, per šį debesų stebėjimo renginį".

Faktiškai, kadangi šis renginys buvo planuotas iš anksto prieš daug mėnesių, mes absoliučiai negalėjome nuspėti, koks tą dieną bus oras. Nežinojome, ar dangus bus aptrauktas tamsių debesų, ar gal lis. Bet išpažinau savo lūpomis ir drąsiai pasimeldžiau, kadangi Dievas man jau buvo atsakęs.

Tą dieną nuo 8:00 valandos danguje buvo aiški apvali vaivorykštė. Ryte gimnazijoje vyko mūsų konferencija. Renginys buvo suplanuotas 15:00 valandą. Tūkstančiai tikinčiųjų susirinko iš visos šalies. Kai atėjau į renginio vietą, laukdamas to, kas turėjo įvykti, pamačiau labai giedrą dangų be debesų.

Įvykiai prasidėjo po mano maldos už debesų vaizdus. Atidarymo ceremonijos eigoje tikintieji žygiavo renginio vietoje. Tą akimirką avių formos debesys pradėjo plaukti iš saulės ir pasklido po visą dangų. Jie plaukė iš vakarų į rytus.

Tai nebuvo jau buvusių danguje debesų judėjimas, tiesiog atsivėrė dangaus vartai ir pasirodė ypatingi debesys. Tie avių formos debesys pasklido po visą dangų, o po to išnyko, taip pat buvo V-formos debesų, simbolizavusių pergalę [V – angl. „victory", pergalė]. Taip pat pasirodė debesų, panašių į pranašus, kurie atsirasdavo ir išnykdavo.

Ir kuomet tankūs debesys pasklido danguje ir uždengė saulę, ji atrodė panaši į mėnulį. Staiga pasidarė tamsu lyg vėlų vakarą. Dievas parodė mums, kaip Jis vedė Izraelio tautą per dykumą Išėjimo knygoje.

Per šiuos stebuklus, kurie keitė dangaus vaizdą, Dievas leido mums suprasti, kaip atsiveria dangaus „langai" ir „vartai". Tai buvo toks nuostabus panoraminis debesų vaizdas, kurį Dievas sukūrė mūsų pusantros valandos renginiui. Vaizdas buvo tiesiog fantastiškas.

Skepetaičių evangelizacija Indonezijoje

2001 m. balandžio 19-29 d. mes nusiuntėme savo pavaduojančius pastorius ir misijų komandą į skepetaičių evangelizacijas keturiuose Indonezijoje Iriandžajos provincijos miestuose.

„O jie ėjo ir visur pamokslavo, Viešpačiui drauge veikiant ir patvirtinant žodį lydinčiais stebuklais" (Morkaus 16:20-20).

Misijų komanda rengė evangelizacijas ir naudojosi skepetaitėmis, už kurias aš buvau pasimeldęs. Visuomet, kai žmonės prašo mane melstis už skepetaites, aš meldžiuosi šitaip: „Įkvėpk šią skepetaitę sutvėrimo jėga, kad tikėjimo maldos dėka mirštantieji ir net mirusieji atgytų". Kai jie su tikėjimu meldėsi, naudodami šias skepetaites, vykdavo stiprūs Šventosios Dvasios darbai.

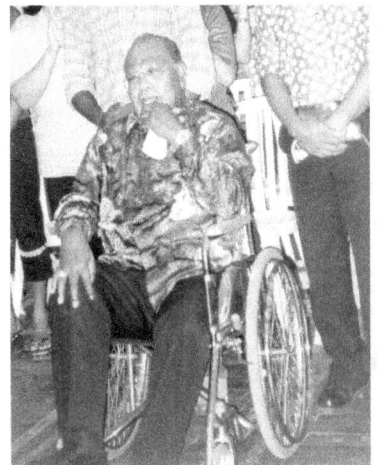

Jakobas Patipi atsistojo iš invalidų vežimėlio ir pradėjo vaikščioti po maldos su skepetaite

Dievas rodė jiems Šventosios Dvasios ugninius darbus kiekviename susirinkime. Kuomet misijų komanda pamokslavo ir meldėsi su skepetaitėmis, piktos dvasios išeidavo. Vaikai, negalėję vaikščioti nuo pat gimimo, pradėdavo vaikščioti, kurtieji pradėdavo girdėti. Vyko daug ženklų. Vietinė žiniasklaida taip pat labai įdėmiai stebėjo šiuos įvykius. Vienas transliacijų kanalas net pakvietė mūsų misijų komandą į savo laidą.

Provincijos gubernatorius atsistojo iš invalido vežimėlio

Buvęs Indonezijos Iriandžajos provincijos gubernatoriui ponui Jakobui Patipi tuo metu buvo 65 metai. 1996 m. dėl aukšto kraujo spaudimo jis patyrė insultą, nukrito ir buvo dalinai paralyžiuotas. Jis atvažiavo į evangelizaciją su invalido vežimėliu. Jis vos galėjo paeiti, net padedamas kitų keturių žmonių. Be to jis negalėjo gerai kalbėti ar girdėti.

Tačiau kai vienas iš mūsų pavaduojančių pastorių pasimeldė už jį, uždėjęs ant jo skepetaitę, jis atsistojo iš invalido vežimėlio ir pradėjo vaikščioti. Jis taip pat atgavo klausą ir kalbėjimą.

Praėjus evangelizacijai mes gavome padėkos raštą iš Iriandžajos provincijos, kuriame buvo paminėta, kad ponas Jakobas Patipi dabar gali gyventi normaliai.

Uhuru parkas sudrebėjo dėl Šventosios Dvasios darbų

2001 m. birželį mes surengėme evangelizaciją Kenijoje, mieste, kuris yra vartais į rytų Afriką. Sutvėrimo jėga, kuri buvo suteikta per Pakistano evangelizaciją, pasireiškė ir čia. Prieš evangelizaciją surengėme pastorių konferenciją Nairobyje, „Kenyatta International Conference" centre. Pradėjau aiškinti, kad Dievas egzistavo dar iki laiko pradžių. Taip pat pamokslavau apie Liuciferio maištą, Edeno sodą ir dvasinę sferą. Lankytojai labai įdėmiai klausėsi, trokšdami gyvenimo žodžio. Kai kurie iš net nėjo pietų, kad išsaugotų savo sėdimas vietas.

Kitą dieną lankytojų buvo apie 8,000 – 2,000 daugiau negu pirmą dieną. Taip įvyko todėl, kad kai kurie pastoriai, išgirdę klaidingus gandus, pirma nenorėjo bendradarbiauti, tačiau kitą dieną daugelis iš jų vis dėlto atėjo į konferenciją. Kai kurie misionieriai iš Korėjos suklastojo dokumentus ir išplatino juos

Jungtinė Kenijos evangelizacija (Uhuru parkas)

bažnyčiose ir žiniasklaidoje, bandydami sustabdyti konferenciją.
Didžioji Evangelizacija buvo surengta birželio 29 – liepos 1
dienomis Uhuru parke. Pakyla stovėjo tiesiai prieš saulę. Buvo
sunku pamokslauti saulei šviečiant tiesiai į veidą.

Dievas parodė Savo darbą ir čia. Kai atėjau į pakylą
pamokslauti, atsirado debesys, kurie uždengė saulę. Kai debesys
uždengė šviesą, pamokslauti buvo jau nesunku.

Žmonės nustebo, kadangi tai vyko visas tris dienas iš eilės.
Net vietinis vairuotojas, kuris vežiojo mane, taip pat prisipažino
buvęs labai nustebęs.

Nuo pat pirmos evangelizacijos dienos pakyla prisipildė
žmonių, kurie norėjo papasakoti savo išgydymo liudijimus

po maldų. Uhuru parkas prisipildydavo daugiau negu šimtu tūkstančių žmonių kasdien.

Vaikas, kurio viena koja buvo trumpesnė už kitą, pradėjo normaliai vaikščioti. Kai jis išgijo, jis pradėjo šokinėti. Daug žmonių išsigydė nuo AIDS ir įvairių kitų ligų. Matydamas, kad jie tokie laimingi, aš taip pat jaučiausi patenkintas.

Kitą dieną surengėme oficialių pusryčių susirinkimą su vietinio organizatorių komiteto nariais. Daugelis vyskupų buvo nustebę, pamatę Dievo jėgos apraiškas, ir klausė manęs, kaip jie galėtų gauti tokią jėgą.

Dažnai pasitaikydavo tokių komentarų:

Luošoji moteris pradėjo vaikščioti

„Aš pirmą kartą matau tiek daug išgydytų žmonių per vieną sykį, o įdomiausia yra tai, kad jūs nesimeldėte už juos individualiai"

„Toks įspūdis, kad dviejų tūkstančių senumo Biblijos įvykiai buvo prieš mano akis".

„Negalėjau visiškai tikėti Biblija, tačiau per šią evangelizaciją aš pilnai įsitikinau tuo, kad Biblija yra tiesa".

Visi Dievo tarnai nori išreikšti Dievo jėgą, kaip Jėzus ir žadėjo patvirtini žodį lydinčiais stebuklais. Tačiau per tokį trumpą laiką tai buvo sunku paaiškinti.

Kai skridome atgal į Korėją, pro lėktuvo langą matėsi apvalios ir tiesios vaivorykštės.

Atgijo apmirusios plaukų šaknys

2001 m. brolis Chi Chun Pak turėjo tankius plaukus, tačiau, kai jis buvo 7-je klasėje, dėl nežinomos priežasties jis pradėjo plikti. Pamažu jis prarado visus savo plaukus, vyresnėse klasėse jis turėjo tik kelis plaukus. Tai atrodė taip apgailėtinai net ir jam pačiam, todėl jis tiesiog nusiskusdavo galvą plikai.

Gydytojai sakė, kad tai buvo retas cirkuliarinio plaukų slinkimo atvejis. Jie taip pat pareiškė, kad tai buvo ne dėl to, kad plaukų šaknys buvo silpnos, bet dėl to, kad jos buvo apmirusios. Vaistų nuo tos ligos nebuvo.

Medikamentai nepadėdavo nei truputėlį. Jis praktikavo net vaistažoles, bet ir jos nepadėjo. Be to jis išmėgino daug liaudies priemonių ir kitų brangių vaistų, tačiau niekas nepadėjo.

Būdamas vyresnių klasių mokiniu, jis pradėjo lankyti mūsų bažnyčią. 1998 m. jis aplankė dviejų savaičių ypatingą prabudimą ir jo plaukai vėl ataugo. Tuo metu jau turėjome Muano saldžiojo vandens, taigi jis vis purkšdavo jį sau ant galvos.

2001 m. plaukų slinkimas visiškai išnyko. Apmirusios plaukų šaknys per Dievo malonę atgijo ir jo plaukai išsigydė.

Aukščiausiosios sutvėrimo jėgos apraiškų pradžia

Filipinuose vyrauja Romos katalikų religija, ir dauguma gyventojų turi mergelės Marijos statulas. Dažnai žmonės prašo Marijos palaiminti juos. 2001 m. rugsėjį per evangelizaciją Filipinuose Dievas apreiškė Savo jėgos paskutinį lygį – Aukščiausiąją sutvėrimo jėgą.

Kai meldžiausi už Filipinų evangelizaciją, Dievas pasakė, kad jos metu Jis duos paskutinį įspėjimą visiems pasaulio Romos katalikams. Tai reiškia, kad Jis ir anksčiau buvo siuntęs jiems įspėjimus.

Kartą girdėjau, kad viena Marijos statula ašarojo krauju. Tačiau patys Romos katalikai nesuprato, kodėl Dievas parodė tokį reiškinį.

Marija – Dievo įrankis

Mergelė Marija niekuo nesiskyrė nuo kitų žmonių. Tiesiog Jėzus atėjo į šią žemę žmogaus pavidalu, ir Marija buvo panaudota tam, kad pagimdytų Jėzų. Tačiau Marija negalėjo būti Jo motina. Kadangi Jėzus buvo pradėtas Šventosios Dvasios, jo pradėjimui nereikėjo nei Marijos kiaušinėlio, nei Juozapo spermatozoido. Kadangi Jėzuje nebuvo Marijos kiaušinėlio, ji negali būti Jo motina. Kadangi Jėzuje nebuvo Juozapo spermatozoido, jis negali būti Jo tėvu. Štai kodėl Biblijoje Jėzus niekada nevadino Marijos „motina".

„Moterie, štai tavo sūnus!" (Jono 19:26)

Tai buvo užfiksuota apaštalo Jono, kai jis stovėjo šalia kabančio ant kryžiaus Jėzaus. Jėzus vadino Mariją ne „motina", o „moterimi". O kai kalba eina apie „sūnų", tai yra Apaštalas Jonas.

Jono 2:4 Jėzus pasakė Marijai: *„O kas man ir tau, moterie? Dar neatėjo mano valanda"*. Jėzus kreipėsi į ją, kaip į „moterį", norėdamas tuo pasakyti, kad Jis atėjo į šią žemę kaip Išgelbėtojas.

Jėzus, mūsų vienintelis Išgelbėtojas, vienas iš Dievo Kūrėjo trejybės apraiškų, o Jis niekada negali turėti motinos. Būtent šia prasme Jėzus niekada nevadino Marijos „motina", bet „moterimi".

Kai Romos katalikai gamina Marijos statulas ir jas garbina, tai prieštarauja Dešimčiai Dievo Įsakymų, kur yra liepta nedaryti jokių stabų, nesilenkti prieš juos ir jų negarbinti.

Juk mergelė Marija stebi tai iš dangaus, o žmonės pavaizduoja prie jos dar kūdikį Jėzų, garbina ją, žmogų, nejaugi ji nesisiela taip stipriai, kad pradėtų net ašaroti krauju?

Taifūnai užtilo

Nuo birželio iki spalio Filipinuose būna daug taifūnų (uraganų), kasdien smarkiai lyja. Dėl stipraus lietaus atsiranda eismo spūstys. Atskridome į Manilos oro uostą 2001 m. rugsėjo 24 d. apie 23:00 valandą. Dėl taifūnų prasidėjo stiprus vėjas ir lietus. Kai tik atvykome, iš karto sudalyvavome spaudos konferencijoje Manilos viešbutyje. Žurnalistus labiausiai domino taifūnų kryptys ir rugsėjo 11 d. teroristų puolimo pasekmės.

„Šiuo metu esame veikiami taifūno, artėja dar vienas. Ar įmanoma surengti evangelizaciją lauke? Ar gi nebus daugiau problemų dėl rugsėjo 11 d. teroro aktų?“

Aš pranešiau jiems: „Nuo šios akimirkos lietaus nebus, taifūnai išnyks. Kadangi Dievas su mumis, šiuo metu nebus jokių smurto aktų ar karo veiksmų. Prašau Jūsų nesijaudinti“.

Aš drąsiai pareiškiau jiems apie tai, kadangi visada jaučiau, kai Dievas buvo su mumis, niekada nelijo per mūsų lauke surengtus susirinkimus. Žurnalistai manimi nepatikėjo. Tačiau Dievas išpildė tai, kas buvo pasakyta.

Priešingai oro prognozėms, taifūnas su 130 km/val. judančiu vėju nuėjo kita linkme ir nukrypo į Tailandą. Kitas taifūnas sustojo ir nusilpo, tarsi atsitrenkęs į stiprią sieną.

Vasarą Filipinuose dažniausiai būna labai karšta ir drėgna. Tačiau kol mes ten lankėmės, oras buvo labai giedras, pūtė švelnus vėjelis. Vietiniai pastoriai labai apsidžiaugė ir pripažino, kad net jau matydami oro sąlygų pasikeitimus, jie pamatė, kad Dievas buvo su jais.

Jaučiau aukščiausiąją sutvėrimo jėgą

2001 m. rugsėjo 26 d. Manilos tarptautiniame konferencijų centre surengėme pastorių konferenciją, kurioje apsilankė apie 5,000 žmonių. Rugsėjo 27 d. ryte vyko pastorių konferencija, o tos dienos popietę buvo pirmas evangelizacijos tarnavimas Manilos „Luneta" parke. Daugelis žmonių išsigydė.

Vienas iš jų buvo krepšininkas Gilbert Ondinal. Žaisdamas krepšinį Gilbertas stipriai susižeidė. Jo kojos kaulas buvo lūžęs ir išsuktas. Vaikščioti jis galėtų, tik jei jam padarytų operaciją ir implantuotų metalinius strypus į jo du kaulus.

Tačiau, operacija buvo jam pernelyg brangi. Jis ištisus metus kentėjo, vaikščiodamas su ramentais. Tačiau kuomet pastorių konferencijoje tą dieną už jį pasimeldžiau, jo visas kūnas tapo karštas ir skausmas išnyko.

Pasibaigus konferencijai, Gilbert norėjo vykti į evangelizaciją į „Luneta" parką, tačiau pavėlavo į autobusą. Taigi nuėjo ten su ramentais. Tuomet jis pastebėjo, kad skausmas išnyko, ir jo koja pasidarė stipri. Jis išmetė ramentus ir daugiau negu 2 kilometrus ėjo pėsčiomis, kad patektų į evangelizacijos vietą.

Dievui patiko jo malonės troškimo išraiška, ir Jis pripildė jį naujomis jėgomis, kad jis galėtų vaikščioti.

Vėliau Gilbert pasitikrino ligoninėje ir sužinojo, kad lūžę kaulai visiškai sugijo ir koja tapo sveika. Vėliau jis parašė mums, kad vėl gali žaisti krepšinį.

„Luneta" parke

Pradedant nuo šlovinimo tarnavimo, pirmą evangelizacijos

dieną vykdavo stiprūs Šventosios Dvasios darbai. Žmonės atsistodavo iš neštuvų ir vaikščiojo, kai kurie iš jų paliudijo, kad jie buvo išgydyti tą akimirką, kai tik atvyko į evangelizacijos vietą. Kai kurie buvo išgydyti, kuomet klausėsi pamokslo. Vienas žmogus, eidamas pro šalį, išgirdo šlovinimo garsus ir atėjo į evangelizaciją. Jis nematė jau 10 metų, bet praregėjo.

Po pamokslo pabaigiau maldą už ligonius. Staiga kažkas atnešė žmogų, kuris buvo visiškai sukaustytas, lyg medis, ir gulėjo prie pakylos. Jis atrodė lyg rąstas. Dėl širdies problemų jis staiga nukrito žemėn. Jo kūnas buvo kietas kaip pagalys, o vyzdžiai atrodė kaip lavono.

Aš sunerimau: jeigu jis čia mirtų, tai galėtų atnešti nešlovę Dievui. Aš skubiai nusileidau ir, uždėjęs ant jo rankas, pasimeldžiau Jėzaus Kristaus vardu. Kai baigiau melstis, jis atgavo sąmonę ir atsisėdo.

Dievas taip galingai veikė per aukščiausią sutvėrimo jėgą. Buvau labai dėkingas už Dievo malonę, Jis parodė didelės jėgos darbą. Tačiau sugrįžęs į viešbutį pratrūkau ašaromis. Jaučiausi kaltas prieš Dievą dėl to, kad neįvykdžiau Jo valios galingesniu būdu.

Pranašystės apie pasaulines situacijas

1982 m. netrukus po bažnyčios atidarymo Dievas apreiškė man, kad pasaulyje bus trys galingiausios valstybės: Jungtinės Valstijos, Kinijos ir Rusijos sąjunga, bei ES (Europos Sąjunga). Jis taip pat atskleidė man, kad Jungtinės Valstijos izoliuosis vis labiau ir labiau, o jų galia silpnės. Jis paaiškino, kad net JAV sąjungininkai vieną dieną atsisuks nuo jų, pasipriešins joms ir ieškos savo naudos.

Kai Jungtinės Valstijos buvo įkurtos, jos dar turėjo tikėjimo ir pagarbos Dievui, ir Jis jas palaimino – jos tapo galingiausia valstybe pasaulyje. Tačiau šiandien daug JAV gyventojų nusisuka nuo Dievo.

Dievas pranešė, kad Kinija susidraugaus su Rusija. Jos vykdys bendras karines pratybas ir nuolatos stiprės. Šalys, kadaise draugavusios su JAV, taps Kinijos sąjungininkėmis.

Jau šiandien yra daug Lotynų Amerikos bei Afrikos valstybių,

Kelionė į Dubajų

kurie, faktiškai, bendradarbiauja su Kinija geriau negu su JAV. Kai pamokslavau apie tai, Kinijos vaidmuo tarptautinėje visuomenėje dar buvo nepastebimas. Taigi bažnyčios nariai atrodė priblokšti, net nepritarė žodžiu „Amen".

Jiems buvo sunku patikėti, žiūrint į tų laikų realijas. Be to, Dievas apreiškė man, kad pasaulinė ekonomika silpnės: naftos kainos staigiai kils, o Vidurio Rytų šalys susijungs ir naudos naftą kaip ginklą prieš kitas šalis.

2001 m. birželį Dievas man paaiškino, kad prasidėjo beribės konkurencijos era. Tai reiškė, kad, nepaisant savo politinių ir ekonominių sistemų (ar tai demokratija, ar tai komunizmas), šalys bendradarbius ar kovos tik dėl savo pačių naudos.

Anksčiau jos tapdavo sąjungininkėmis ilgam laikui, bet dabar viskas pasikeis. Viskas dėl to, kad pasaulis eina prie pabaigos.

Rugsėjo 11-os teroristinė ataka – tik pradžia

Dauguma krikščionių nori žinoti, kada bus antrasis Viešpaties atėjimas. Kai mokiniai paklausė Jėzaus, kokie bus paskutiniųjų laikų ženklai, Mato 24 skyriuje Jis jiems atsakė.

„Girdėsite apie karus ir karų gandus. Žiūrėkite, kad neišsigąstumėte, nes visa tai turi įvykti. Bet tai dar ne galas. Tauta sukils prieš tautą ir karalystė prieš karalystę. Įvairiose vietose bus badmečių, marų ir žemės drebėjimų. Tačiau visa tai – gimdymo skausmų pradžia" (Mato 24:6-8).

2001 metų spalio 21 dieną sakiau pamokslą pavadinimu „Koks bus laikų pabaigos ženklas?". Toliau cituojama iš šio pamokslo:

„Kaip žinote, rugsėjo 11-ąją įvyko didelė tragedija, sukrėtusi visą pasaulį. Tai buvo teroristinis pasikėsinimas į Jungtinių Valstijų širdį. JAV prisiekė padaryti atsakomąjį smūgį ir prasidėjo karas. Dabar visas pasaulis yra įtrauktas į šį konfliktą.

Tai yra įspėjimas mums apie paskutinių laikų pradžią. Be to, tai yra priežastis išsiveržti Trečiam pasauliniam karui, kuriam Dievas leis įvykti. Žinoma, tai, kad Dievas leis jam įvykti, nereiškia, kad Jis pats bus paties karo iniciatoriumi.

Tai reiškia, kad Dievas jo nestabdys, kadangi jis vyks dėl žmonių piktumo. Pradedant nuo rugsėjo 11-os teroristinio akto, Dievas parodo mums, kad prasideda paskutiniųjų laikų negandos.

JAV, nukentėjusios nuo terorizmo, pritraukė pasaulio užuojautą ir jų sąjungininkės pažadėjo glaudesnį bendradarbiavimą, tačiau nesibaigiant karui, Vidurio Rytų šalys susijungs, Europos valstybės susivienys ir mes iššūkį JAV. Galų gale viskas virs tarytum karu tarp islamo ir krikščionybės".

„Ši teroristinė ataka gali būti traktuojama kaip pretekstas Trečiajam pasauliniam karui. Kasmet matome bado ir žemės drebėjimo atvejus.

Kai tūkstančiai žmonių žūsta kokioje nors katastrofoje – tai ne būtinai yra paskutiniųjų laikų negandų pradžia. Tačiau šis beprecedentis terorizmo pasireiškimas prieš JAV sukrėtė visą pasaulį. Šis incidentas gali būti pavadintas negandų ir katastrofų pradžia.

Aš asmeniškai nesu nusistatęs prieš JAV, visai nenoriu ko nors įžeisti. Man labai apmaudu, kad toks dalykas įvyko apskritai. Tiesiog nori pamėginti paaiškinti situaciją Dievo akimis, kad jie galėtų tuo pasinaudoti kaip tauta. Dievas paaiškino man štai ką:

Jeigu Dievas juos apgintų, toks dalykas iš tiesų negalėtų įvykti. JAV pakeitė savo tikėjimą, atsigręždama nuo savo šalies ištakų. Kai kuriose net homoseksualistai buvo paskirti pastoriais.

Jeigu jų širdys būtų teisios, atsitikus tokiai katastrofai, jie pirmiausia pasižiūrėtų į save ir pasitikrintų, kodėl Dievas neapgynė jų, ir atgailautų dėl savo nuodėmių.

Kuomet Dievo bausmė buvo paskelbta Ninevijos gyventojams, jos karalius ir žmonės atgailavo su pasninku. Tokiu pačiu būdu, visi JAV žmonės, pradedant nuo prezidento, turėjo nusižeminti ir atgailauti prieš Dievą. Jie turėtų siekti taikos su visais per atleidimą ir susitaikymą.

Bet, kadangi jie didžiuojasi esą stipriausia tauta žemėje, jie manė savo jėga galėsiantys atlyginti už tai, kas įvyko. Jie stengėsi elgtis pagal principą „akis už akį ir dantis dantį". Dėl to jie nusipelnė dar daugiau sunkumų. Kol JAV tvirtai laikysis savo keršto jėga pozicijos, jie užsikraus ant savęs vis daugiau politinių ir ekonominių problemų. Kadangi JAV ekonomika žlunga, kitos pasaulio valstybės irgi turi sunkumų.

Vidurio Rytų šalys susivienys ir pasipriešins JAV. Jie padarys naftą ginklu, kovodami už pasaulio ekonomikos kontrolę. Daugelis šalių bijos terorizmo ir nuspręs, kad jiems jau nebus paranku bendradarbiauti su JAV. Jos pradės trauktis".

„Pasaulyje yra daug karo priežasčių. Vien Vidurio Rytuose daugelis šalių, jų tarpe Iranas, Irakas ir Sirija, yra priešiškai nusistačiusios JAV atžvilgiu. Pasaulyje vyksta daug teroristinių aktų.

Ne be priežasties tas karas, kuris bus viena iš pabaigos priežasčių, vyksta Afganistane. Jei kova prasidėtų vienoje iš problematiškiausių vietų Vidurio Rytuose, tai greitai galėtų tapti Trečiuoju pasauliniu karu ir galų gale visas pasaulis būtų į tai įtrauktas.

Tačiau, kaip Jėzus ir pasakė, tie dalykai turi įvykti, bet tai dar ne pabaiga. Tai dar ne pabaiga, bet tai masiškų

katastrofų ir negandų pradžia. Be to, tai Trečiojo pasaulinio karo priežasties sukūrimas, todėl buvo išrinktas būtent Afganistanas.

Toji pabaiga bus, kai mes jau būsime paimti į orą. Ir dėl šio incidento įvyks toji pabaiga. Šis incidentas išmėtė karo sėklas, kurios įtrauks Vidurio Rytų valstybes".

„O kas gi bus Korėjai? Atėjus tam laikui, kai Korėja neturės naudos iš santykių su JAV, mes prisijungsime prie kažko kito. Dėl ekonominio chaoso, tame tarpe naftos krizės, žinoma, mūsų ekonomika taip pat turės sunkumų.

Tačiau kadangi Dievas numatė paskutinėmis dienomis

įvykdyti kai ką per šią šalį, Jis apgins mus iki tam tikros ribos apsaugos nuo paskutinių sielvartų.

Ypatingas kelias bus atvertas per mūsų bažnyčią. Dievas leido mums vykdyti užsienio evangelizacijas Ugandoje, Pakistane, Kenijoje ir Vidurinius Rytus supančiose šalyse. Daug kartų Dievas sakė mums, kad mes suprastumėme, kodėl Jis leido mums daryti evangelizacijas tose šalyse. Dievas pasakė mums, kad žinios apie mane ir mūsų bažnyčią jau plačiai pasklido islamo šalių vadovybėse".

6 skyrius

Tik Jėzaus Kristaus Vardu

Net žaizdotomis rankomis

Prieš penktadienio naktinį tarnavimą 15:00 valandą mūsų bažnyčios nariai ateina į mano namus. 16:00 valandą aš susitinku su jais. Nors tai ir trumpas laikas, jie gauna iš manęs konsultacijas ir patarimus, aš pasimeldžiu už juos ir paspaudžiu jiems rankas. Dažniausiai mes pabaigiame apie 18:00 valandą. Po to aš einu į bažnyčią ir vėl susitinku su bažnyčios nariais. Kai 23:00 valandą prasideda tarnavimas, jaučiu, kaip senka mano energija, tačiau Dievas padeda ir palaiko mane, kad aš galėčiau veržliai pamokslauti. Net ir sekmadieniais bažnyčios nariai ateina į mano namus ankstų rytą. Užjausdamas juos, kad jie jau atėjo ir laukia, aš išeinu anksti ryte pasisveikinti su jais. Pokalbiai prasideda dar prieš 5:00 valandą, aš išklausau jų problemas ir meldžiuosi už juos. Tai trunka apie 3 valandas ir po to aš einu į bažnyčią.

Pradedant nuo penktadienio naktinio susirinkimo ir baigiant sekmadienio tarnavimais aš spaudžiu tūkstančių bažnyčios narių rankas, dėl to mano ranka tampa įsidrėksta, sužeista ir net kraujuoja. Ant mano rankos kas savaitę atsiranda žaizdų ir įbrėžimų, tačiau yra viena priežastis, dėl kurios aš nenustoju tai praktikuoti.

Tai Dievo malonė, kad bažnyčios nariai, ir vaikai, ir pagyvenę žmonės, myli savo ganytoją, nori su juo susitikti ir paspausti jam ranką. Aš meldžiuosi už juos ir paspaudžiu jiems rankas, kad Dievo jėga galėtų nužengti ant jų ir jie galėtų gauti atsakymus į savo maldas.

Kai matau besidžiaugiančius išgydytus nuo rimtų ligų ar gavusius atsakymus į maldas bažnyčios narius, ir kai stebiu tuos, kurių problemos išsisprendžia vien dėl to, kad jie paspaudė man ranką, jie šlovina Dievą, o aš jaučiu šio atlygio malonumą ir įgaunu naujų jėgų.

O ką darytų Jėzus? Aš už kiekvieną meldžiuosi iš visų jėgų, ir uždedu rankas ant kiekvieno kūdikio ir vaiko, nepraleisdamas nė vieno.

Link tikslo

2002 m. pradžioje Dievas parodė man naują tikslą. Tikslas buvo „Aukščiausiosios sutvėrimo jėgos" praktikos tobulinimas. Aukščiausioji sutvėrimo jėga yra pirminė Dievo jėga, kuria Jis sutvėrė dangų ir žemę vien Savo žodžiu. Pavyzdžiui, Jam liepus, aklieji praregėdavo, kurtieji girdėjo, luošieji vaikščiojo. Biblijoje yra parašyta, kad dalykai gali būti sukurti iš nieko, vien tik ištartu žodžiu. Aukščiausioji sutvėrimo jėga gali iš sudžiuvusiu kaulų padaryti Dievui kariuomenę. Ji gali asilo burna priversti kalbėti. Kai tokia jėga gali pasireikšti be jokių trukdžių, galima teigti, kad ji yra patobulinta. Aukščiausioji sutvėrimo jėga gali kontroliuoti ne tik fizinį pasaulį, bet ir nematomą dvasinį pasaulį.

Dievas paaiškino man, jog tam, kad rodyčiau Aukščiausią sutvėrimo jėgą, aš turėjau patirti tris išbandymus, kaip ir Jėzus išgyveno tris gundymus. Jėzus yra Dievo Sūnus, tačiau Jis buvo gimęs žmogumi, kad taptų Išgelbėtoju. Būtent todėl Jam, kaip ir kiekvienam žmogui, teko patirti išbandymus. Tokiu būdu taip pat galima išreikšti valdžia Jo žodžiu fiziniame ir dvasiniame pasauliuose.

Jėzus visuomet turėjo Aukščiausią sutvėrimo jėgą, bet Jis pradėjo ją rodyti tik patyręs tris išbandymus. Ji sukūrė vyną iš vandens per vestuvių puotą. Jis pamaitino penkis tūkstančius žmonių penkiais duonos kepalais ir dviem žuvelėmis. Jis Savo žodžiu uždraudė vėjui ir jūrai. Visi šie darbai buvo sutvėrimo apraiškomis. Kai Jis liepė Savo žodžiu, paralyžiuotas žmogus pradėjo vaikščioti, raupsuotas apsivalė.

Jis taip pat pasakė, kad gali iškviesti daugiau negu dvylika legionų angelų (Mato 26:53). Tačiau laikydamasis drausmės, teisingumo ir Tėvo valios, Jis negalėjo to padaryti, nors ir turėjo valdžią ir jėgą valdyti dvasinį bei fizinį pasaulį.

Antrą kartą nuvykau melstis į kalnus 2002 m. vasarį. Kai meldžiausi, Dievas man apreiškė, kad išbandymai, kuriuos turėjau nuo to laiko, kai buvau pašauktas būti Dievo tarnu, buvo skirti tam, kad gaučiau Aukščiausiąją sutvėrimo jėgą. Jis taip pat parodė man įdomią alegoriją.

Joje aš plaukiau laive pavadinimu „Manmin" ir Dievas siuntė mums stiprų taifūną. Norėčiau priminti, kad 1998-1999 m. Jis pakratė mūsų bažnyčią trimis išbandymais. Kai kurie žmonės šoko iš laivo ir atsidūrė jūroje. Kiti nebuvo tikri, ar jiems verta šokti iš laivo. Dar kiti laikėsi už turėklų ir virvių, kad nenukristų.

Buvo ir tokių, kurie užėjo į kajutes ir ramiai sau miegojo, netgi ir tada, kai laivas lingavo. Dievas pagyrė tuos žmones.

Dvasine prasme aš buvau „Manmin" laivo kapitonas. Žmonės,

kurie nebuvo tikri, ar jie norėjo šokti už borto, jie atsirado tarp dviejų nuomonių, nes buvo gundomi šėtono. Dievas, žinoma, pasigailėjo net ir šitų žmonių ir išgelbėjo juos.

Tie, kurie miegojo kajutėse, galėjo tai padaryti dėl visiško pasitikėjimo kapitonu. Matau, kad šie žmonės subrendo ir tapo dvasiniais kariais. Būtent jiems atiteko daugelis palaiminimų. Per šiuos tris išbandymus bažnyčios nariai turėjo galimybę pasitikrinti savo tikėjimą. Dievas leido mums patirti šiuos išbandymus, kadangi vedė mus į Naująją Jeruzalę, išpildytų Savo apvaizdą dėl pasaulinės misijos ir Didžiosios Šventyklos statybos.

Dėl Savo apvaizdos Jis leido, kad šėtonas mus išbandytų, bet mes nugalėjome tikėjimu. Dievas leido man patirti daug išbandymų, kurie buvo neįveikiami. Bet aš įveikiau juos, ir Dievas davė man pereiti iš vienos jėgos į kitą, dar stipresnę. Gale gale, Jis davė man Aukščiausiąją sutvėrimo jėgą. Priešas neturėjo nieko, dėl ko jis galėjo mane apkaltinti. Dievas leido tiems išbandymams ateiti, kadangi tuo pačiu visi išbandymai atėjo prie pabaigos.

Paspaudžiusi ranką gavo išgydymą nuo nosies vėžio

2002 m. sausį aš gavau laišką iš djakonės Choim Čhu. Laiške buvo parašyta:

„2001 m. gruodį mano anyta gyveno Mokpo, staiga jai pradėjo iš nosies bėgti kraujas. Ji kreipėsi į artimiausią ligoninę, kur ją nukreipė į didesnę ligoninę Seule. Ji atvažiavo į Seulą ir gavo dviejų ligoninių diagnozes: nosies vėžys. Liga jau buvo plačiai paplitusi. Gydytojai pasiūlė operaciją, siūlydami pašalinti nosies kaulą ir implantuoti dirbtinį. Mano anyta kraujavo daugiau negu 15 dienų, šnervėse buvo marlės tamponai.

Praėjus dviems dienoms po diagnozės nustatymo aš atėjau į penktadienio naktinį tarnavimą. Po tarnavimo aš ant savo delno užrašiau anytos vardą. Kai jūs ėjote pro šalį, aš jums, Vyriausias Pastoriau, paspaudžiau ranką. Labai troškau, kad Dievas parodytų Savo jėgą per jus. Ankstų šeštadienio rytą, kai grįžau iš naktinio tarnavimo, mus aplankė viena giminaitė iš kaimo.

Aš jai pasakiau: „Aš sau ant delno užrašiau anytos ligos pavadinimą ir paspaudžiau Vyriausiam pastoriui ranką, todėl Dievas ją išgydys". Aš išpažinau savo tikėjimą, kad Dievas ją išgydys. Apie 7:30 valandą ryto šeštadienį paskambinau savo anytai. Jau žinojau, kad įvyko stebuklas.

Anyta man pasakė: „Choim, kai atsikėliau ryte, kraujas jau nebėgo".

Tada pamaniau, kad baigėsi tik kraujavimas. Dar nežinojau, kad ji buvo visiškai išgydyta nuo vėžio. 2002 m. sausio 2 d. nuvežiau ją į ligoninę operacijai.

Prieš pat operaciją buvo paskutinis patikrinimas. Gydytojas pasakė: „Keista, bet jūs nesergate vėžiu". Vėžys dingo! Ji buvo iš karto paleista iš ligoninės.

Aš paspaudžiau jums ranką, tikėdama už mano anytą, kuri neturėjo daug tikėjimo, ir Dievas ją išgydė. Be to, kai per Naujamečio tarnavimą buvo pasimelsta už mano vyro negalę, jis buvo išgydytas nuo du mėnesius trūkusio viduriavimo. Jis labai apsidžiaugė, ir dabar liudija žmonėms apie tai".

Šiuo metu djakonės Choim Ču anyta lanko mūsų bažnyčią, jos sveikata yra geros būklės. Aukščiausioji sutvėrimo jėga gali gydyti ligas ne tik per prisilietimą ar maldą už ligonio nuotrauką, bet ji taip pat gali keisti oro sąlygas.

Išgydytas nuo vėžio per maldą už skepetaites

Sunčan Šim gyvena Chamchione, Čiola-Namdo provincijoje. 2002 m. balandį jam pradėjo svaigti galva ir buvo sunku vaikščioti. Jis labai skausmingai šlapinosi, šlapime buvo kraujo krešulių. Jam diagnozavo šlapimo pūslės vėžį, kuris jau buvo plačiai paplitęs po kūną. Gydytojas pasakė, kad yra didelė tikimybė, kad vėžys paplis į plaučius, ir jam buvo pasiūlyta operacija didelėje Seulo ligoninėje. Jis gulėjo „Echva" moterų universiteto ligoninėje. Pagal mūsų djakonės Sullei Šim prašymą vienas iš mūsų pastorių aplankė jį ligoninėje.

Pastorius paaiškino ligoniui, kad jis gali išsigydyti tikėjimu, jei atgailaus už gyvenimą ne pagal žodį, taip pat jei nuo tol gyvens Dievo žodžiu. Be to pastorius pasimeldė už jį su skepetaite.

Už šią skepetaitę buvau pasimeldęs aš. Dievas rodydavo ugninius Šventosios Dvasios darbus, kai žmonės melsdavosi su tikėjimu, naudodami šias skepetaites.

Po maldos dėl stipraus skausmo jis negalėjo miegoti. 4:00 valandą ryto jis nusišlapino ir tai, kas spaudė jam skrandį, išėjo iš jo kūno.

Tokiu būdu iš jo išėjo vėžys. Nuo tol šlapinimasis nebebuvo skausmingas, o šlapimas buvo švarus. Kitą dieną jis prieš operaciją gavo galutinę diagnozę, jis buvo pripažintas visiškai sveiku. Jis buvo paleistas iš ligoninės.

Net ir operacijos atveju jam būtų sunku visiškai pasveikti, kadangi vėžys buvo jau paplitęs. Tačiau per maldą su skepetaite jis patyrė Dievo malonę ir atgavo jėgas.

Ne tik iš Korėjos, bet ir iš viso pasaulio mes kas savaitę gauname liudijimus iš tų, kurie gavo išgydymą per maldas su skepetaitėmis, už kurias aš buvau pasimeldęs. Galėjau padėkoti tik Dievui ir šlovinti už tai tik Jį.

Nuoširdžiausias šauksmas

Kasmetiniai dviejų savaičių ypatingo prabudimo susirinkimai buvo dangiškąja puota, kurios metu žmonės patyrė galingus Dievo darbus. Prabudimas vyko 2002 m. gegužės 6-16 d. ir vadinosi „Jėga".

Kai meldžiausi už šį prabudimą, Dievas parodė man, kad antros savaitės pirmadienį Jis susikoncentruos ties blogo regėjimo išgydymo atvejais, o antradienį išsigydys nevaikščiojantys invalidai, kuomet trečiadienį bus išgydyti kurtieji ir nebyliai. Jis taip pat pranešė man apie tai, kad išsigydys daugelis žmonių.

Gegužės 5 d., sekmadienio rytą, virš bažnyčios spindėjo apvali vaivorykštė. Pamatęs vaivorykštę, laukiau dar galingesnės Dievo jėgos prabudimo metu.

Dievas parodė mums daug daugiau sutvėrimo atvejų, negu tikėjomės. Aklieji praregėjo, nebyliai prabilo, įvyko išgydymai nuo daugelių ligų. Vaizdas buvo tiesiog kaip iš Biblijos.

Koks esu laimingas dėl to, kad žmonės išsigydo per mano nuoširdžiausias maldas! Kaskart, kai garsiai šaukiau: „Viešpatie!", dariau tai iš visų jėgų.

Dėl galingų ir greitai vykstančių Šventosios Dvasios darbų šimtai žmonių išsigydė ir atėjo prie altoriaus. Žmonės ateidavo prie žemutinio altoriaus ir liudijo apie stebuklus, kurie įvyko su jų kūnais.

Kaip Dievas ir žadėjo per išgydymo šviesos spindulius daugelis žmonių galėjo atsikratyti akinių, kiti išmetė ramentus, o buvo ir atsistojusių iš invalido vežimėlių.

Kai kurie žmonės, kuriems buvo atvertas dvasinis regėjimas, matė ugnies rutulį greitai besisukantį iš mano krutinės. Šventosios Dvasios jėga jis išeidavo per mano rankas. Kai kurie taip pat matė, kaip angelai prisiliesdavo prie ligonių ir suminkštindavo sustingusius kaulus.

Šio prabudimo ypatybe buvo tai, kad žmonės su regėjimo problemomis pradėjo gerai matyti. Netgi aklieji praregėjo. Praregėdavo ir tie, kurie turėjo kataraktas ir diabetą. Be to, daugelis atsistojo iš invalido vežimėlių. Išsigydė žmonės, turėję kūdikių paralyžių. Tai pastebėję nariai džiaugėsi kartu su jais ir šlovino Dievą.

Greitas ir stiprus Šventosios Dvasios viesulas

Dievas suteikė mums penkialypę evangeliją ir sutvėrimo jėgą, nes tai yra galingas dvasinis ginklas pasaulinės misijos įvykdymui šiame pasaulyje, kuris yra kupinas nuodėmių ir tamsos. Kur beatvyktume, neįprastai galingi Šventosios Dvasios darbai atveda daugelį žmonių pas Viešpatį.

Atsisakė kandidato į prezidentus rolės

Religija, vyraujanti Hondūre, yra Romos katalikybė. Žmonės kenčia nuo skurdo ir įvairių ligų.

Prieš man išvykstant į Hondūrą, mūsų personalas, kuris buvo nuvykęs ten evangelizacijos paruošimui, pranešė man, kad saugumas viešosiose vietose yra labai žemo lygio. Jie sakė, kad net civiliai būna ginkluoti, situacija yra pavojinga.

Taip pat buvo sakoma, kad dėl didelių karščių buvo žmonių,

kurie mirdavo nuo uodų įkandimų. Kai pasimeldžiau už tai, Dievas atsakė man, kad Jis jau yra apsupęs miestą ir evangelizacijos vietą Savo jėgos šviesa ir dabar dangiškoji kariuomenė ir angelai saugo tas vietas. Todėl dėl nieko nesijaudinau.

2002 m. liepos 23 d. atvykau į San Pedro Sulos tarptautinį oro uostą. Sutikti mus atvyko apie 1,700 žmonių. Tarp jų buvo ir kongresmenas Estebanas Chondalis. Kongresmenas Chondalis suvaidino pagrindinį vaidmenį šios evangelizacijos rengime Hondūre.

Ponas Chondalis buvo kandidatas į prezidentus. Tai buvo žymus Kongreso narys, verslininkas ir krikščioniškų laidų vedėjas. Nuo to laiko, kai 2001 m. jis dalyvavo mūsų evangelizacijoje Filipinuose ir savo akimis pamatė veikiančią Dievo jėgą, jo gyvenimas pasikeitė.

Jis paklausė manęs: „Pastoriau, ar man verta dabar dalyvauti prezidento rinkimuose, ar man geriau užsiimti tik Dievo darbais?"

„Jeigu man pačiam tektų daryti tokį pasirinkimą, aš siūlyčiau tau daryti tik Dievo darbus".

Sekdamas mano patarimu jis baigė savo politinę karjerą ir nusprendė skleisti šventumo evangeliją po visą pasaulį.

Negalima eiti į kompromisus su kitomis religijomis

Kai atvykau į viešbutį, ten buvo žurnalistai ir žiniasklaidos atstovai iš septynių televizijos stočių ir penkių radijo stočių. Pirmas klausimas buvo, kodėl aš pasirinkau būtent Hondūrą.

„Dievas pasakė man vykti į Hondūrą tam, kad Jis galėtų palaiminti šią šalį. Evangelizaciją metu pamatysite, kaip tūkstančiai žmonių bus išgydyti".

Aš paaiškinau tai plačiau.

„Aš tvirtinu, kad jų bus tūkstančiai, kadangi ne tik evangelizacijos dalyviai bus išgydyti, bet ir tie, kurie žiūrės ją per televiziją ir klausysis jos per radiją".

Galėjau drąsiai apie tai teigti, nes Dievas visada rodė mums nuostabius ženklus ir stebuklus kiekvienos evangelizacijos metu. Kadangi aš pasakiau tokį neįtikėtiną dalyką viešai, jei tokie dalykai neįvyktų, aš tapčiau didžiausiu melagiu. Tačiau mano žodžiai išsipildė. Televizijos darbuotojai, kurie vykdė tiesioginę transliaciją, vėliau pranešė mums apie tai, kad daugelis žiūrovų skambino jiems. Sužinojau, kad daugiau negu tūkstantis žmonių skambino pranešti apie tai, kad jie buvo išgydyti žiūrėdami evangelizaciją per televiziją.

Antras žurnalistų klausimas buvo: „Romos katalikų bažnyčia ir kai kurie protestantai stengiasi susijungti ir sutaikyti skirtingas religijas, ką jūs apie tai manote?" Mano atsakymas buvo griežtas. „Vienintelis Dievas yra Dievas Kūrėjas. Krikščionybė jokiu būdu negali eiti į kompromisus su kitomis religijomis. Dievas aiškiai sako Dešimtyje Įsakymų, kad Jis yra vienintelis Dievas ir joks kitas dievas negali būti vietoj Jo. Taigi, kitos religijos negali būti".

Žurnalistai buvo nustebinti, išgirdę mane taip griežtai kalbantį Hondūro šalyje, kurioje daugiau negu 90 procentų gyventojų yra Romos katalikai.

Kitą dieną aš pamačiau laikraštį „La Tiempo". Iš vienos pusės buvo popiežiaus nuotrauka. Kadangi jis sirgo Parkinsono liga, padėjėjai turėjo suteikti jam pagalbą.

O iš kitos pusės buvo mūsų evangelizacijos reklama su mano nuotrauka ir kontrastingu pavadinimu „Jėzus Kristus išgydo šiandien. Akli mato, nebyliai kalba, kurtieji girdi".

Kaitra virto vėsa

Liepos 26-27 d. mūsų pastorių konferencija vyko Ebenezero bažnyčioje vėsiu oru. Man pranešė apie tai, kad orai staiga pasikeitė nuo pat tos dienos, kai mūsų misijų komanda atvyko į Hondūrą. Iki tol buvo daugiau negu 40 laipsnių šilumos (104^+F), tačiau nuo mūsų atvykimo dienos pūtė vėsus vėjas, o dieną debesys uždengdavo saulę ir oras tapdavo labai jaukus.

Prieš mums išvykstant į Hondūrą, Dievas kelis kartus man pasakė, jog jis valdys visas oro sąlygas, tad neturiu dėl jo nerimauti. Niekada anksčiau neturėjome problemų dėl renginių atvirame ore, todėl aš visiškai nesijaudinau. Tačiau, kadangi Jis tiek daug kartų primindavo man, kad nesijaudinčiau, nujaučiau, kad kažkas gali įvykti.

Liepos 26 d. 19:00 valandą prasidėjo pirmoji evangelizacijos diena. Tačiau tą dieną apie 18:00 valandą pradėjo lyti. Lietus stiprėjo ir jau neįmanoma buvo naudotis transliavimo įranga ir mikrofonais.

Stadionas, kuriame sutilpdavo 60,000 žmonių, jau buvo pripildytas žmonių. Girdėjau, kad lietaus metu vietiniai žmonės dažniausiai tiesiog išeidavo namo.

Bet štai mūsų šlovinimo ir šokių komanda išeina į sceną per liūtį. Jie apsirengė hanboką (tradicinius korėjietiškus rūbus) ir atliko puikų korėjietišką šokį su vėduoklėmis.

Scenoje dėl lietaus buvo slidu, tad jie nusiėmė batus, kad

atliktų šiuos įspūdingus šlovinimo šokius. Lankytojai net per lietų nepaliko savo vietų. Vietiniai šokėjai irgi išėjo į aikštelę ir pakeltomis rankomis jie visi kartu šlovino Dievą savo šokiais.

Aš laukiau kabinete ir pasakiau, kad ateisiu į pakylą 18:00 valandą, bet organizatoriai patarė man, kad to nedaryčiau. Buvau įsitikinęs, kad lietus liausis, jei tik ateisiu į pakylą. Tačiau organizatoriai nenorėjo leisti man sušlapti ir atkalbinėjo mane. 19:00 valandą jau daugiau nebegalėjau laukti. Nepaisydamas organizatorių patarimo nepasilikau kabinete.

Tą akimirka liūtis virto krapnojimu. Netrukus jau nebekrapnojo. Dangus pragiedrėjo ir papūtė vėsus vėjas. Dėl šio lietaus ir vėjo prieš pat evangelizaciją kenksmingi uodai ir kandys išnyko.

Daugeliui žmonių nepavyko patekti į stadioną

Po pamokslo aš pasimeldžiau už ligonius. Iki 22:00 valandos tęsėsi išsigydžiusiųjų liudijimai. AIDS, aklumas, nebylystė ir kitos įvairios ligos buvo išgydytos.

Ugniniai ir veržlūs Šventosios Dvasios darbai buvo išreikšti per Aukščiausiąją sutvėrimo jėgą. Akivaizdžių ženklų buvo daug, o, tikriausiai, dar daugiau nematomų vidinių ligų buvo išgydyta.

Antrą dieną, dar prieš prasidedant evangelizacijai, žmonių minios užplūdo ne tik sėdimas vietas, bet visas kitas.

Pūtė vėsus vėjas, ir kandžių ar uodų nebuvo net prie šviestuvų. Uodų problema ten yra tokia rimta, kad San Pedro Sulos vicemeras net paprašė manęs už tai pasimelsti. Tačiau, kadangi Dievas buvo su mumis, jokių kenksmingų vabzdžių nebuvo.

„Pastoriau, įskaitant tuos, kuriems nepavyko patekti į stadioną, atėjusiųjų skaičius viršijo 100,000. O dar dešimtys tūkstančių žmonių liko už stadiono ribų".

Kadangi visos vietos stadione buvo užimtos, saugumo tikslais jie neleido tų, kurie vėliau veržėsi patekti į vidų. Man buvo labai gaila tų, kuriems teko likti lauke.

Per trumpą maldą už ligonius daugybė žmonių atsistojo iš savo invalidų vežimėlių ir ėmė vaikščioti, daug kitų buvo išgydyti nuo savo ligų ir tai paliudijo.

Šventosios Dvasios ugniai viskas yra įmanoma

San Pedro Sulos miesto Betezdos ligoninės gydytojo Chosė Samaros iniciatyva išgydymo atvejai buvo patvirtinti ir užregistruoti medikų. Jie atliko rentgeno, magnetinio rezonanso tomografijos ir kraujo tyrimus.

Savo akimis pamatę galingus Dievo darbus, medikai irgi įtikėjo. Vienas iš gydytojų dr. Kruz Marin pateikė 12 metų mergaitės Marijos Jasenijos patikrinimo rezultatus. Dėl karštligės, kuria ji sirgo būdama dviejų metukų, ji nustojo matyti dešine akimi.

Jai atliko ragenos persodinimą, bet ji vis tiek negalėjo matyti. Tačiau kuomet evangelizacijoje buvo už ją pasimelsta, į jos akį pateko šviesa ir ji galėjo atskirti įvairius daiktus.

12-metis Esteban Zuninga praėjus 8 mėnesiams po gimimo užsikrėtė ŽIV infekcija. Pamatęs renginio reklamą televizijoje jis atvyko į evangelizaciją. Per maldą už ligonius jis pajuto, kad kažkoks karštis išėjo iš jo kūno.

Dėl blogo virškinimo jis negalėjo normaliai valgyti. Tačiau jo skausmas visiškai išnyko ir jis pradėjo gerai valgyti. Vėliau jis buvo patikrintas medikų, išaiškėjo, jog jis buvo visiškai sveikas.

Osman Guerra Miranda sirgo AIDS. Ji negalėjo vaikščioti ir buvo prikaustyta prie patalo. Kada ji pateko į evangelizaciją, maldos metu ji pajuto, kad tarsi ugnis nužengė ant jos kūno ir tą akimirką skausmas dingo. Ji iš karto galėjo atsistoti ir vaikščioti.

Arnaldo Batres buvo evangelizacijos apsaugos sistemos viršininku. Mėnesį prieš evangelizaciją jis susižeidė koją. Jam buvo sunku judėti, o jau nekalbant apie bėgiojimą. Tačiau su skausmu kojoje jis vis vien uoliai darbavosi evangelizacijai. Per maldą už ligonius jo visą kūną apėmė vėsa ir drebulys, jis tapo visiškai sveikas. Jis buvo toks sveikas, kad kitą dieną net galėjo žaisti futbolą. Jo aštuonmetė dukra nuo gimimo negalėjo gerai girdėti, tačiau po maldos evangelizacijoje jos klausa pasitaisė.

Suiafa Liera buvo mormonė. Ji stebėjo evangelizaciją per televiziją ir maldos už ligonius metu ji uždėjo rankas sau ant kojų. Po eismo avarijos, įvykusios prieš aštuonis mėnesius, ji negalėjo valdyti savo kojų. Kuomet už ją buvo pasimelsta, Šventosios Dvasios ugnis nužengė ant jos ir ji tuo pat metu pradėjo vaikščioti ir net bėgioti. Ji atsivertė į protestantizmą.

Vietiniai pastoriai sakė: „Jaučiuosi, tartum Biblijos laikais. Dabar iš tiesų tikiu, kad Dievas yra Visagalis". Girdėdamas tokius atsiliepimus, jaučiausi didžiai apdovanotas.

Lygiai kaip Jėzaus laikais, kuomet ligoniai ateidavo tikėdami, jie patirdavo ugninius Šventosios Dvasios darbus ir buvo išgydyti.

Kuomet po evangelizacijos grįžau į Korėją, gavau Hondūro viceprezidento laišką. Jis visų Hondūro gyventojų vardu padėkojo mane už daugybės žmonių išgydymą, pagalbą jiems ir dvasinius pamokymus.

Nauja jėgos dimensija

Per kiekvieną užsienio evangelizaciją pasireikšdavo didingi Dievo darbai, bet nebuvau tuo visiškai patenkintas. Pasaulinės misijos įvykdymui tokio lygio jėgos neužtenka, juk šis pasaulis yra dar kupinas nuodėmių.

Po evangelizacijos Hondūre Dievas apreiškė man naują jėgos dimensiją. Jis paaiškino man, kas yra „Pradinis sutvėrimo balsas", apie kurį iki tol niekada nebuvau girdėjęs. Jis parodė man naują tikslą – pasiekti pradinio balso, kad Aukščiausioji sutvėrimo jėga tobulai reikštųsi per mane.

„Tam, kuris važinėja danguose, esančiuose nuo seno.
Štai Jis pakelia savo galingą balsą" (Psalmė 68:33).

Pradinis balsas – tai Dievo Kūrėjo nuo pradžių skambėjęs balsas. Jis yra toks galingas ir didis, kad skamba po visą visatą. Dievas sukūrė visatą ir visą kitą savo balsu. Šis pradinis balsas yra visos kūrinijos dalimi, tad tik jį išgirdusi ji nedelsiant jo klausosi.

„Tada Viešpats tarė: Mano dvasia nekovos su žmonėmis amžinai, nes jie tėra kūnas; jų dienos bus šimtas dvidešimt metų!" (Pradžios 6:3)

Yra tik viena, kas negali išgirsti šio pradinio balso. Tai žmogiškasis kūnas, kuris nėra gimęs iš naujo nuo vandens ir Dvasios. Jiems prabusti reikalinga Dievo jėga. Keturiose Evangelijose yra parašyta apie tai, kaip viskas paklusdavo Jėzaus paliepimui:

„Tuomet pripuolę jie ėmė žadinti Jį, šaukdami: „Mokytojau, Mokytojau, mes žūvame!" Atsikėlęs Jis sudraudė vėją ir bangas. Jos nurimo, ir stojo tyla. O Jėzus paklausė juos: „Kur jūsų tikėjimas?" Jie išsigandę ir nustebę kalbėjosi tarpusavy: „Kas Jis toks, kad įsakinėja net vėjams ir vandeniui, ir tie Jo klauso?!"" (Luko 8:24-25)

Jėzui paliepus, vėjas ir bangos pakluso. Kadangi jis paliepė Pradiniu sutvėrimo balsu, net negyvi dalykai išgirdo ir pakluso. Tai buvo dėl to, kad Jėzus prabilo tuo pačiu pradiniu Dievo balsu.

Tarp pradinio balso jėgos ir tikėjimo maldos balso jėgos yra skirtumas, kuris pasireiškia savo apraiškos greičiu ir mastu. Pradinis balsas gali nedelsiant reikšti sutvėrimo darbus. O tikėjimo malda visų pirmą suburia dangiškąją kariuomenę ir angelus, taigi tai užtrunka ilgiau.

Korėjoje buvo išminčių, kurie pranašavo apie ateitį net prieš dešimtis ar šimtus metų.

Jie per ilgą dvasinės disciplinos laiką atsikratė savo piktosios prigimties ir pasiekė „nebūties" būsenos. Jie nieko neteisė ir nesmerkė bei girdėjo Dievo balsą. Jie girdėdavo ir suprasdavo tam tikrus dalykus, ir kartais, tačiau ne visada, jų pranašystės išsipildydavo.

Pavyzdžiui, admirolas Sunsin Li iš geros širdies, kurioje nebuvo pikto, aukojosi dėl karaliaus ir žmonių. Iš jo dienoraščių mes matome, kad jis pripažino Dievo buvimą ir iš geros širdies Jam meldėsi.

Kadangi jis žinojo ir nujautė Japonijos įsiveržimą. Nepaisydamas kritikos, jis sukūrė taip vadinamus „laivus-vėžlius" ir išgelbėjo savo šalį nuo pražūties.

Tikėjimo tėvai, girdėjusieji pradinį balsą

Augdami Dvasioje išmokstame girdėti balsą ir priimti Šventosios Dvasios vadovavimą. O kai ši mūsų vystymosi stadija virsta nebūtimi ir mes dar toliau gilinamės į dvasios dimensiją, mes išgirstame pradinį Dievo balsą. Dievas liepė man pasikeisti sveikos dvasios lygį, kurį buvau pasiekęs, į nebūties lygį (1 Tesalonikiečiams 5:23).

Biblijoje skaitome apie atvejus, kai žmonės girdėjo pradinį balsą. Prieš perskirdamas Raudonąją jūrą Mozė pakluso Dievo balsui ir su ištiesta lazda jis paliepė jūrai persiskirti pusiau. Tuomet įvyko didžiulis Dievo darbas.

Kuomet Juozuė paliepė saulei ir mėnuliui sustoti, jis išgirdo pradinį balsą ir davė paliepimą. Štai kodėl saulė ir mėnulis sustojo. Tai nebuvo dėl to, kad jo paties tikėjimas buvo toks didelis. Jei jis būtų turėjęs tokią jėgą stabdyti saulę ir mėnulį, viskas būtų įvykę jo paliepimu.

Jam tuomet nereikėtų stabdyti saulės ir mėnulio. Jei jis pasakytų: „Visi amalekiečių kariai tebūna sunaikinti", tuomet jie žūtų ir karas būtų pasibaigęs.

Tas pats vyko, kai Lozorius buvo jau keturias dienas miręs, ir Jėzus prabilo, kad jį atgaivintų. Jėzus jau buvo girdėjęs Dievo balsą. Jis, faktiškai, visada girdėjo Dievo balsą.

Kadangi jis išgirdo Tėvo balsą, sakantį Jam, kad Lozorius bus atgaivintas, ir Dievas bus pašlovintas, Jėzus visiškai nebuvo sunerimęs. Kuomet Jis pradiniu balsu paliepė Lozoriui, šis išėjo iš kapo gyvas.

Nukankinto apaštalo Tomo kraujo vaisius

Indijos miestas Čenajus – tai ta vieta, kur pamokslavo Evangeliją ir buvo nukankintas apaštalas Tomas. Dabar jo atminčiai ten yra pastatyta katedra. Tomas buvo vienas iš dvylikos Jėzaus apaštalų. Jis yra labiausiai žinomas dėl savo dvejonių. Tačiau po Viešpaties prisikėlimo įgijo tikrą tikėjimą ir gavo Šventąją Dvasią. Dėl Evangelijos pamokslavimo jis buvo nukankintas.

2002 m. spalį Dievas nusiuntė mane į induizmo valdomą šalį – Indiją. Jis apreiškė man, kad ši evangelizacija buvo numatyta dar prieš laiko pradžią, ir tai bus pirmoji evangelizacija, kur bus išreikški pradinio balso sutvėrimo darbai. Be to tai buvo labai svarbus pradinis taškas, nuo kurio evangelija pasklido Vidurio Rytų šalyse ir Izraelyje.

Kankinanti sausra

Čenajus yra Indijos pietryčiuose. Tai ketvirtas pagal dydį Indijos miestas. Evangelizacija vyko Marinos paplūdimyje su Čenajaus pilnos evangelijos tarnautojų bendrijos pagalba. Spalio 8 d. išskidau iš Inčono oro uosto. Pakeliui į Singapūrą vis atsirasdavo ir išnykdavo vaivorykštės. Daug kartų minėjau, kad kuomet tik vykdavome į misionierinę kelionę, pasirodydavo vaivorykštės. Šį kartą visą valandą mes irgi matėme lėktuvą supančią vaivorykštę.

Greičiausiai tai buvo ženklas to, kad Dievas su mumis šioje 4 dienų evangelizacijoje, kadangi matėme spindinčią keturlypę vaivorykštę. Taip pat regėjome ir kitų, tame tarpe tiesiųjų vaivorykščių. Mūsų misijų komandą šūkavo iš džiaugsmo ir nuostabos, įamžindami tai savo vaizdo kameromis ir fotoaparatais.

Spalio 8 d. apie 22:00 valandą atvykome į Čenajaus oro uostą. Lynojo. Kai įlipau į automobilį, vykdamas iš oro uosto, prasidėjo liūtis.

Tačiau žmonės, kurie atvyko mūsų pasitikti, buvo labai laimingi net stovėdami po lietumi. Girdėjau, kad jau tris metus toje šalyje buvo sausra, jau devynis mėnesius nebuvo lietaus. Tai buvo didžiulė visuomenės problema.

Visas Čenajaus miestas streikuodamas ėjo prieš centrinę vyriausybę dėl vandens aprūpinimo sunkumų. Aš atvykau esant štai tokioms aplinkybėms, ir tuo metu dažnai lydavo. Tad kai kurie žmonės vadino mane „Lietaus Dievu", sakydami, kad su savimi atsivežiau lietų.

Įstatymas, draudžiantis atsivertimą į kitas religijas

Dievas panorėjo gauti didelę šlovę per šią evangelizaciją, tad sutikome daug šėtono pasipriešinimo darbų.

Kai kurie žmonės, norėdami sustabdyti evangelizaciją Čenajuje, skleidė melagingus gandus. Tačiau buvo ir rimtesnių dalykų. Buvo priimtas potvarkis dėl priverstinio atvertimo:

„Neleidžiama tiesiogiai ar kitais būdais atversti ar stengtis atversti asmenį iš vienos religijos į kitą priverstiniu būdu, viliojimu ar bet kokiomis kitomis apgaulingomis priemonėmis. Asmuo, kaltinamas šio potvarkio pažeidimu, bus baudžiamas iki 3 mėnesių laisvės atėmimu ir 50,000 rupijų bauda. Jeigu atverstasis yra nepilnametis asmuo, moteris arba asmuo, priklausantis registruotai kastai ar genčiai, laisvės atėmimo terminas gali siekti 5 metus, o bauda – 100,000 rupijų".

Atsivertusieji savo valia ir religiniai vadovai, susiję su bet kuriuo atsivertimo atveju, turėjo pranešti apie tai vietos administracijai.

Šis įstatymas įsigaliojo spalio 10 d., pirmą evangelizacijos dieną. Rizikavau būti areštuotas už evangelijos skelbimą.

Sužinojau tai tik atvykęs į Indiją. Bažnyčios personalas, kuris rengė šią evangelizaciją, nepranešė man apie tai. Jie bijojo, kad aš nerimausiu.

Dėl susiklosčiusios padėties, organizatoriai prašė manęs pamokslauti tik apie taiką ir palaiminimus.

Tačiau, jei negalėčiau pamokslauti apie Dievą Kūrėją ir Jėzų

Kristų, neturėčiau prasmės ten būti. Bet aš neketinau pasiduoti. Net jeigu mane areštuotų, buvau pasirengęs skelbti apie Dievą Kūrėją ir Jėzų Kristų.

Per kiekvieną susirinkimą aš pabrėždavau, kad, tik priėmę Jėzų Kristų, žmonės gali būti išgelbėti ir jų nuodėmės gali būti atleistos. Aš taip pat pamokslavau apie nuostabų dangų ir siaubingą pragarą.

Pastorių konferencija

Spalio 10 d. buvo pirmoji evangelizacijos diena. Tą dieną Čenajaus danguje aplink saulę pasirodė didelė apvali vaivorykštė. Iš ryto „Kamaradž Arangam" centre vyko pastorių konferencija.

Apie 3,000 pastorių atvyko į konferenciją, tai buvo dukart daugiau negu tikėjosi organizatoriai. Aš kalbėjau apie tai, kodėl Dievas sukūrė gėrio ir blogio pažinimo medį.

Matydamas, kad jie įdėmiai klauso pamokslo, džiūgauja ir kartas nuo karto ploja, jaučiau, kad jie yra dvasiškai ištroškę.

Konferencijos vertėjas neatvyko laiku, tad ji turėjo pavaduoti kažkas kitas. Vėliau sužinojau, kad šis vertėjas buvo susitaręs su žmogumi iš organizacinio komiteto, kad jis nevers, jeigu aš kalbėsiu apie dvasinę sferą.

Aš pamokslavau apie gėrio ir blogio pažinimo medį, ir jeigu praleisčiau informaciją apie Edeno sodą, pamokslas liktų be savo stiebo.

Kadangi pavaduojantis vertėjas nežinojo šios situacijos, jis išvertė viską taip, kaip sakiau. Eismo spūsčių nebuvo, tad, matydamas, kad oficialus vertėjas vėluoja, jaučiau, kad tai buvo Dievo ranka.

Indijos išgydymo stebuklų festivalis (Marinos paplūdimyje)

Su didžiausiomis viltimis ir lengvu jauduliu atvykau į Marinos paplūdimį apie 18:00 valandą. Tai antras pagal dydį paplūdimys pasaulyje. Kelias truko maždaug penkiolika minučių nuo viešbučio. Iš viešbučio kambario galėjau matyti net pakylą.

Scena buvo trijų aukštų, 45 metrų pločio konstrukcija. Joje galėjo tilpti 2,000 žmonių. Ji buvo pakankamai didelė, kad sutalpintų visus, norinčius paliudyti. Vieta buvo tokia didžiulė, kad aplink buvo įmontuoti dideli vaizdo ekranai. Jų įstrižainė buvo 25 metrai. Jau prieš valandą daugelis žmonių susirinko į evangelizaciją.

Didžiosios evangelizacijos pradžia

Tą dieną skelbiu apie Dievą Kūrėją. Aš paskelbiau, kad įrodysiu, jog Dievas yra tikras Dievas, Jis tikrai visagalis, Jis tikrai veikia. Po pamokslo aš iš visų jėgų pasimeldžiau už ligonius. Daug demonų buvo išvaryti, nesuskaičiuojama daugybė žmonių buvo išgydyti. Daugelis televizijos kanalų tiesiogiai transliavo šį įvykį.

Vienas iš tų ligonių buvo 16-metis vardu Ganeš. Jis buvo patekęs į eismo įvykį, todėl gulėjo ligoninėje. Ant jo klubikaulio buvo auglys. Gydytojai pašalino tą auglį kartu su klubikaulio dalimi ir įdėjo metalinius strypus, kad sujungtų jo šlaunį su klubu. 6 mėnesius jis turėjo gulėti lovoje.

Net po to jam buvo sunku sėdėti ir vaikščioti. Padedamas kitų žmonių jis atėjo į evangelizaciją. Maldos už ligonius metu jis pajuto tarsi elektrošoką. Nuo to laiko skausmas išnyko, ramentų jam jau nebereikėjo.

Antrą evangelizacijos dieną iš ryto smarkiai lijo. Susirinko daugiau žmonių, negu pirmą dieną, ir taip pat įvyko daugiau išgydymo darbų. Kasdien susirinkdavo šimtai tūkstančių žmonių. Aš stovėjau ant aukštos scenos, bet ir man buvo sunku matyti minios galą. Po išgydymo maldų nesuskaičiuojama daugybė žmonių spraudėsi ant scenos, organizatoriai buvo tuo labai nustebinti.

Daug žymių prabudimų pamokslininkų skelbė Marinos paplūdimyje, tačiau žmonės nematė tiek daug išgydymo darbų, sakė, kad nesitikėjo pamatyti kažką tokio įvykstant.

Dievo apvaizda didžiausiai ir galingiausiai evangelizacijai

Nuo trečios evangelizacijos dienos danguje buvo aiškios apvalios ir tiesios vaivorykštės. Vėl susirinko šimtai tūkstančių žmonių ir prasidėjo evangelizacija. Tačiau įvyko kažkas neįtikėtino. Staiga pamokslo metu kilo stiprus vėjas ir smarkus lietus. Žaibavo ir griaudėjo. Dėl liūties net negalėjau pilnai atmerkti akių.

Stiprus vėjas judino net sceną. Kai kurie atėjusieji pradėjo nerimauti. Atrodė, tarsi jie ruošėsi išeiti. Aš paraginau juos nebijoti šio lietaus ir nugalėti jį tikėjimu, bei atiduoti šlovę Dievui. Netrukus jie nusiramino ir toliau klausėsi pamokslo.

Žinoma, aš taip pat jaudinausi. Didžiausias pavojus buvo tas, kad televizijos įranga galėjo sušlapti ar sugesti, buvo trumpojo jungimo grėsmė. Televizijos transliacija galėjo būti nutraukta. Bet aš tiesiog variau tas mintis iš savo galvos, tikėdamas, kad Dievas mus apsaugos.

Didžiajai nuostabai stiprus vėjas ir liūtis tęsėsi daugiau negu valandą, tačiau nė vienas šviestuvas, vaizdo ekranas, elektros ar transliavimo įrenginys nebuvo pažeisti. Toks lietus, vėjas ir žaibas galėjo atnešti didelių problemų.

Ant scenos buvo elektros laidų, lietaus vanduo pateko į kai kuriuos kištukinius lizdus, tačiau jokio elektros nutekėjimo ar praleidimo nebuvo. Neįvyko nei vieno incidento, nes mus saugojo Dievas.

Kalbėdamas pamokslą, širdyje meldžiausi, kad lietus liautųsi. Tačiau lietus tik stiprėjo. Per paskutinius 20 metų Dievas visuomet siųsdavo mums gerą orą bet kokių renginių po atviru dangumi metu. Maldos dėka liaudavosi net stipriausios liūtys. Tai buvo pirmas kartas, kai dėl lietaus tapau šlaput šlaputėlis. Aš buvau toks susijaudinęs, kad mano kojos nusilpo. Tiesiog norėjosi atsisėsti ir verkti. Tačiau negalėjau leisti net vienai ašarai išsprūsti. Tiesiog tęsiau pamokslą mirkdamas po stipriu lietumi. Taip pat pasimeldžiau už ligonius. Ir tai visiškai be skėčio! Manau, kad žmonėms tai padarė įspūdį ir jie net nenorėjo išeiti.

Tą dieną Dievas parodė mums daug išgydymo darbų, o daugybė žmonių stebėjo tai per televiziją ir internetą.

Po maldos prasidėjo liudijimų laikas. Klausiausi jų. Kai kurie iš tų žmonių, kurie atėjo ant žemutinės scenos pakopos, žiūrėjo į mane dėkingumo kupinomis ašarotomis akimis.

Grįžęs į viešbutį aš maldoje paklausiau Dievo, kodėl, net, kai meldžiausi, nesiliovė toks smarkus lietus. Jis pasakė man, kad tokia liūtis ir vėjas buvo Dievo numatyti.

Kadangi lijo pagal Dievo planą, lietus nesiliovė net ir po mano maldos.

„Per tai Dievas ir Jėzus giliai įsiminė Indijos žmonių mintyse, ir tu taip pat įsiminei“.

Jis paaiškino, kad Jis siuntė mums tokią liūtį todėl, kad vietos pastoriai ir daugelis žmonių suprastų, kas yra tikras tikėjimas, ir kad Dievo meilė įsirėžtų giliai jų širdyse. Be to, kadangi mes peržengėme tai tikėjimu, priešakyje mūsų laukė daugybė

Malda už ligonius liūties metu

palaiminimų.

Nuo 2001 m. Dievas sakė man, kad evangelizacija Indijoje buvo suplanuota dar prieš laiko pradžią ir bus didžiausia ir galingiausia daugeliu atžvilgiu. Dievas žino žmonių širdis, Jis žinojo, kaip surinkti kuo daugiau žmonių.

Ši evangelizacija buvo transliuojama per keturis televizijos kanalus bei internetą. Toks krikščioniškas renginys buvo labai retas ypač tokioje šalyje kaip Indija.

Nesuskaičiuojama daugybė indų stebėjo šią evangelizaciją per televiziją, renginį nesustabdė net stiprus lietus, ir jie buvo tikrai tuo sujaudinti. Jie pamatė tikrąją Kristaus meilę, Dievo meilė giliai įsišaknijo jų širdyse.

„Kas gi tas, kuris taip myli Indijos žmones su tokiu neįtikėtinu pasišventinimu?"

Didžiausios minios

Kitą dieną, spalio 13-ąją, Marinos paplūdimyje susirinko rekordinis žmonių skaičius – 1,5 milijono lankytojų. Daugelis žmonių, žiūrėjusių evangelizaciją per televiziją, buvo jos paveikti ir atvyko į Marinos paplūdimį. Minios galo nebuvo matyti.

„Visos paplūdimio smiltės tikriausiai virto žmonėmis", – sakė indai. Kuomet melsdavausi už ligonius tą dieną, išgirdau daug šaukiančių demonų.

Demonai žinojo, kad aš paliepsiu jiems išeiti, todėl jie ir šaukė. Daug indų buvo užvaldyti piktųjų dvasių dėl to, kad jie ilgą laiką garbino stabus.

Kai liepiau demonams išeiti, šauksmai nutilo ir pasidarė tylu. Kai kurie dvasinėmis akimis matė, kaip demonai bėgo net neatsigręždami atgal.

Pradinio balso jėga iš tiesų buvo galinga. Apsėstieji demonų išsivadavo, kurtieji pradėdavo girdėti, nebylieji prabildavo.

Kai kuriuos ten atnešė ant neštuvų, tačiau išėjo jie jau ant savo kojų. Buvo išgydyta daug neišgydomų ligų. Ypatingai daug Šventosios Dvasios darbų vyko paskutinę evangelizacijos dieną, daug jų yra įamžinta.

Bet tai dar ne viskas. Kai kurie induizmo sekėjai burtininkauja. Jie kabina namuose kiaušinius ir kai kuriuos vaisius, kad prakeiktų kitus. Sugrįžęs į Korėją gavau daug laiškų apie juodosios magijos darbus.

Netikintis vyras po visus savo namus pakabino daug kiaušinių, bet jo žmona buvo tikinti. Ji stebėjo evangelizaciją per televiziją. Tačiau kai aš meldžiausi už ligonius, vinys, laikę kabančius kiaušinius, nugriuvo kartu su kiaušiniais ir šie sudužo. Nustebęs vyras pažadėjo ateiti į bažnyčią ir daugiau netrukdyti krikščioniams.

Vietos pastoriai sakė, kad ši evangelizacija buvo didžiausia ir galingiausia daugeliu aspektų. Jie vienbalsiai tvirtino, kad pamokslai apie Dievą Kūrėją ir Jėzų Kristų buvo patvirtinti lydinčiais stebuklais. Taigi tai buvo idealiausi neturintys priekaištų pamokslai.

Organizatoriai man pranešė, kad daugiau negu 60 procentų lankytojų buvo induizmo religijos pasekėjai. Daugelis iš jų priėmė Jėzų Kristų ir atsivertė.

Net tik Marinos paplūdimyje, bet ir devyniuose skirtinguose miestuose buvo įrengti platūs vaizdo ekranai, per kuriuos tuo pačiu metu buvo transliuojamos evangelizacijos. Tose vietose taip pat susirinkdavo dešimtys tūkstančių žmonių. Jie klausėsi pamokslų ir buvo išgydyti. Tai buvo svarbus įvykis Indijos krikščionybės istorijoje. Ši evangelizacija atnešė nukankintojo apaštalo Tomo pasiaukojimo vaisių.

Galiausiai buvo panaikintas įstatymas, draudžiantis atsivertimą

Nuo pirmosios evangelizacijos dienos mane stebėjo daug atšiauriai nusiteikusių policininkų. Tačiau, laikui bėgant, jų veidų išraiška pamažu keitėsi. Kai jie matė tiek daug žmonių,

Daugybė žmonių liudija apie savo išgydymo stebuklus

liudijančių savo išgydymą, jie ateidavo pas mane ir net
atsiklaupdavo, prašydami maldos.

Policija pranešė Tamil Nadu vyriausybei ir Centrinei Indijos
Vyriausybei apie tai, kad per keturias dienas evangelizacijoje
apsilankė daugiau negu trys milijonai žmonių, ir kad tai buvo
ramus krikščioniškas renginys be jokių incidentų. Tokiu būdu
krikščionybė buvo iš naujo įvertinta. Daugelis tikinčiųjų,
gyvenusių priespaudoje, įgavo drąsos.

Daugybė žmonių atsivertė ir krikščionybė sustiprėjo.
Krikščionių vadovai susivienijo ir pareikalavo įstatymo,
draudžiančio atsivertimą į kitas religijas, panaikinimo.

Krikščionių mokyklos ir ligoninės užsidarė, krikščionys asmeniškai taip pat protestavo su bado akcijomis prieš vyriausybės nutarimą. Anksčiau tai buvo neįmanomas dalykas.

Galų gale, 2004 m. rinkimuose visos Indijos partija pavadinimu „Anna Dravida Munetra Kažagam" (AIADMK) patyrė triuškinantį pralaimėjimą. Partijai AIADMK priklausė Tamil Nadu gubernatorė ponia Džajalalita. Vietoje jos daugumą balsų surinko Demokratinė Progreso Aljanso (DPA) partija, kuri buvo palankesnė krikščionybei. Gubernatorė p. Džajalalita pakeitė daug tvarkų, kad tik vėl atgautų žmonių širdis. Vienas iš jos žingsnių buvo tai, kad 2004 m. gegužės 18 d. ji atšaukė įstatymą, draudžiantį atsivertimą į kitas religijas.

Šioje evangelizacijoje taip pat dalyvavo daug pastorių ir žiniasklaidos atstovų. Jie atvyko iš JAV, Vidurio Rytų, Rusijos, Australijos, Izraelio ir kitų šalių. Jie buvo Dievo jėgos liudininkai, nors anksčiau manė, jog tokie dalykai buvo įmanomi tik Biblijoje. Vėliau jie kvietė surengti tokias evangelizacijas jų šalyse.

Gavau kvietimus evangelizuoti daugiau negu trisdešimt šalių. Tai buvo septintoji evangelizacija nuo 2000 m., tačiau aš pats vietos niekada nesirinkau. Aš tik sekiau Dievo nurodymu, atsisakęs savo žmogiškųjų minčių.

Tautos ateis į tavo šviesą ir karaliai

Kas atsitiko Dubajuje

Po evangelizacijos Ugandoje Dievas apreiškė man, kad vykčiau į Dubajų. Iki to laiko net nebuvau girdėjęs apie Dubajų. Skrisdami iš Kenijos evangelizacijos turėjome padaryti persėdimą Dubajuje. Pirmą kartą žengiau į šią žemę. Oro uoste meldžiausi: „Tėve, pašlovink Save didžiai šioje šalyje".

Dubajus – tai antrasis pagal dydį emyratas iš Jungtinių Arabų Emyratų. Iš čia Korėja importuoja didžiąją dalį naftos. Dievas pasakė, kad septynios pirmosios evangelizacijos buvo vertingos kiekybiniu atžvilgiu, tačiau šioji bus labiau nukreipta į kokybinę vertę.

Jis paaiškino, kad turime pamiršti savo stereotipus, kadangi šios kelionės tikslas nebuvo pati evangelizacija. Jos metu turėjau susipažinti su aukštais pareigūnais ir įvykdyti Didžiosios Šventyklos statybos apvaizdą.

Valdžia leido mums surengti susirinkimus, ir mes ruošėmės „Korėjos Krikščionių Kultūriniam Festivaliui", kuris vyktų 2003

m. balandžio 2-4 d. „Hyatt" viešbučio tarptautinių konferencijų salėje. Korėjos tradiciniais šokiais ir muzika turėjome pagerinti dviejų šalių bendradarbiavimo santykius ir galimybes sklandžiau skelbti evangeliją.

Galėjome organizuoti susirinkimus bažnyčioje, bet tuo atveju musulmonai negalėtų ateiti. Dėl to pasirinkome viešbutį. Širdis man nuo pat pradžių sakė, kad šio susirinkimo neįvyks, tačiau niekam iš savo personalo apie tai nesakiau. Leidau jiems tikėjimu jam ruoštis.

Nors Dubajus yra sąlygiškai atviresnis už kitas Vidurio Rytų šalis, tai vis dėlto dar islamo šalis ir pamokslauti vietiniams arabams yra griežtai draudžiama.

Atvykau į Dubajų vieną dieną prieš evangelizaciją. Man pranešė, kad dėl saugumo priežasčių susirinkimas turėjo būti atšauktas.

Tai vyko iš karto po karo Irake, tad situacija pasaulyje buvo nerami. Tačiau apsilankymo priežastis buvo kita. Vienas iš mūsų personalo narių atsitiktinai susitiko su Dubajaus karūnos princu, kuris atvyko patikrinti viešbutį, ir jis davė princui kvietimą. Žinodamas, kad tai yra krikščioniškas renginys, Karūnos princas davė tiesioginį įsakymą atšaukti susirinkimą.

Griežta policininkų priežiūra

Balandžio 2 d. daugiau negu 100 policininkų prižiūrėjo įėjimus į viešbutį. Jie neįleisdavo žmonių, kurie atėjo į susirinkimą. Jie taip pat stebėjo mus, visą misijų komandą.

Priešas velnias galvojo, kad jei aukščiausia šalies valdžia atšauks susirinkimą, mes liksime tuščiomis rankomis, tačiau

Dievo planas buvo vykdomas, tik labai tyliai.

Kitą dieną mus pakvietė Dubajaus invalidų klubas. Mes išvykome ten mažomis grupėmis, po tris, po penkis žmones. Kadangi viskas vyko spontaniškai, ten buvo tik apie 100 žmonių. Dauguma jų turėjo didelių fizinių trukumų, daugelis patys negalėjo vaikščioti. Daug moterų vilkėjo juodą mantiją „abaja". Aš 15 minučių pamokslavau ir meldžiausi Jėzaus Kristaus vardu. Įvyko didieji Dievo darbai. Žmonės, kurie negalėjo vaikščioti, buvo išgydyti, kai kurie atgavo klausą. Cerebrinio paralyžiaus ligoniai, kurių kūnas buvo sustingęs ir sukietėjęs, galėjo nusilenkti, išsitiesti ir judėti.

Šis susirinkimas ir ankstesnės evangelizacijos buvo transliuojami visame Dubajuje per ZEE TV – tai Indijos palydovinės televizijos kanalas, kuris yra rodomas 16 šalyse.

Kol buvau viešbutyje, žmonės, troškusieji Dievo jėgos, atėjo manęs aplankyti, jiems net pavyko prasibrauti pro policininkus. Jeigu būtume surengę evangelizaciją, aš neturėčiau jokios galimybės susitikti su žmonėmis. Tačiau dabar galėjau susitikti su Dievo siųstais žmonėmis.

Moteris vardu Šeila Divakar ilgą laiką praleido invalidų vežimėlyje po traumos eismo įvykio metu. Jai net judėti buvo sunku. Bet kai tik už ją buvo pasimelsta, ji atsistojo ir pamažu pradėjo vaikščioti. Ji negalėjo paslėpti savo džiaugsmo.

Kai kurie žiniasklaidos darbuotojai taip pat padėjo mums. Dr. Omer Jasin atėjo su savo žmona ir dukra. Jo dukra 30 metų turėjo kalbos sutrikimų dėl patirtos meningoencefalito ligos.

Kai aš už ją pasimeldžiau, ji pasakė „ačiū". Tėvas ir mama pirmą kartą gyvenime išgirdo, kaip jų dukra kalbėjo. Tai labai palietė jų širdis.

Dr. Omer sakė, kad jis ketina parašyti straipsnį apie savo dukters išgydymą. Nors buvome ten neilgą laiką, sutikau daugybę žmonių, kurie vėliau suvaidino svarbų vaidmenį Vidurio Rytų misijoje. Jie tapo sujungiančiomis grandimis Dievo plano įvykdyme.

Evangelizacija Rusijoje: Oficialus renginys, skirtas Sankt Peterburgo 300-osioms metinėms

2003 m. gegužės 27 d. Rusijos prezidentas Putinas sukvietė daugiau negu 50 šalių vadovus švęsti 300-ąsias Sankt Peterburgo įkūrimo metines. Šis miestas pritraukė viso pasaulio dėmesį, kadangi ten susirinko vadovai iš daugelio šalių.

Tais pačiais metais Rusijoje vyko mūsų evangelizacija. Tai buvo vienas iš oficialių metinėms skirtų renginių, tad vyriausybė buvo suinteresuota su mumis bendradarbiauti. Nuo pat pirmos evangelizacijos dienos 2003 m. lapkričio 12 d. Sankt Peterburgo stadionas buvo pilnutėlis.

Lapkritį ten labai šalta, daug sninga. Tačiau visos evangelizacijos metu oras buvo netipiškai šiltas, oro temperatūra buvo aukščiau nulio laipsnių. Pamokslavau apie Dievą Kūrėją, kodėl Jėzus yra mūsų Išgelbėtojas ir apie Šventosios Dvasios jėgą.

Per kiekvieną maldą už ligonius, stadionas buvo pripildytas Šventosios Dvasios kaitros.

Žmonės šaukė, kad jie jau gali girdėti. Tie, kurie anksčiau

Rusijos išgydymo stebuklų festivalis
(Sankt Peterburgo olimpinis stadionas)

negalėjo vaikščioti, vaikščiojo, tie, kurie dėl iškreiptų ar deformuotų kojų galėdavo vaikščioti tik su lazdomis, ėmė vaikščioti patys. Kai kurie, atgavę gerą regėjimą, metė šalin savo akinius. Buvo žmonių, kurie gavo išgydymą nuo kalbėjimo sutrikimų. Šie vaizdai buvo tiesiogiai transliuojami visame pasaulyje.

Sankt Peterburgo evangelizacija buvo tuo pačiu metu transliuojama penkiose kitose vietovėse Penzoje, Iževske ir

Ukrainoje.

Kai po evangelizacijos atėjau į atsisveikinimo vakarą, prie manęs priėjo vienas pastorius, stebėjęs evangelizaciją per tiesioginę transliaciją Iževske. Nepaisant žvarbaus oro (žemiau 20 laipsnių šalčio) ten susirinko daugiau, negu tūkstantis žmonių, daug kurių buvo išgydyti.

Vienas pastorius, invalidų klubo vadovas, išreiškė savo džiaugsmą, sakydamas, kad daug žmonių, turėjusių klausos bei regėjimo sutrikimų, gavo išgydymą.

Ši evangelizacija buvo transliuojama ne tik Rusijoje, bet ir daugiau, negu 150 šalių per 27 kanalus, įvairius kabelinius tinklus, per 12 skirtingų palydovų. Kaimyninių šalių, tokių, kaip Estija, žmonės, stebėdami evangelizaciją per televiziją, patyrė dieviškąjį išgydymą ir atsiuntė savo liudijimus į televizijos stotis.

Vietos medikai apsilankė evangelizacijoje, kad užregistruotų ir patvirtintų išgydymo atvejus. Vienas gydytojas, negalėjęs slėpti savo nuostabos, sakė: „Buvau priblokštas, kai pamačiau tiek daug žmonių pasveikusių tik dėl maldos".

Maskvos sekmininkų bažnyčių asociacijos prezidentas sakė, kad patyrė Šventosios Dvasios ugninius darbus ir Dievo artumą, ir, kad tai bus didžiulis posūkis Rusijos bažnyčių prabudime.

Jis tęsė, sakydamas, kad pastoriai buvo pažadinti iš dvasinio snaudulio – jie ėmė tikėti, kad Dievo jėga nėra tik Biblijos eilutėse, bet ji yra realybėje, ji gali reikštis net šiandieną. Tokiu būdu jie pradėjo trokšti Dievo jėgos ir bažnyčios susivienijo.

Dvasinių studijų pradžia

Dievas yra dvasia, ir kiek mes tampame tiesa ir dvasia, tiek galime būti „dvasinės sferos" sraute. Kiek esame pasinėrę į dvasią, tiek galime būti viena su Dievu Jo erdvėje ir gauti Jo jėgą. Tokiu būdu keičiasi pamokslo valdžia. Paveikti klausytojus savo pamokslu nėra labai sunkus uždavinys. Tačiau norėdami įtakoti klausytojo pasikeitimą, prasiskverbiant iki pat sielos ir dvasios atšakos, iki sąnarių ir kaulų smegenų, turime gauti Dievo valdžią. Dvasinio pasaulio gelmė yra beribė. Norėdamas pakelti mane į aukštesnius Savo jėgos išmatavimus, Dievas 2003 m. sausį paragino mane pradėti dvasines studijas.

Šis procesas buvo man būtinas, kad 100 procentų girdėčiau pradinį Dievo balsą, skambantį iš Jo širdies, ir pilnai atskleisčiau Aukščiausią sutvėrimo jėgą.
Dievas paaiškino man dvasinius laikų pradžios įstatymus. Jis

taip pat parodė man teisingumo taisykles. Jis detaliai papasakojo man apie tokius Dievo pranašus, kaip Abraomas, Mozė, Elijas ir apaštalas Paulius, kurie pasiekė dvasinį „sveikos dvasios" lygį.

Be to Jis mokė mane apie Dievą Kūrėją ir Viešpatį Jėzų bei kitus pranašus ir apaštalus, reiškusius Dievo jėgą. Jis taip pat paragino mane studijuoti šviesos lygius.

Mokiau pastorius dvasiškai tarnauti

Kasmet surengdavau po keletą pastorių konferencijų per metus ir aiškinau jiems tai, ką Dievas apreikšdavo man apie gilią dvasinę sferą.

Kiek galėjau, mokiau mūsų bažnyčios pastorius ir užsienio misionierius augimo dvasioje ir Dievo mylimų galingų tarnų roles, su ašaromis meldžiausi už juos, užtardamas juos prieš Dievą.

Kaip apaštalas Paulius sakė: „*Todėl budėkite ir nepamirškite, kad aš per trejus metus dieną ir naktį nepaliaudamas, su ašaromis įspėjinėjau kiekvieną*" (Apaštalų Darbų 20:31), taip ir aš mokiau juos visko, ko išmokau iš Dievo, kad jie galėtų pakilti į brandaus tikėjimo lygį ir sveikos dvasios lygmenį.

Kokia tai būtų laimė, jei daug kitų pastorių gautų jėgą, didesnę už mano įgytą, kad Dievo karalystė sklistų plačiau ir dar daugiau sielų būtų išgelbėtos! 2003 m. liepą pamokslavau 21-oje Pastorių Konferencijoje, kuri vadinosi „Dvasios srovė".

Jos metu kalbėjau su pastoriais apie „sferą", apie kurią sužinojau iš Dievo. Mokiau juos, kaip galima turėti dvasišką širdį ir judėti tos „sferos" srovėje, taip pat apie 24 Naujosios Jeruzalės vyresniuosius. Aš taip pat raginau juos siekti didesnės jėgos dvasiniame tarnavime ir turėti daugiau tikėtis Dangumi.

Daug vietų Biblijoje, kaip, pavyzdžiui, 1 Karalių 8:27 ir Jeremijo 10:12, yra parašyta, kad yra ne vienas dangus, tačiau yra skirtingų jo rūšių. Net ir Naujajame Testamente Efeziečiams 4:10 yra vartojama daugiskaita – „aukščiau už visus dangus". Dangus yra ne vienas, jų yra daug. Apskritai jį galima skirstyti į fizinę erdvę ir dvasinę erdvę, t.y. dvasinę sferą. Fizinė erdvė, palyginus su dvasine erdve, yra labai mažo dydžio.

Fizinė erdvė – pirmas dangus, o pradedant nuo antro dangaus jie visi yra priskiriami dvasinei sferai. Edeno sodas ir piktosios dvasios egzistuoja antrame danguje. Dangiškoji karalystė yra trečiame danguje, ketvirtas dangus – tai yra pirminis Dievo sostas. O Dievo sostas Naujoje Jeruzalėje yra dar kitame išmatavime.

Erdvė

Visos visatos erdvės glūdi Dievo širdies gelmėse. Užvaldyti erdvę – tai priglausti ją savo širdyje. Tai reiškia turėti nuodugnias žinias apie tą erdvę, auginti ją kaip dvasinį pažinimą ir tobulinti ją savo širdyje.

Psalmėje 68:33 yra parašyta: *„Tam, kuris važinėja danguose, esančiuose nuo seno. Štai Jis pakelia savo galingą balsą".* Galingas balsas – tai Pirminis sutvėrimo balsas.

Šiame lygyje yra valdoma net ketvirtojo dangaus erdvė. Tiktai pasiekęs šį lygį žmogus gali prabilti pradiniu balsu. Ir šis balsas vadinamas „galingu balsu". Bet mes negalime girdėti šio balso.

Kai skamba pradinis sutvėrimo balsas, viskas visuose erdvių lygiuose paklūsta jam. Jo valdžia ir kilnumas sukrės visus dangaus lygius.

Jeigu žmogus galėtų jį išgirsti, jo ausies būgnelis sprogtų. Šį galingą balsą mes galime girdėti, tik jei Dievas atvers mūsų dvasines ausis.

Visų pirma, Dievas suteikė man dvasines žinias apie ketvirtojo dangaus erdvę. Tai yra įmanoma tik tuomet, kai žmogus peržengia paprastos „dvasios" lygį, pasiekia tyrosios Dievo dvasios lygį ir pinai užvaldo ketvirtojo dangaus erdvę. Tuomet žmogus dvasioje gali valdyti antrąjį ir trečiąjį dangus.

Žmonės, tokie kaip Elijas, Mozė ir apaštalas Paulius, pasiekę tokį sveikos dvasios lygį, buvo tame lygyje, kur galėjo valdyti piktąsias dvasias, gyvenančias antrame danguje. Piktosios dvasios dreba prieš tuos žmones, kurie turi sveiką dvasią, ir iš tiesų jie net negali prisiartinti prie tų žmonių.

Tačiau kuomet sveikos dvasios žmogus gyvena žemėje, priešas velnias pakursto piktus žmones, kad jie persekiotų juos ir jiems kliudytų. Šią valdžią piktosioms dvasioms suteikė Dievas, kol čia žemėje nesibaigs darbas su žmonija. Priešas velnias naudoja savo valdžia ir stengiasi persekioti ir trukdyti Dievo karalystės darbams.

Būtent dėl to, net pasiekę sveikos dvasios lygį, mes turime toliau tęsti kovą prieš tamsos jėgas, kol mūsų tarnavimas čia žemėje nepasibaigs. Tačiau žmogus, valdantis ketvirtojo dangaus erdvę, veikia pradiniu balsu, taigi priešas velnias negali trukdyti šiems darbams.

Galima paklausti: „Jei Dievas davė valdžią piktosioms dvasioms, ar jos taip pat gali daryti galingus darbus?" Apibendrintai galima teigti, kad priešas velnias negali vykdyti darbų savo paties valdžia.

Priešas velnias siunčia išbandymus ir išmėginimus tiems,

kurie palieka Dievo žodį ir daro nuodėmes, ir tai atliekama pagal dvasinės sferos taisykles. Dievas liepė gyvatei valgyti žemės dulkes visą likusį gyvenimą (Pradžios 3:14), bet juk gyvatės ar šliužai nevalgo žemės. Jie minta gyvais padarais, pavyzdžiui, varlėmis ar pelėmis. Čia dulkės turi dvasinę prasmę. Kalba eina apie dulkes, iš kurių buvo sukurtas žmogus. Dievas leidžia velniui ryti tuos „kūniškus žmones", kurie nepaklūsta Dievo žodžiui ir daro nuodėmes.

Sutvėrimo jėga, atgaivinanti mirusiuosius, luošą žmogų pastatanti ant kojų ir priverčianti aklo žmogaus akis atsiverti, priklauso išimtinai tik Dievui. Velnias neturi tokios jėgos, štai todėl Biblijoje nėra tokios vietos, kurioje mes matytumėme piktąsias dvasias, darančias tokius darbus.

Mokydamas mane patirti ketvirtojo dangaus erdvę, Dievas atėmė iš mano kūno fizines jėgas ir pripildė mane dvasine energija. Šiame procese mano kūne vyko kai kurios anomalijos. Tai dėl to, kad mano kūnas gyveno trimačiame pasaulyje, o aš buvau mokamas valdyti keturmatę ketvirto dangaus erdvę.

Dvasinė ketvirtojo išmatavimo erdvė – tai dimensija, kuriose kaip pradinis balsas ir šviesa egzistuoja tik Dievas. Šiame lygyje viskas pasiekiama tik priėmus tai savo širdyje.

Palaiminimai po trijų išbadymų, siųstų pagal Dievo planą

Tarkime, kad Jėzaus jėga lygi 100. Tuomet maksimali jėga, kurią gali išreikšti sveikos dvasios žmogus, yra 50. Apaštalas Paulius – tai vienas iš visų Biblijos veikėjų, kuris reiškė galingiausius darbus. Jis aktyviai bendravo su Dievu ir parašė 14 Biblijos knygų. Net būdamas toks didis, jis turėjo tik 50 procentų jėgos, palyginus su Jėzumi.

Štai todėl jis negalėjo atverti akių akliesiems ir išgydyti nebyliuosius. Jis negalėjo reikšti darbų, išeinančių už laiko ir erdvės ribų.

Yra manančių, kad Mozė darė aukštesnio lygio darbus, negu Paulius. Tačiau Mozė tokius ženklus ir stebuklus, kaip Raudonosios jūros perskyrimas, rodė paklusdamas Dievo žodžiui.

Tačiau apaštalo Pauliaus atveju net be Dievo paliepimo jis rodė ženklus ir stebuklus savo paties tikėjimu. Dievas pasakė, kad mūsų nuodėmingais laikais pasaulinės misijos įvykdymui, net 50 procentų jėgos, kurią turėjo apaštalas Paulius, jau nepakanka.

Jei jėga, kurią turėjau tik atidaręs bažnyčią, buvo lygi 1, Dievas pripildė mane likusiais 99 procentais ir parodė mums didžius ženklus ir stebuklus. Nuo bažnyčios pradžių per įvairius tikėjimo išbandymus jėga, kurią turėjau, pamažu augo ir aš pasiekiau 50 procentų lygį prieš tris 1998 m. prasidėjusius išbandymus. Bet 50 procentų nepakako, kad įvykdyčiau visą Dievo apvaizdą. Štai kodėl Dievas vedė mane per tris išbandymus, kad gaučiau didesnę jėgą. Turėjau kęsti daugybės žmonių išdavystes ir buvau persekiojamas be priežasties. Tačiau aš nugalėjau tai džiaugsmu, padėka, maldomis, meile ir gerumu.

Priešas velnias stengėsi sužlugdyti mane per tris išbandymus bei kitus sumanymus, bet jam nepavyko. Dvasinės erdvės įstatymas sako, kad atpildas už nuodėmę – mirtis. Todėl velnias negali nužudyti ar sužlugdyti žmogaus, kuris nedaro nuodėmių. Velnias pakurstė piktus žmones ir nukryžiavo Jėzų, bet Jėzus buvo be nuodėmės, Jis sulaužė mirties valdžia ir prisikėlė.

Nuo to laiko priešas velnias jau negalėjo nieko padaryti, kas kliudytų man kelyje ir trukdytų misijoms. Pasibaigus trims išbandymams, Dievas davė man keturių lygių šviesos jėgą. Anksčiau kai melsdavausi, jėga nusileisdavo iš dangaus ir išsiliedavo per mane, bet nuo to laiko Dievo jėgos šviesa pradėjo skleistis iš manęs.

Kad darbas su žmonija šiame nuodėmingame pasaulyje būtų užbaigtas, reikia turėti sutvėrimo jėgą. Būtent dėl to Dievas nukreipė mane į šį lygį, leidęs įvairiems išbandymams ateiti, kad velnias daugiau negalėtų manęs kaltinti ar man prieštarauti.

Kadangi nugalėjau šiuose išbandymuose, velnias negalėjo

prieštarauti tam, kad Dievas duotų man Savo jėgą. Jei nenugalėčiau, šėtonas prieštarautų ir pasakytų Dievui: „Tu suteikei Savo tarnui tokią galingą jėgą, ir tik dėl to žmonės tiki. Ar tai tikras darbas su žmonija?" Dievas yra absoliutus ir nepriekaištingas teisumas. Jis jau labai ilgą laiką tobulina žmoniją, ir Jis niekada nebuvo peržengęs teisumo ribų. Dievas suteikė man keturis jėgos lygius ir išmokė mane žengti į tobulesnius lygius.

Tai buvo skirta pasaulinės misijos įvykdymui ir gyvojo Dievo skelbimui po visą pasaulį. Šio proceso metu aš giliai supratau Dievo nuolankumą, kuris dėl savo gerumo supranta ir nori tikėti net piktiems žmonėms, bei Jo dieviškumą, kuris atskiria žmonių piktybes. Per šį procesą Dievo meilė ir teisingumas įsitvirtino mano širdyje.

2000 m. jėgos lygis labai padidėjo. Pradedant nuo evangelizacijos Ugandoje, plačiai atsivėrė užsienio misijų durys ir buvo išreikšta sutvėrimo jėga. Tačiau žmogiškajam kūnui yra nelengva gilintis į ketvirto išmatavimo erdvę.

Tik pagalvokite apie tai, kaip sunku yra astronautams adaptuotis tokioje neįprastoje kosminėje erdvėje. Astronauto atveju, kai jis palieka žemės atmosferą, jis išgyvena didžiulį pasipriešinimą. Man taip pat teko išgyventi žiaurius sukrėtimus, kai skverbiausi į ketvirtojo išmatavimo erdvę.

Maždaug 2003 m. lapkritį, evangelizacijos Rusijoje metu, mokymas pasiekė kulminaciją. Sukrėtimai taip pat pasiekė viršūnę. Kadangi turėjau kęsti sukrėtimus dieną ir naktį, negalėjau net miegoti. Tačiau 2004 m. sukrėtimai stipriai sumažėjo.

Net iki šiol pasaulinės misijos ir šventyklos statybos, bei finansinių dalykų naštos vis dar mane slegia. Kuomet visa tai pasibaigs, aš gausiu ramybę ir sukrėtimai automatiškai išnyks. 2004 m. balandžio 15 d. mano dvasinės studijos pasibaigė. Nuo šio laiko prasidėjo mano išmoktų dalykų praktika. Tą dieną buvau savo maldos namuose ir aplink saulę mačiau aiškią apvalią vaivorykštę. Pabaigęs dvasines studijas pajutau, kad jėga sustiprėjo. Išgydymo darbai vykdavo žymiai greičiau, negu prieš tai. Aš net pats nustebau. Vos per savaitę sunkaus nudegimo randai išnyko ir žmogaus oda tapo švari. Bažnyčios nariai taip greitai gaudavo palaiminimus. Viskas vyko sparčiai. Kai šie mano dvasiniai mokymai pasibaigs, aš galėsiu reikšti galingus Dievo darbus pagal Dievo meilės ir teisingumo įstatymą be jokių sunkumų ir fizinės ar dvasinės erdvės apribojimų. 2004 m. spalį, Dievo rankų vedamas į gilesnius Jo jėgos lygius, pradėjau dvasinius mokymus.

Išgydymas nuo depresijos per tarnavimo internetinę transliaciją

Vei Iran, gyvenanti Taivane, nuo 2004 m gegužės mėnesio, dėl sunkiame darbe patirto streso, kentėjo nuo depresijos ir nemigos. Kasdien apie 16:00-17:00 valandą jai pasidarydavo sunku kvėpuoti, tekdavo vykti į ligoninę ir naudoti deguonies kaukę. Medikamentai nepadėdavo.

Pagrindinė depresijos priežastis yra stresas, vien savo valios jėga jį įveikti yra sunku. Rimtais atvejais ligoniai nusižudo. Šis fenomenas dabar yra plačiai paplitęs pasaulyje.

Jos būklė vis blogėjo ir liepos mėnesį ji išėjo nedarbingumo atostogų. Ji kentėjo ne tik nuo depresijos, bet ir nuo Menjero ligos, kuri reiškiasi galvos svaigimu ir lygsvaros netekimu. Ji negalėjo sukoncentruoti savo vyzdžių. Jos kūnas taip sukietėjo, kad ji galėjo judėti tik padedama kitų žmonių.

Būdama tokios būklės, ji priėmė evangeliją, kurią jai paskelbė jos draugai, ir ji atvyko į Taivano Manmin bažnyčią. Sekmadieniais ji pradėjo stebėti tarnavimus internetu ir gavo Dievo malonę. Ji taip pat išklausė ankstesnių tarnavimų įrašus, kaip jai buvo patarta vietos pastoriaus, ir pradėjo šaukti maldose. Besiklausydama pamokslų, ji suprato savo nuodėmes ir blogį, bei verkdama atgailavo. Pamažu jos tikėjimas augo.

Taivano Manmin bažnyčios pastorius atsiuntė man šios ponios nuotrauką su prašymu pasimelsti už ją. Rugsėjo 17 d. per penktadienio naktinį tarnavimą, uždėjęs ant jos nuotraukos rankas, aš nuoširdžiai pasimeldžiau. Dievas atsakė į šią maldą, ji pasveiko nuo depresijos, bei Menjero ligos.

Nuo to laiko ji galėjo ramiai miegoti ir normaliai kvėpuoti. Netrukus ji sugrįžo į savo darbą ir kelis kartus buvo apsilankiusi Korėjoje. Dabar ji tapo tikra krikščione.

Šventų vietų lankymas

2004 m. kovą nuvykau aplankyti šventų vietų. Aš jau daug kartų vykau lankyti šventųjų vietų, tačiau šį kartą viskas buvo kitaip, pripildyta ypatingų jausmų. Galilėja buvo viena pagrindinių Jėzaus tarnavimo žemėje vietų. Šioje vietoje Jis pašaukė kai kuriuos iš dvylikos apaštalų ir parodė daug stebuklų. Galilėjos jūroje mūsų komanda išgyveno ypatingą, šlovinimo, maldų ir apmąstymų pripildytą laiką laive.

Apmąstymai apie Jėzų

Kai plaukėme ežeru, Jėzaus pasakyti žodžiai suspindėjo tarsi skaidrūs brangakmeniai. Ar Jėzus vyko šiuo keliu? Pamokslaudamas evangeliją ir rodydamas stebuklus, Jėzus net neturėjo pakankamai laiko pavalgyti ar pailsėti.

Galilėjoje negalėjau praeiti nei vieno medžio, uolos ar

kokio nors augalo. Gaikščiodamas Galilėjos miestu taip ilgėjausi Viešpaties, kad mano širdis vos galėjo ištverti, kai apie tai galvojau. Auštant, žiūrėdamas į Galilėjos jūrą, aš uoliai melsdavausi ir mąsčiau apie Jėzaus darbus. Taip stipriai ilgėjausi Viešpaties, kad tas troškimas virsdavo ašaromis ir sruvo iš mano akių. Kuomet meldžiausi Galilėjoje, Dievas įkvėpimu parodė man vieną įvykį Biblijoje.

Jėzus, lankydamasis daugybėje vietų, mokydamas žmones ir gydydamas ligonius, net neturėjo laiko poilsiui. Pakeliui Jėzus ir Jo mokiniai minutėlei atsisėdo. Tuomet Petras, kuris buvo tarsi dvylikos apaštalų vadas, nusprendė patarnauti Jėzui, ką tik prireiktų padaryti. Petras visuomet eidavo priekyje. Jis nusivilko apsiaustą ir paklojo jį ant akmens, ant Jėzus galėtų atsisėsti.

Jėzaus kojos pasidarė nešvarios, kadangi jie vaikščiojo dulkėtomis gatvėmis. Kai Jėzus atsisėdo, Jonas savo rūbais nuvalė Jėzaus kojas ir sandalus. Mokiniai nuėjo į šalia esančius namus, kad parūpintų maisto. Jie atnešė plokščius, plonus apvalius duonos kepalus.

Petras išrinko geriausią iš jų ir padavė jį Jėzui. Aš mačiau, kaip mokiniai tiesiog susėdo prie kelio, padalino ir valgė tuos duonos kepalus. Jėzus priėmė nuoširdų Jo mokinio patarnavimą ir suvalgė visą duonos kepalą.

Žodžiai, kuriuos Jėzus kalbėjo, skambėjo tarsi vandens lašai Galilėjos jūroje. Net pasitelkdami šiuolaikinį mokslą, negalime vėl išgirsti Jėzaus balso. Bet, jeigu Dievas atveria mūsų dvasines akis ir ausis, mes galime išgirsti ir pamatyti tuos dalykus. Dvasinėmis akimis taip pat mačiau stiprios šviesos žibėjimą tose vietose, kur eidavo ar sustodavo Jėzus.

Galilėjos jūros pakrantėje

Atsimainymo kalnas

Į Atsimainymo kalną Jėzus melstis nuėjo su Petru, Jokūbu ir Jonu. Čia trys mokiniai matė, kaip Jėzus atsimainė į dvasinį kūną, susitiko su Moze ir Eliju, bei turėjo su jais gilų dvasinį bendravimą. Petras pasakė, kad galima būtų ten pastatyti tris palapines.

Kai ten nuvykau, pamačiau, kad ta vieta buvo tokia didelė, kad joje tilptų daugiau, negu trys palapinės. Argi Jėzui ir Jo mokiniams nebuvo sunku kopti į tokį kalną? Galėjau justi dvasinę šviesą, garsus ir energiją.

Žmogus, kurio dvasinės akys atvertos, iš karto galėtų atpažinti tą vietą, kur Jėzus susitiko su Moze ir Eliju, nes ji tviskėjo stipria šviesa. Bažnyčia, pastatyta įvykusio Atsimainymo garbei, yra apie 50-60 metrų nutolusi nuo tos vietos.

Aš taip pat aplankiau Getsemanę ir Visų tautų (kas korėjiečių kalba reiškia „Manmin") bažnyčią, pastatytą toje vietoje, kur, prieš paimdamas kryžių, Jėzus meldėsi ir Jo prakaitas krito kraujo lašais.

Via Dolorosa

Jeruzalė – tai niūrus miestas. Tai pasekmė to, kad jos žmonės nepripažino Jėzaus savo Gelbėtoju, bet vietoje to Jį nukryžiavo. Galėjau jausti Jėzaus raudą ir ašaras dėl Jeruzalės. Šalia Raudų sienos stūkso auksinis mečetės, kuri yra Islamo šventykla, kupolas.

Tą dieną, kai atvykome į Jeruzalę, per CNN išgirdome netikėtas naujienas. Izraelio vyriausybė nužudė palestiniečių lyderį šeichą Achmedą Jasiną. Jeruzalėje buvo įtempta situacija.

Palestiniečiai demonstratyviai uždarė savo parduotuves. Via Dolorosa yra triukšminga, visuomet žmonių pripildyta gatvė, kurioje gausu parduotuvių, bei arabų prekiautojų, kviečiančių apsilankyti jų parduotuvėse. Dažniausiai piligrimams, einantiems keliu iki kalvos, nėra lengva tyliai mąstyti apie nešantį kryžių Jėzų dėl žmonių minios.

Bet tą dieną Via Dolorosa buvo rami gatvė, kadangi arabų prekiautojai demonstruodami uždarė savo parduotuves. Daug kitų piligrimų saugumo tikslais taip pat panaikino savo keliones, o vietinių žmonių nebuvo daug. Savo kelią ta gatve mes galėjome nueiti vieni tyloje. Dievas suteikė man malonės aišku įkvėpimu matyti Jėzaus laikų įvykius.

Galėjau jausti, kaip Jėzus, nešdamas kryžių, dvasioje

nepaliaujamai bendravo su Dievu. Bendraudamas su Dievu kas kartą Jėzus įveikdavo skausmus. Kai Jėzus ėjo tuo keliu, Tėvas danguje taip pat jautė tą patį skausmą.

Minioje, toli nuo Jėzaus neryškiai taip pat mačiau Jį sekantį Petrą. Apimtas begalinio gailesčio ir atgailos jis verkė. Jis nedrįso prisiartinti prie Jėzaus, nes kaltino save, galvodamas: „Kaip gi galėjau tris kartus išsiginti Viešpaties?"

Po to, kai Petras tris kartus išsigynė Jėzaus, jis nedelsiant išėjo ir raudodamas atgailavo. Manau, kad tai savaime suprantama, kad Petras sekė paskui Jėzų, kai Šis nešė kryžių. Biblijoje to nėra parašyta, nes Petras sekė Jį tolumoje ir mokiniai jo nematė.

Moterys, kurios pasiliko su Jėzumi iki pat pabaigos

Mergelė Marija buvo Jėzaus pasekėja. Ji buvo taip sukrėsta ir fiziškai bei protiškai pritrenkta, kad jau nebevaldė savo pačios kūną. Marija Magdalena palaikė ją, bei tuo pačiu metu užjautė ir liūdėjo. Vienu metu moteris, kuri buvo išgydyta nuo kraujoplūdžio, drąsiai priėjo prie Jėzaus, kad nuvalytų Jo prakaito lašus.

Romėnų karys norėjo nustumti ją šalin, tačiau ši labai greitai prasmuko tarp minios ir nuvalė nuo Jėzaus prakaitą. Kažkas smarkiai kirto jai rimbu. Ji krito ant žemės. Kareiviai, kad sulaikytų žmones, naudojo ietis ir skydus.

Tos moterys galėjo būti romėnų kareivių pagautos ir nužudytos. Tačiau jos nebijojo ir sekė Jį net iki pat nukryžiavimo vietos.

Šios moterys taipogi pirmos atėjo prie Jėzaus kapo. Golgota yra apie 800 metrų virš jūros lygio. Tais laikais tokių grįstų kelių, kaip šiandien, nebuvo, ir kelias buvo nelygus.

Jau pirmą dieną po sabato, vos išaušus, Marija Magdalena ir Mergelė Marija nuskubėjo į Golgotos kalną. Aštrūs akmenys sužeidė joms kojas ir sugadino rūbus, tačiau tai joms nerūpėjo. Jų tobula meilė išvijo baimę (1 Jono 4:18).

Šventosios Dvasios ugnis Vokietijoje

Dievo rankų vedami, vykdyti pasaulinę misiją vykome į Vokietiją. Dievas suplanavo pažadinti Vokietiją ir Europą, kur prabudimas buvo jau užgesęs.

Vokietija yra Reformacijos gimtinė, tačiau daugelis bažnyčių yra tuščios ir, kaip kitose Europos šalyse, bažnyčioje vargu ar pamatysi jaunų žmonių. Iš dalies tai yra filosofijos ir ir liberalios teologijos raidos, diegiančios žmonėms kompromiso su pasauliu ir gyvenimo ne pagal Bibliją idėjas, pasekmė.

Kalbant dvasiškai, daugelis Europos bažnyčių faktiškai nesiskiria nuo Sardų bažnyčios, kuri gavo Viešpaties papeikimą: „...tave vadina gyvu, o tu esi miręs" (Apreiškimo 3:1).

Tie, kurie tik protu žino Dievo žodį, neturi jų tikėjimą sekančių darbų. Tai reiškia, kad jie turi negyvą tikėjimą ir negali būti išgelbėti (Jokūbo 2:26).

Vokietijoje jaunimas jau seniai paliko bažnyčią. Daug žmonių prarado gryną tikėjimą. Jei jie išgirsta, kad šiandien vyksta stebuklai, kaip ir Biblijos laikais, jie, dvejones rodančia veido išraiška keistai sužvairuoja. Kad pažadintume Vokietiją iš tokio dvasinio miego, 2004 m. spalio 1-3 dienomis mes surengėme evangelizaciją Oberhausen arenoje, kuri yra šalia Diuseldorfo.

Gerb. Aleksandras Jepas ir kiti pastoriai, rengę evangelizaciją, sakė, kad net įžymiems prabudimo pamokslininkams ten buvo nelengva surinkti vos ir tris tūkstančius žmonių. Jie sakė, kad bus labai gerai, jei susirinks bent vienas tūkstantis žmonių. Taigi, jie norėjo išnuomoti patalpą, kurioje telpa tik 1,500 žmonių.

Mes, žengdami tikėjimu, įtikinome juos, kad išnuomotų Oberhaus areną, kurioje telpa 12,000 žmonių. Tūkstančiai mūsų bažnyčios narių kiekvieną vakarą meldėsi už evangelizaciją Vokietijoje.

Šios maldos, pasninkai ir mūsų bažnyčios narių atnašauti paaukojimai, skirti Europos bažnyčių prabudimui, tikriausiai palietė Dievo širdį ir Jis padarė anksčiau neregėtus Šventosios Dvasios darbus.

Atvirkščiai, negu buvo pranašauta vietos pastorių, nuo pat pirmos evangelizacijos dienos stadionas buvo pripildytas žmonių ir jie labai įdėmiai klausėsi pamokslo. Besiklausydami pamokslų, jie įgavo tikėjimo ir, kuomet aš pasimeldžiau už ligonius, visą stadioną užplūdo galinga išgydymo banga.

Jau pirmą dieną žmonės, atvykę čia invalidų vežimėliuose, atsistojo ant savo kojų, o kurtiesiems buvo dovanota klausa. Daugelis džiaugsmingai metė lauk savo akinius, kadangi atgavo gerą regėjimą. Kiti buvo išgydyti nuo nepagydomų ligų ir atėję ant scenos apie tai paliudijo. Šie išgydymo atvejai buvo užfiksuoti ir patvirtinti gydytojų.

Gydytojas Džefri specializavosi sporto medicinos srityje. Po

Vokietijos išgydymo stebuklų festivalis Oberhaus arenoje

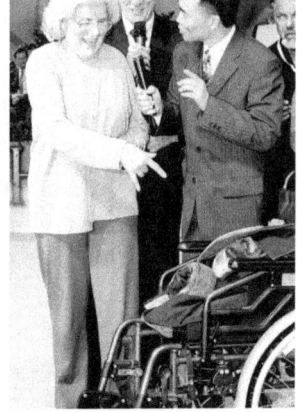

Žmonės liudija apie išgydymus po maldos

meningoencefalito komplikacijos jis susirgo diabetu. Kai jį ištiko širdies priepuolis, jo arterinis spaudimas pakilo iki 180. Su tokia diagnoze vargu, ar jam buvo likę ilgai gyventi. Nepaisant to, jis kasdien ateidavo į evangelizaciją. Trečiąją evangelizacijos dieną maldos už ligonius metu ant jo nužengė Šventosios Dvasios ugnis. Širdies liga dingo. Arterinis spaudimas buvo normalus, o taip pat pasitaisė ir bendra savijauta. Gydytojas Džefri atsiuntė mums padėkos laišką su medicininiais įrodymais apie savo išgydymą.

Daugelis atėjo į evangelizaciją perskaitę reklamines afišas gatvėse. Kiti apie renginį sužinojo išgirdę pranešimą per naujienų programą televizijoje. Jie patyrė išgydymo darbus. Ši evangelizacija per keturis palydovus buvo tiesiogiai transliuojama 75 šalyse, iš stebėjusių ją per televiziją mes taip pat gavome daugybę liudijimų apie išgydymą.

Vietiniai pastoriai buvo tiesiog priblokšti, matydami savo giminaičių ir bažnyčios narių išgydymus. Akivaizdžiai matydami didžius Šventosios Dvasios darbus, jie pripažino, jog per tai patys iš tiesų patikėjo, kad Dievas ir mūsų dienomis veikia žmonių gyvenimuose, kaip ir Jėzaus laikais. Jie pradėjo giliau suvokti savo misijos prasmę ir įsitvirtino savo tarnavime.

Peru – buvusi Inkų Imperija

Peru šalyje iki šiol jaučiasi kadaise didingos senovės civilizacijos – inkų imperijos – dvelksmas. Mačiu Pičiu – tai galingi inkų miesto griuvėsiai, kurie yra Urubampa slėnyje 2,280 metrų virš jūros lygio. Jis iš visų pusių yra supamas aštrių kalnų viršūnių ir yra nematomas iš apačios. Todėl jis yra vadinamas „miestu tarp debesų".

Mieste yra pastatytos XV amžiuje inkų šventyklos, gyvenvietės ir rūmai. Gigantiškos miesto statinių sienos yra iš lygiai poliruotų akmenų ir siekia 6 metrų aukščio ir apie 1,5 metro pločio.

Kiekvienas akmens blokas sveria daugybę tonų. Iki šiol tai mįslinga paslaptis – kaip senovės statybininkai galėjo ištašyti šiuos blokus, pakelti juos į kalno viršūnę ir priderinti juos be skylių. Mačiu Pičiu reiškia „senovės viršūnė", miestas buvo 1911 m. atrastas amerikiečių istoriko Chairemo Bingchemo XX amžiaus pradžioje.

2004 m. gruodį, kai atvykau į Peru, pajutau, kad Dievas išrinko šią šalį evangelizacijai. Peru gyventojai didžiuojasi tuo, kad jie yra inkų palikuoniai, tačiau ilgą laiką jų tauta buvo po kolonijų priespauda. Žmonės yra skurdūs, bet jų širdys tyros, ir man buvo akivaizdu, kad jie siekia Dievo jėgos daugiau, negu kitos tautos.

Susitikimas su Peru prezidentu Toledo prezidento rūmuose

Susitikimas su prezidentu Toledo

2004 m. gruodžio 1 d. prieš pat Jungtinę Peru evangelizaciją buvau pakviestas į prezidento rūmus susitikti su prezidentu Toledo. Mano pirmasis įspūdis buvo žmogaus, išvargusio nuo valstybės rūpesčių ir streso.

Mes kalbėjomės daugeliu temų ir tam tikrą akimirką jis pasakė: „Sunku realizuoti savo dvasines reikmes mūsų kasdienybėje. Aš turiu gilią pagarbą žmonėms, kurie sugeba gyventi intensyvų dvasinį gyvenimą ir dvasiškai vadovauti kitiems".

Jis paprašė, kad pasimelsčiau už jį: „Prašau pasimelsti už tai, kad gaučiau dangiškąją išmintį ir jėgų valstybės valdymui ir vystymui, taip pat už Peru gyventojų vienybę". Pasimeldžiau už daugelį dalykų, tame tarpe ir už ekonominę plėtrą ir politinį stabilumą Peru šalyje.

Nors susitikimas truko neilgai, prezidentas išreiškė man padėką. Tikriausiai, malda suteikė jam vidinės ramybės ir taikos. Kai po evangelizacijos grįždavome namo, jis siuntė pas mus Daugumos partijos pirmininkę, kad išreikštų savo dėkingumą.

Beribės minios

Gruodžio 2-4 dienomis surengėme evangelizaciją Limoje, Kampo de Marte parke. Tarp rėmėjų buvo politikai, verslininkai ir žiniasklaida. Per tris dienas susirinko daugiau negu 500,000 žmonių.

Didieji Šventosios Dvasios darbai atnešė išgydymą ne tik tiems, kurie apsilankė šiame renginyje. Kai kurie televizijos žiūrovai, stebėję evangelizacijos transliaciją, gavo išgydymą ir atėjo paliudyti. Žmonės, anksčiau negalėję vaikščioti, atsistojo iš invalidų vežimėlių, išmetė ramentus ir pradėjo vaikščioti. Kai kurie išsigydė nuo vėžio, kiti atgavo regėjimą. Scena buvo pripildyta žmonių, kurie norėjo paliudyti. Džiaugsmo ašaros buvo ne tik patyrusių stebuklus akyse, bet ir jų šeimos narių ir kaimynų.

Ši evangelizacija buvo transliuojama tiesiogiai trijų Peru kanalų ir 20 palydovinių, kabelinių ir internetiniu kanalų po visą pasaulį.

Scenoje sėdėjo daugelis politinės ir verslo šalies elito, žurnalistai ir religijos lyderiai. Savo buvimu renginį pagerbė buvęs viceprezidentas Maksimo San Roman ir ponia Roza Grasiela Janariko, Daugumos partijos pirmininkė. Daugelis parlamentarų, pastorių ir žurnalistų iš viso pasaulio atvyko dalyvauti evangelizacijoje.

Viename iš kampelių buvo specialus stalas, skirtas „liudijimų registravimui". Daugiau negu dvidešimt gydytojų ir medicinos seserų dokumentavo ir registravo išgydymo atvejus ir atitinkamus liudijimus. Profesorius Viktor Kalo Erena (San Ernando medicinos koledžas) pareiškė: „Iš tikrųjų, aš niekada netikėjau Dievu. Bet šios evangelizacijos dėka pripažinau Dievo stebuklų egzistenciją, matydamas, kad išgydymai yra tikrai įmanomi".

Verslininko p. Arse liudijimas

Verslininkas vardu Vinsente Dias Arse buvo aktyvus evangelizacijos dalyvis. Jis yra įtakingas verslininkas ir žinomas filantropas. Jis išgirdo Šventosios Dvasios balsą, liepusį jam padėti mūsų personalui, kurie rengė evangelizaciją Peru, ir po to jis

Išgydymo evangelizacija Peru

susitiko su jais. Jis supažindino mus su pagrindinės Peru politinės partijos pirmininke ir padarė viską, kad tik evangelizacija praeitų sklandžiai.

Tačiau šis žmogus buvo ieškomas. Jo buvęs verslo partneris pristatė melagingus kaltinimus ir Arse buvo apkaltintas. Jo laukė tris metai kalėjimo, jei tik jis būtų pagautas, todėl jis turėjo slėptis nuo policijos savo namuose. Kartą jis slapta nuo policijos susitiko su vienu iš mūsų personalo narių už savo namų ribų.

Lapkričio 30 d. mano atvykimo į Peru dieną jis atėjo į

Nesuskaičiuojama daugybė žmonių liudija apie savo išgydymus

viešbutį, norėdamas su manimi susitikti. Aš pasimeldžiau už tai, kad jo problemos išsispręstų. Tą akimirką jis nusprendė visas tris dienas būti evangelizacijoje. Jis pasitikėjo tik Dievu, priimdamas tokį sprendimą.

Kitą dieną Dievas jau pradėjo veikti. Skirtingai nuo kitų šalių teismų, Peru teismas turi teisę nagrinėti bylą pakartotinai. Be to kiti teisėjai gali pataisyti ir peržiūrėti kito teismo sprendimus. Reikalas tas, kad kitas teisėjas peržiūrinėjo p. Arse bylos medžiagas. Šis teisėjas priėjo išvadą, kad p. Arse yra nekaltas, ir nedelsdamas informavo jį apie tai.

Gruodžio 2 d. p. Arse gavo teisėjo laišką ir buvo giliai sujaudintas maldos galia. Jo problema buvo išspręsta, ir jis galėjo be kliūčių dalyvauti evangelizacijoje. Jis padėjo mums sėkmingai ją surengti, užsiėmęs daugeliu administracinių klausimų ir kitais dalykais.

Po evangelizacijos daugelis išsigydžiusiųjų atsiuntė mums savo liudijimus. Daugybė žmonių patyrė stebuklus, girdėjau, kad daug bažnyčių turėjo dvasinį prabudimą. Evangelizacijoje per tris dienas sudalyvavo daugiau negu 500,000 žmonių, renginys buvo sėkmingas. Vienu iš jo rezultatų galima laikyti nevyriausybinio lygio diplomatiją: jo dalyviai – politikai, verslininkai ir žurnalistai – vėliau daug kartų lankėsi Korėjoje.

2005 m. gegužės 15 d. viceprezidentas David Vaisman ir buvęs viceprezidentas Maksimo San Roman aplankė sekmadienio tarnavimą mūsų bažnyčioje Seule. Tuo laiku viceprezidentas Vaisman stengėsi atstatyti tarptautinę Peru įtaką, padedamas prezidentui Toledo, o buvęs viceprezidentas San Roman dalyvavo įvairių socialinių projektų vykdyme.

Kitais metais viceprezidentas David Vaisman su žmona, p. Vinsente Arse ir pagrindinės Peru partijos pirmininkė aplankė mūsų bažnyčią. Jie buvo sujaudinti „Manmin" tarnavimu ir tapo mūsų geranoriškais padėjėjais. Po evangelizacijos pastorius Lozorius Čecho Li buvo nusiųstas misionieriškam darbui į Lotynų Ameriką. Limoje buvo įsteigta bažnyčia, o jis aktyviai vykdo misionierišką veiklą per televiziją ir skepetaičių evangelizacijų būdu.

Valstybinio San Antonio universiteto Kusko mieste rektorius suteikė dr. Esterai Gu Jon Čion garbingosios profesorės laipsnį

Išrinktas vienu iš naujų septynių pasaulio stebuklų

Dr. Estera Gu Jon Čion – Tarptautinės Manmin Seminarijos (TMS) rektorė – žadina daugelį viso pasaulio pastorių iš dvasinio miego. Šiuo metu ji taip pat yra Vertimų biuro direktorė ir šiose pareigose valdo visus mūsų bažnyčios vertimo projektus. Ji yra buvusi Seulo Moterų Universiteto rektorė, kur ji buvo jauniausia Korėjos universiteto rektorė. 2007 m. gegužę ji išvyko į misionierišką kelionę į Lotynų Ameriką ir surengė pastorių konferencijas daugelyje šalių. Viena iš konferencijų taip pat buvo

MIS konferencijos žadina pastorius po visą pasaulį (Hondūre)

suplanuota Kusko mieste, Peru.

Tuo metu kai kurie vietos pastoriai iš kitų Korėjos misionierių sužinojo piktus gandus ir konferencijai grėsė atšaukimas. Tuo momentu Dievo darbai parodė savo galią kaip niekada anksčiau.

Valstybinio San Antonio universiteto Kusko mieste rektorius išgirdo apie tai ir pasiūlė dr. Čion surengti konferenciją savo universitete. Jis taip pat lankėsi Peru evangelizacijoje ir žinojo apie Manmin tarnavimą.

Dr. Čion atvyko į Kuską po konferencijos Majamyje. Ji

skaitė paskaitas tema „Dvasiniai įstatymai: kūrimas ir mokslas". Konferencija prasidėjo nuo bendravimo su žiniasklaida ir vyko dvi dienas. Tiesioginė transliacija vyko per vietos kanalą CTC visame Kusko departamente. Konferencija pritraukė labai didelį žiūrovų dėmesį, daugelis jų panoro turėti jos vaizdo įrašus. Po konferencijos Valstybinio San Antonio universiteto Kusko mieste rektorius suteikė dr. Čion garbingosios profesorės laipsnį ir įteikė jai Peru vyriausybės liudijimą apie tai.

Tuo metu Kuskas dalyvavo kampanijoje dėl oficialaus Mačų Pičų miesto pripažinimo vienu iš naujų pasaulio stebuklų. Tarptautinio konkurso rezultatai buvo nustatomi balsavimu, rengiamu internetu ir telefono skambučiais. Šiuo atžvilgiu Peru atsilieka nuo kitų šalių, kadangi šalies gyventojų skaičius yra mažas, o prieiga prie interneto yra ribota. Kusko miesto merė paprašė mūsų bažnyčios, kad pasimelstumėme už tai dr. Čion vizito metu.

Antrą dieną konferencija vyko Kusko miesto Suvažiavimų rūmuose ir laimei tuo pačiu laiku Manmin Centrinėje bažnyčioje buvo penktadienio naktinis susirinkimas. Kai mus paprašė melstis, aš paprašiau Dievo, kad Mačų Pičų būtų išrinktas vienu iš naujų pasaulio stebuklų. Už Kusko miesto administraciją buvo pasimelsta per tiesioginę transliaciją internete.

2007 m. liepos 7 d. buvo paskelbti balsavimo rezultatai. Mačų Pičų buvo išrinktas vienu iš naujų septynių pasaulio stebuklų, ir tai vėl pritraukė pasaulio dėmesį į Peru.

„Su Manmin Centrinės bažnyčios maldomis ir palaikymu Mačų Pičų buvo išrinktas vienu iš Naujųjų Septynių Pasaulio Stebuklų. Labai jums ačiū".

Šį pranešimą atsiuntė į mūsų bažnyčią Kusko merė Marina Sikeiros kartu su linkėjimais ir garbės ženkleliu.

Sunki kova su skurdu ir ligomis Kongo Demokratinėje Respublikoje

Kongo Demokratinė Respublika yra trečioji pagal dydį Afrikos kontinento šalis. Nors ši šalis yra turtingas gamtos išteklių, ji yra nualinta pilietinių karų ir epidemijų. Kongo tautai labai reikalingas gyvenimo žodis ir Dievo jėga. Daug metų mes gaudavome pastorių iš šios šalies prašymus surengti evangelizaciją.

Žinia apie Dievo jėgą pasklido televizijos, interneto ir spaudos dėka. Mes gauname daug kvietimų rengti evangelizacijas, bet aš niekuomet nesprendžiu pats, kur važiuosime. Vykstu tik į tas šalis, kur mane nukreipia Dievas. Kai meldžiausi dėl Kongo, Dievas apreiškė man, kad evangelizuosiu ten 2006 m., ir kad tai bus mūsų paskutinė evangelizacijos kampanija Afrikoje.

Nors šėtonas stengėsi sutrukdyti

Laiko iki evangelizacijos pradžios likdavo vis mažiau, kasdien per nacionalinę televiziją buvo rodomi šio renginio anonsai. Velnias bijojo viso, to kas turėjo įvykti evangelizacijos Kongo metu ir pasistengė sutrukdyti mums. Bažnyčios Kongo respublikoje pasidalino į dvi grupes.

Nors evangelijos bažnyčios ir bendradarbiavo su mumis, jų santykiai su kitomis bendrijomis buvo nelabai geri. Buvo ir tokių pastorių, kurie buvo apgauti „misionierių" iš Korėjos, kurie skleidė piktus gandus apie mane.

Be to, kai kurie burtininkai iš Kongo prezidento palydos nenorėjo, kad jų šalyje vyktų krikščioniškas renginys. Prezidentas išgirdo absurdiškus gandus ir pamatė suklastotus dokumentus iš Korėjos, kurių tikslas buvo mus apšmeižti.

„Gerb. Džeirokas Li atvyksta išplėsti savo įtakos ribas".

„Prezidentui tai neatneš nieko gero. Jūs turite atšaukti šį renginį".

Visuotiniai ir prezidento rinkimai vyko balandį ir birželį. Daugelis žmonių siuntė prezidentui negatyvius atsiliepimus, todėl, žinoma, jam susidarė toks įspūdis.

Pasikliaudami gerumu

Vieną dieną prieš mano atvykimą mes gavome laišką iš Kongo sporto ministro su reikalavimu pakeisti paskutinės mūsų evangelizacijos dienos vietą. Sekmadienį stadione turėjo vykti svarbus futbolo mačas, kuriam reikėjo pasiruošimo šeštadienį.

Mums buvo labai sunku surasti naują vietą paskutiniu momentu. Reikėjo perkelti sceną, apšvietimą, vaizdo projektorius,

Kongo Demokratinės Respublikos išgydymo stebuklų festivalis

garso įrangą ir visą kitą, iš naujo sumontuoti techniką ir suderinti ją – visą tai per vieną dieną.

Mes buvome pasirašę sutartį su stadiono „Stade des Martyrs" (tai reiškia „Kankinių arena") administracija visoms trims evangelizacijos dienoms. Tačiau Dievas liepia mums atiduoti, kai kiti to prašo. Žinoma, ne visada reikėtų viską atiduoti kitų prašymu, tačiau mūsų gerumas patinka Dievui. Aš patariau personalui išpildyti šį prašymą.

„Tiesiog padarykite viską, ko jie pareikalaus. Jeigu mes reikalausime sutarties įvykdymo, įsivaizduokite, kiek problemų turės tas žmogus, kuris buvo pasirašęs su mumis sutartį ir pamiršo apie tokį svarbų turnyrą? Tikriausiai, tai Dievo apvaizda, kad paskutinę renginių dieną būsime kitoje vietoje".

Mes įvykdėme jų reikalavimą ir nusprendėme surasti kitą vietą paskutinei evangelizacijos dienai. Norėjome, kad susirinkimai vyktų Kinšasos keliuose ar aikštėse netoli Triumfo bulvaro, nors suderinti tai buvo labai sunku.

Ši magistralė buvo blokuojama tik vieną kartą – kai vyko nacionalinė šventė su šalies prezidento dalyvavimu. Tiesą sakant, trečia evangelizacijos diena sutapo su svarbiu politiniu Kongo gyvenimo įvykiu. Buvo beveik neįmanoma sustabdyti transporto eismą visai netoli parlamento pastato.

Svarbus susitikimas su prezidentu

2006 m. vasario 15 d. kai atvykau į Kongo, supratau, kodėl politikai taip įdėmiai stebėjo mano viziją.

Paskutinę evangelizacijos dieną vyriausybė turėjo konstitucijos pakeitimo ceremoniją. Reforma pakeitė vyriausybės sandarą ir net nacionalinę vėliavą. Be to tai buvo jautrus laikas prieš pat prezidento rinkimus. Todėl jie, žinoma, buvo labai atsargūs su tuo, kaip mūsų evangelizacija galėtų juos paveikti.

Vasario 16 d. – pirmą evangelizacijos dieną – buvau pakviestas į prezidento rūmus susitikti su prezidentu Džozefu Kabila. Kai kurie žmonės nenorėjo, kad susitikčiau su prezidentu, tačiau kadangi Dievas paragino jį, susitikimas buvo suplanuotas stebuklingu būdu. Mes mielai pasikalbėjome su prezidentu Kabila, ir jis sužinojo, kad atsiliepimai, kurie jam buvo pateikiami ir tikri faktai nesutapo.

Jis suprato, kad atvykau be jokių politinių ambicijų, tik dėl taikos ir išgydymų Kongo respublikoje. Jis pradėjo žiūrėti į mus draugiškai.

Susitikimas su Kongo Demokratinės Respublikos prezidentu Džozefu Kabila

„Prašau jūs pasimelsti už taikingus visuotinius rinkimus. Ar turite kokių problemų dėl evangelizacijos? Aš jums padėsiu". – tarė prezidentas.

„Trečią evangelizacijos dieną turime keisti renginio vietą, ir negalime surasti tinkamos vietos," – atsakė vyskupas Kienza, evangelizacijos organizacinio komiteto pirmininkas.

„Gal jums reikėtų kreiptis į kito stadiono administraciją?"

„Kitame stadione vyksta remonto darbai. Ar galėtumėte leisti mums uždaryti eismą už parlamento rūmų?"

Prezidentas priėmė mūsų prašymą. Kai išėjome iš prezidento rūmų, jis pasirašė dokumentus, leidžiančius mums uždaryti tuos kelius. Tai buvo įmanoma padaryti tik prezidento valdžios pagalba.

Pirmą ir antrą dieną stadione susirinko apie 100,000 žmonių. Prezidentas buvo užimtas, todėl negalėjo atvykti, tačiau jis siuntė savo seserį-dvynę dr. Džanet Kabilą, kuri vykdė pirmosios ledės pareigas. Tarp lankytojų buvo ir viceprezidentas p. Bemba su savo žmona. Buvo daug lankytojų ir iš kitų šalių.

P. Verason, žinomas ir populiarus Afrikos dainininkas atėjo į evangelizaciją ir giedojo Dievo šlovei. Po evangelizacijos jis atvyko kartu su savo šeima, kad už juos pasimelsčiau. Jis turėjo dvi dukras, bet jo žmona negalėjo pastoti jau septynerius metus. Jam paprašius pasimeldžiau už tai, kad jam gimtų sūnus.

Ši evangelizacija buvo transliuojama per Kongo nacionalinę televiziją ir kitus kanalus į daugiau, negu 150 šalių su virš 10 palydovų pagalba. Dievas Savo rankos dosnumu išgydė daugybę žmonių, kurie kentėjo nuo skurdo ir ligų. Daugelis žmonių liudijo apie tai, kad jie buvo išgydyti nuo neišgydomos ligos AIDS. Tiek daug žmonių ateidavo į sceną liudyti, jog net susirūpinome, kad scena visus juos išlaikytų.

Beribės minios

Trečią dieną susirinko kiek žmonių, kad jų krašto nesimatė. Pagal apytikslius įvertinimus buvo apie 500,000 lankytojų. Jei nebūtume pakeitę evangelizacijos vietos, negalėtume patalpinti visų vien tik stadione.

Dėl didelio žmonių kiekio stadione galėtų įvykti nelaimingi atsitikimai, bet, žinodamas visą tai, Dievas parūpino mums didesnę vietą.

Aklieji ir nebylieji, žmonės su ramentais ir invalidų vežimėliais bei kenčiantys nuo įvairių ligų, pavyzdžiui, vėžio ir AIDS, labai greitai išsigydė. Dievas išgydė juos per Šventosios Dvasios ugninius darbus Jėzaus Kristaus vardu.

Vienas senyvo amžiaus žmogus vardu Masudi Lisongi Bosongo buvo žvejys. Jam buvo 64 metai ir jis vos suvesdavo galus, pagaudamas mažai žuvies. Dėl kataraktų jis turėjo blogą regėjimą, tad turėjo nešioti akinius. Jo vienintelė pramoga buvo klausytis radijo. Jis per radiją išgirdo naujienas apie evangelizaciją, bet negalėjo sau leisti sumokėti už transportą.

Būtent taip, kaip toji našlė, kuri paaukojo du skatikus – viską, ką ji turėjo – jis pardavė savo radijo imtuvą, jo vienintelį daiktą, už 9 dolerius ir atvyko į evangelizaciją. Dievas su malonumu priėmė jo aukojimą su tikėjimu ir išgydė jį.

Jis paliudijo apie tai, kad iš užpakalinės kaklo pusės į jo galvą, o toliau į jo akis nužengė ugnis. Jo regėjimas buvo atstatytas, jam daugiau nebereikėjo nešioti akinius.

Palydovinė transliacija po visą Afriką ir visą pasaulį

Mes paskyrėme pastorių Piter Kim būti misionieriumi Kongo respublikoje. Praėjus mažiau negu metams po bažnyčios atidarymo, sekmadienio tarnavimuose lankosi virš tūkstančio narių.

Be to vyskupas Polis Musafiri, buvęs ministras, buvo paveiktas ir įkvėptas evangelizacijos ir aplankė mūsų bažnyčią. Šiuo metu jis yra mūsų padėjėjas, aktyviai darbuojasi Kongo respublikoje. Leiskite pristatyti jums jo laišką:

„Nuoširdžiai sveikinu jus iš Kongo Demokratinės

Respublikos. Mes kartu tikime Dievu, kuris gyvena Gerb. Džeiroke Li, ir aš pripažįstu, kad nuostabūs Dievo darbai vyksta būtent dėl to, kad jūs pasimeldėte už mūsų šalį.

2008 m. sausį rytinėje šalies dalyje, po daugybės kovų, buvo pasirašytas taikos susitarimas. Aš buvau komandiruotas vienam mėnesiui į Gomą, rytinę šalies dalį, kur turėjau stebėti taikos susitarimo pasirašymą. Be to apsilankiau Gerb. Mion Cho Čhono, Afrikos kontinento arkivyskupo konferencijoje ir buvau labai paliestas jo pamokslo.

Net jau po taikos susitarimo pasirašymo jūsų priešininkai vis dar stengiasi sukelti sąmyšį šalyje – nuo rytų iki pat vakarų – savo piktais gandais, bet aš tikiu, kad jūsų maldos dar saugo mūsų respubliką.

Rašau, kadangi turiu ypatingą prašymą melstis už mus dar daugiau. Prašau su meile melstis už prezidentą Džozefą Kabilą, politikus ir visą prezidento palydą. Mano bendradarbiui pastoriui Piter Kim taip pat sekasi gerai. Mūsų bendravimas yra glaudesnis negu tikrų brolių ar giminaičių, mes palaikome Manmin svajones ir viziją.

Policininkai inicijavo nemažai sunkumų jam, kadangi jis yra užsienio misionierius, bet jis kaskart nugali Viešpaties vardu. Jis surado gerą vietą bažnyčios statybai, tarp bažnyčios narių yra daug liudijimų. Prašau perduoti linkėjimus visiems Manmin bažnyčios nariams".

Vyskupas Polis Musafiri,
Jūsų ištikimas sūnus Jėzuje Kristuje

Pirmą kartą tiesioginiame eteryje su stebuklingu kryžiaus ženklu

Kai įsteigiau bažnyčią, Dievas parodė mums viziją iš Izaijo 60:1: „*Kelkis ir šviesk, Jeruzale, nes tavo šviesa ateina ir Viešpaties šlovė tau šviečia*". Nuo tų laikų ugniniai Šventosios Dvasios darbai pradėjo sklisti po visą pasaulį. Dievas padėjo mums įsteigti Globalaus Krikščionių Tinklo televiziją (GCN TV), nes Jis turėjo planą šviesti išganymu visiems pasaulio tautoms. Penkialypės šventumo evangelijos transliacija prasidėjo Niujorko mieste, JAV. Per GCN daugelis transliuotojų visame pasaulyje vykdo savo Dievo duotų krypčių tarnavimus.

GCN TV transliacija prasidėjo Niujorke

2004 m. gegužę krikščioniškos transliuotojų stotys iš JAV, Jungtinės Karalystė, Rusijos, Australijos ir kitų šalių susirinko kartu ir įsteigė GCN. Neturėjome jokių transliacijų specialistų,

Kryžius, pasirodęs virš „Empire State Building"

technikos darbuotojų ar finansinių išteklių.

Galėjome tik savo maldomis investuoti tikėjimą. Pasibaigus pasiruošimo darbams, 2005 m. rugsėjo 1 d. mes galų gale paleidome savo pirmą transliaciją per 17 kanalą Niujorke.

GCN transliacijų stotis yra „Empire State Building" pastate, pačiame Niujorko centre. Daugiau negu 20 stočių atstovai susirinko atšvęsti GCN pirmąją transliaciją.

Kuriam laikui jie buvo pakilę į „Empire State Building" stebėjimo aikštelę pasigrožėti naktiniu miesto vaizdu. Tą akimirką kažkas pastebėjo, kad danguje pasirodė didelį ryškiai švytintis kryžius.

Žmonės, kurie ten buvo, įsitikino, kad Dievas buvo patenkintas GCN TV ir parodė jiems ženklą. Ponas Denas Vudingas, kuris taip pat buvo ten vienu iš liudininkų, parašė apie tai straipsnį su nuotrauka ir publikavo tai savo tinklalapyje.

GCN transliuoja krikščioniškas laidas visą parą bendradarbiaujant su Manmin TV. Ši stotis greitai tapo pasaulinio masto kompanija. Jų pagrindinis tikslas yra įvairiomis laidomis pažadinti savo žiūrovus, nukreipiant juos į susitikimą su Dievu, jų problemų sprendimą.

Išgydymo atvejai per GCN

Mes gauname daug laiškų net tik iš Korėjos, bet ir iš daugelio kitų šalių, kuriuose žiūrovai liudija apie savo išgydymus nuo ligų ir gyvenimo atnaujinimą per GCN TV stebėjimą. Dievo darbai, kurie peržengia laiko ir erdvės ribas, pasireiškia per transliavimą. Šis darbas nukreipia daugybę sielų iš viso pasaulio į išganymo kelią.

Elizabet Gudvol yra GCN žiūrovė iš Niujorko. Ji sako tikinti, kad Dievas panaudoja Gerb. Džeiroką Li ligonių gydymui, jų kvietimui į atgailą ir nukreipimui į dangiškąją karalystę. Ji žiūri GCN Niujorke. Ji turėjo ką papasakoti. Štai dalis jos liudijimo:

„**Esu Elizabet Gudvol. Nuo 2005 m. mano pilvas ir kojos buvo ištinę, be to po liežuviu atsirado gumbas. Aš uždėjau skepetaitę, kurią jūs man atsiuntėte, sau ant veido ir pilvo. Kitą rytą pastebėjau, kad gumbas po liežuviu išnyko. Pažiūrėjau, kad ir pilvo bei kojų ištinimas dingo. Dėkoju Dievui už tai, ką Jis padarė.**

Labai ir jums ačiū".

2007 m. lapkričio 9 d.,
Elizabet Gudvol.

Viename laiške iš Kanados buvo parašyta taip:

„Aš žiūrėjau Gerb. Džeiroko Li programą per televiziją, ir norėjau sužinoti, ar jis turi planų atvykti į Kanadą. Gyvenu netoli Otavos, o buvau atvykusį į Niujorką aplankyti savo vyro. Vakar taip pat žiūrėjau GCN, ir kai Gerb. Li meldėsi už ligonius, aš buvau išgydyta. Suprantate, esu medicinos sesuo ir pernai padėdama ligoniams buvau susižeidusi pečius. Skausmas vis nepraeidavo, bet po vakarykštės maldos skausmas dingo! Dabar galiu laisvai kelti rankas ir lenkti pečius. Šlovė Dievui! Šįryt 4:00 valandą turėjau jau būti išskridusi į Kanadą, bet nežinojau, kodėl aš dar čia. Gal Dievas norėjo, kad šiandien jums apie tai papasakočiau".

2007 m. lapkričio 29 d.,
Mari Leni Sen Lot

GCN atidarymo ceremonija

GCN pirmasis tarnavimas eteryje

WCDN – globalus gydytojų-krikščionių tinklas

Medicininiam dieviškojo išgydymo atveju paaiškinimui buvo sukurta speciali organizacija. 2004 m. gegužę buvo įkurtas WCDN – globalus gydytojų-krikščionių tinklas („World Christian Doctors Network"). Jų pirma konferencija įvyko Seule, o antra – 2005 m. gegužę Čenajuje, Indijoje. Atvyko daugiau negu 500 medicinos specialistų, daugelis jų pristatinėjo dieviškojo išgydymo atvejus medicinos požiūriu.

Vėliau konferencijos vyko: 2006 m. Cebu, Filipinuose, 2007 m. Majamyje, JAV, 2008 m. Trondhaime, Norvegijoje – medikai profesionalai pristatinėjo dieviškojo išgydymo atvejų analizes. Po konferencijos Majamyje apie ją buvo parašytas straipsnis, kuris pasirodė viename iš Korėjos dienraščių.

4-oji Tarptautinė Krikščionių Medikų Konferencija 2007 m. liepos 13-14 d. vyko „Hyatt" viešbutyje Majamyje, Floridos valstijoje, JAV, tema „Dvasingumas ir medicina", suvažiavo daugiau negu 150 gydytojų iš 40 šalių. Pirmą dieną, liepos

Trečioji Tarptautinė Krikščionių Gydytojų Konferencija, surengta Cebu, Filipinai

13, konferencija prasidėjo nuo WCDN tarybos pirmininko Gerb. Džeiroko Li tiesiogiai salėje transliuojamos kalbos. Savo pamoksle Gerb. Džeirokas Li paragino dalyvius ne tik gydyti žmones nuo fizinių ligų, bet ir gyventi kaip Viešpaties apaštalai, kurie suteikdavo kitiems dvasinį gyvenimą.

WCDN prezidentas dr. Alvin Chvan ir WCDN direktorius JAV Armando Pineda sveikino gydytojus, pastorius ir išskirtinius svečiu savo kalbose. Konferencijos metu gydytojai pristatė dieviškojo išgydymo darbus su medicinos duomenų patvirtinimais, tarp jų buvo tokie atvejai, kaip piktybinė

Ketvirtoji Tarptautinė Krikščionių Gydytojų Konferencija, surengta Majamyje, JAV

melanoma (dr. Mark Miller), stuburo išvarža (dr. Brian San Chunjo), savaiminis pneumotoraksas (dr. Gilbert Jon Sok Čhe), plaučių uždegimas (dr. Čon Son Kim), taip pat ir du išgydymo nuo krūties vėžio atvejai (dr. Pančeta Vilson).

Teisėjui Robertu E. Niusomui iš Sulfur Springs, šiaurės rytų Techaso, buvo diagnozuotas melanomos vėžys Techaso valstijos Hiustono vėžio ligoninėje. Gydytojai tvirtina, kad mirštamumo tikimybė su šiuo melanomos vėžiu yra labai didelė, tačiau vietoje radiacijos terapijos teisėjas Niusomas paliko savo problemą Dievo rankose ir pasirinko neiti į terapiją. Jis nuoširdžiai prašė

Dievo išgydymo ir daugelis jo lankomos Pietų baptistų bažnyčios narių meldėsi už išgydymą. Kai po dviejų mėnesių jis turėjo pakartotiną patikrinimą, įvyko stebuklas. Jis buvo visiškai išgydytas nuo melanomos vėžio. Dr. Viliamas Markas Mileris, kuris buvo Niusomo gydytoju, kreipėsi į klausytojus su kalba apie jo išgydymą, medicinos duomenimis patvirtindamas stebuklą.

Liepos 13 d., penktadienį savo dramatišką pristatymą parodė dr. Čonsi W. Krendal IV, dirbantis Palm Beach širdies ir kraujagyslių ligų klinikoje in Palm Beach Gardens mieste, Floridos valstijoje. Jis pranešė: „Turėjome 53 metų amžiaus pacientą, kuris pateko į reanimaciją su ūmiu miokrado infarktu, ir po 40 minučių nesėkmingų bandymų jam padėti mes užfiksavome jo mirties laiką. Tą akimirką Šventoji Dvasia liepė man grįžti į operacinę ir pasimelsti už tą vyrą. Aš atsiklaupiau prieš jo kūną ir pradėjau melstis: „Dangiškasis Tėve, aš šaukiu Tau dėl šio žmogaus sielos, jeigu jis nežino Tavęs kaip Viešpatį ir Išgelbėtoją, padaryk taip, kad jis vėl gyventų, prašau Jėzaus vardu". Staiga mes, nustebę, monitoriuje pastebėjome, kad jo širdis pradėjo plakti. Dar už poros minučių jo rankos pirštai pradėjo judėti, vėliau – kojų pirštai, o vėliau jis net pradėjo murmėti žodžius". Dr. Krendal pristatė šio atvejo medicininius liudijimus.

Dr. Džon Jol Čhun, buvęs Gionchi universiteto medicinos koledžo dekanas, paliudijo apie pastorės Čen Cen Man iš Taivano išgydymą, kai pastaroji išsigydė per Manmin Centrinės bažnyčios penktadienio naktinį tarnavimą. Ši moteris nuo dviejų metų amžiaus kentėjo nuo kūdikių paralyžiaus, o eismo įvykio pasekoje prieš 14 metų jai teko pakeisti ramentus į invalido vežimėlį. Ji turėjo pastovų kojų skausmą, tačiau, aplankiusi

Manmin Centrinę bažnyčią, per Gerb. Džeiroko Li maldą ji buvo išgydyta ir dabar gali vaikščioti pati.

Šiuolaikiniame pasaulyje, mirštančiame nuodėmėse ir pasikliaunančiame mokslu, nelengva tikėti Dievu. WCDN tarnavimo tikslas yra kruopštus medicininis dieviškojo išgydymo atveju tyrimas, įrodantis Biblijos teisingumą ir gyvąjį Dievo dalyvavimą žmonių likimuose.

Šventosios Dvasios ugnis JAV širdyje

Po to, kai Dievas leido mums įsteigti GCN kanalą, Jis nukreipė mus evangelizuoti Niujorką. „Madison Square Garden" arena – tai vieta, kur norėtų koncertuoti dauguma pasaulio muzikantų. 2006 m. liepos mėnesį Dievo apvaizda dėl JAV dvasinio prabudimo ir mūsų misijos Izraelyje atvedė mus į Niujorko „Madison Square Garden" areną. Renginių, vykstančių šioje arenoje, tvarkaraštis yra sudaromas du metus į priekį, todėl yra labai sunku surengti ten ką nors be išankstinio užsakymo. Svarbiausias dalykas Niujorko evangelizacijos rengimo metu buvo rasti tinkamą vietą. Buvo sunku išnuomoti patalpas porą mėnesių prieš paties renginio pradžią.

Kol mes iš visų jėgų ieškojome tinkamos vietos, viena grupė atšaukė savo koncertą „Madison Square Garden" arenoje, ir mums pavyko gauti sutikimą dėl evangelizacijos organizavimo šioje arenoje. Tai galėjo būti tik Dievo malonė.

JAV buvo įsteigtos giliai tikinčių puritonų. Šiuo metu ši šalis pagal jų siunčiamų misionierių kiekį pirmauja pasaulyje. Tačiau mūsų laikais amerikiečiai vis toliau žengia nuo Dievo, pamokslaudami darvinizmą ir net legalizuodami homoseksualizmą.

„Madison Square Garden" arenos lankytojai įdėmiai klausėsi trijų evangelizacijos dienų pamokslus ir patyrė ugninius Šventosios Dvasios darbus. Žmonės, apsėsti piktų dvasių, buvo išvaduoti. Be to daugelis žmonių išsigydė nuo neišgydomų ligų ir viešai apie tai paliudijo.

Išgydymo darbai „Madison Square Garden" arenoje

Marija Andera Morang išsigydė nuo AIDS. Dėl aukštos temperatūros, galvos skausmų ir vėmimo ji daug kartų gulėjo ligoninėse. Jos kūnas buvo paralyžiuotas, ji negalėjo vaikščioti. Ji vos sugebėdavo pajudinti rankas.

Praėjus mėnesiui po evangelizacijos mes vėl aplankėme ją ir sužinojome, kad dabar ji gali laisvai vaikščioti ir gyvena kaip visi.

Dar vienas žmogus išsigydė nuo stuburo vėžio. Jis turėjo lūžius šešiose vietose. Jis sakė, kad nuolat turėjo tokį jausmą, tartum jo kaulai tirptų. Jis negalėjo ilgai sėdėti ar susilenkti. Tačiau evangelizacijos metu jis visiškai išsigydė, nervų sistema stabilizavosi, jis galėjo vaikščioti.

Jo gydantis daktaras pasakė, kad jis jau nebegalės vaikščioti, bet Dievo jėga jį visiškai išgydė.

Michailas išsigydė nuo šizofrenijos, kuri 12 metų jį kankino.

Niujorko evangelizacija („Madison Square Garden")

Piktosios dvasios visiškai jį užvaldė, jis nuolatos turėjo depresiją. Dėl antropofobijos, t.y. žmonių baimės, jis negalėjo išeiti iš namų. Be to jis turėjo galvos skausmų, jis negalėjo gyventi normaliai. Jis net negalėjo teisingai kalbėti, kadangi priklausė nuo stiprių medikamentų, ir kai tik jis nustodavo juos vartoti, jo priepuoliai kartojosi.

Evangelizacijos metu jis visiškai išsigydė, jis apsidžiaugė ir pasakė, kad dabar galės toliau mokytis ir normaliai gyventi.

Išsigydę žmonės buvo patikrinti WCDN gydytojų. Dr. Vitalijus Fišbergas pareiškė: „Ši evangelizacija pakeitė mano gyvenimą. Pamokslai, kurių klausiausi šias tris dienas, buvo visų problemų sprendimo raktu. Lankiausi daugelio žymių evangelistų evangelizacijose, bet niekada nebuvau matęs, kad per vienintelę maldą išsigydytų tiek daug žmonių".

Po trijų dienų evangelizacijos Senato ir Niujorko valstijos asamblėjos bei miesto tarybos įteikė man padėkos raštą ir lentelę. Galiu tik padėkoti Dievui, kuris norėjo, kad pamokslaučiau evangeliją šalyje, kadaise atnešusioje Gerąją Žinią į mano gimtinę. Tuo tarpu kai kurie pastoriai stengėsi sukliudyti mūsų evangelizacijai JAV. Jie skleidė melagingus liudijimus daugybėje bažnyčių ir laikraščių redakcijų, norėdami išprovokuoti mūsų renginio „Madison Square Garden" arenoje boikotą. Vienas iš didžiausių mūsų priešininkų buvo pastorius iš Niujorko. Vėliau jam teko palikti savo bažnyčią dėl nemalonaus atvejo ir, susiklosčius tokiai situacijai, jis nebegalėjo dirbti tame rajone. Man buvo skaudu išgirsti tokias naujienas.

Kai žmogaus poelgiai trukdo Šventajai Dvasiai, jis ne tik šioje žemėje pjaus tai, ką pasėjo – jo bausmė ateinančiame gyvenime bus dar sunkesnė.

Kai kurie Korėjos misionieriai iš visų jėgų dėjo pastangas tam, kad sustabdytų mūsų bažnyčios tarnavimą. Kai tik ruošdavomės surengti evangelizaciją kurioje nors šalyje, jie pradėdavo sėti melagingus gandus ir skleisti suklastotus dokumentus.

Tačiau tiesa pasisako už save, ir kuo daugiau jie stengiasi mus sukompromituoti, tuo plačiau tampa žinomos mūsų evangelizacijos. Galų gale, jų pastangos yra mūsų labui. Mes matėme, kad įvairių šalių pastoriai, kurie bendradarbiavo su mumis evangelizacijų metu, gavo didelius palaiminimus. Jų bažnyčios patyrė dvasinį prabudimą ir jų tikėjimas sustiprėjo. Jų autoritetas ir pareigos taip pat pagerėjo.

Misijos Izraelyje pradžia

Pradedant nuo 2000 m. Dievas palaimino mus dvylikos „super-evangelizacijų" rengime. Dievas panorėjo, kad 2006 m. liepą po Niujorko evangelizacijos tai laikinai pasibaigtų. Iki šiol gauname daug kvietimų iš įvairių šalių surengti naujas evangelizacijas. Apgailestauju, bet šiuo metu negaliu jų organizuoti dabar. Aš turiu tęsti misionierišką tarnavimą Izraelyje.

„Ir bus paskelbta ši karalystės Evangelija visame pasaulyje paliudyti visoms tautoms. Ir tada ateis galas.

„Todėl, kai pamatysite per pranašą Danielių paskelbtą naikinimo bjaurastį, stovinčią šventoje vietoje (kas skaito, teišmano), tada, kas bus Judėjoje, tebėga į kalnus"'" (Mato 24:14-16).

Kai įkūriau bažnyčią, Dievas apreiškė man, kad artėjant

Dr. Michailas Morgulis (Dvasinės diplomatijos fondo pirmininkas) kalbasi su rabinu prie Raudų sienos

antrajam Viešpaties atėjimui bus pastatyta Didžioji Šventykla ir bus misionieriškas tarnavimas Šiaurės Korėjoje ir Izraelyje. Jis taip pat pasakė man, kad Šiaurės Korėjos durys atsivers trumpam laikui. Šiandien nujaučiu, kad tai jau labai arti.

2007 m. liepą mes pradėjome savo misiją Izraelyje. Kai pamokslauji evangeliją žydams, reikalinga Dievo jėga. Evangelija iš tiesų prasidėjo Izraelyje, bet buvo šios tautos prarasta. Dievas pažadėjo Abraomui, Dovydui ir kitiems Dievo tarnams, kad Jis neapleis Savo tautos – Izraelio.

Dievo pažadas turi išsipildyti, o kas gi pamokslaus evangeliją Izraelyje? Jėzus, pamokslaudamas evangeliją, rodė galingus darbus, kurie yra neįmanomi žmonėms, bet jie vis tiek nepatikėjo.

Galima pamokslauti evangeliją, tačiau be akivaizdžios Dievo jėgos yra sunku priimti ją.

Dievas paaiškino man štai ką: *„Pažadink juos jėga. Skelbk evangeliją Jėzaus Kristaus vardu, ir kai aklieji praregės, kurtieji išgirs ir nebylieji prabils, geraširdžiai žmonės įtikės ir priims tavo žodį. Bet ne visi ta padarys ".*

Jis turėjo omenyje, kad tie, kas laukia savo Mesijo ateinant, kas nuoširdžiai ieško Dievo, kas Dievo yra paruošti, būtent tie ir atvers savo širdis ir atgailaus, pamatę Dievo jėgos pasireiškimus.

Biblijoje parašyta apie Viešpaties atėjimą ore ir pagavimą į debesis (1 Tesalonikiečiams 4:16-17). Būsime pagauti į debesis ir sutiksime Viešpatį. Čia „oras" nereiškia fiziškai matomą dangų, tai dvasinis pasaulis. Dievas padalino dvasinę sferą į kelias erdves.

Jų tarpe antrasis dangus yra padalintas į šviesos sferą, kur yra Edeno sodas, ir tamsos sferą, kur yra piktosios dvasios. O viename iš Edeno kampelių paruošta vieta septynių metų Vestuvių puotai. Kai Viešpats pašauks mus žmonijos ugdymo paskutinėje stadijoje, mes būsime pagauti akimirksniu.

Lygiai taip pat, kaip didelis magnetas pritraukia metalo gabalus, tikintieji „kviečiai" pasikeis, gaus dvasinius kūnus ir akimirksniu sutiks Viešpatį ore. Kol jie septynis metus mėgausis Vestuvių puota, šioje žemėje atsivers septynis metus trunkantis Didysis sielvartas.

Sielvartas po pagavimo į orą

Izraelio tauta yra Dievo išrinktoji, ji turi savo vietą Dievo apvaizdoje iki pat laiko pabaigos. Biblijoje yra parašyta, kad kaskart, kai pasaulis skendo nuodėmėse, ateidavo bausmė: ugnis Sodomos ir Gomoros laikais, tvanas Nojaus dienomis.

Ir dabar, kadangi pasaulis yra taip pripildytas nuodėmių, kad negali būti atleidimo, galutinis teismas bus. Geri tikintieji bus pagauti į orą, o šioje žemėje prasidės septynių metų Didysis sielvartas su karais ir gamtos katastrofomis. Tai bus Trečiojo pasaulinio karo pradžia ir „pabaiga", apie kuria yra kalbama Biblijoje.

Kai mokiniai paklausė Jėzaus apie Viešpaties Atėjimą ir laikų pabaigos ženklus, Jėzus pasakė: „*Girdėsite apie karus ir karų gandus. Žiūrėkite, kad neišsigąstumėte, nes visa tai turi įvykti. Bet tai dar ne galas"* (Mato 24:6).

Čia „karai" nėra ribojami tam tikra geografine vieta. Tai paveiks visą pasaulį. „Karai" ir „karų gandai" reiškia Pirmąjį ir Antrąjį pasaulinius karus. Net tai dar nėra pabaiga, kadangi dar įvyks Trečiasis pasaulinis karas.

Apreiškimo knygos 6 skyriuje parašyta, kad septynių metų Didysis Sielvartas įvyks po to, kai mes būsime pagauti į orą, atėjus Viešpačiui. Šis pasaulis paskęs Trečiame pasauliniame kare per septynis Didžiojo Sielvarto metus.

„*Aš pažvelgiau, ir štai pasirodė baltas žirgas ir ant jo raitelis, turintis lanką. Jam buvo duotas vainikas, ir jis išjojo kaip nugalėtojas, kad dar nugalėtų"* (Apreiškimo 6:2).

„Baltas žirgas" čia reiškia izraelitus, o „ant jo raitelis" – tai lyderiai, kurie kontroliuos jų likimus. Terminas „žirgas" čia simbolizuoja valdžią, kilnumą ir karą. Izraelio tauta turi „Dievo išrinktos tautos" jausmą.

Dėl šio jausmo jie ir tapo išdidūs ir užsispyrę, tad jie nuolat kariauja su kaimyninėmis šalimis. Štai kodėl Vidurio Rytuose visuomet konfliktai. Nuo Izraelio valstybės atkūrimo daugelis arabų šalių kariavo su jais, bet, kaip ir parašyta, kad Izraelis „išjojo kaip nugalėtojas, kad dar nugalėtų", todėl jie nuolatos turi pergalę.

Tačiau tai nevisiška pergalė. Tai reiškia, kad kova dar tęsiasi, dar įvyks Trečiasis pasaulinis karas. Lygiai taip pat, kaip Pirmasis ir Antrasis pasauliniai karai, Trečiasis bus glaudžiai susijęs su Izraeliu.

Trečias Pasaulinis Karas

„Kai Jis atplėšė antrąjį antspaudą, aš išgirdau antrąją būtybę sakant: „Ateik ir žiūrėk!" Ir pasirodė kitas žirgas, ugniaspalvis, ir jo raiteliui buvo duota atimti iš žemės taiką, kad žmonės vieni kitus žudytų; jam buvo duotas didelis kalavijas" (Apreiškimo 6:3).

„Ugniaspalvis žirgas" čia reiškia Rusiją, taip pat tai simbolizuoja masišką kraujo praliejimą. Kai 1991 m. Tarybų Sąjunga žlugo, ji tarsi prarado savo jėgą, tačiau Rusija vėl kyla, kaip viena iš stipriausių pasaulio šalių. Ateityje Rusija sudarys sąjungą su Kinija ir taps viena iš pagrindinių pasaulio valstybių.

Rusijai stiprėjant ji vis daugiau įtakos savo kaimynines šalis, ir dėl to prasidės konfliktai. Per septynių metų Didįjį Sielvartą šie konfliktai išsiverš į tarprasinius karus. Šie karas nesibaigs greitai, jie augs, todėl ir pasakyta, kad „jam buvo duotas didelis kalavijas".

Rusija kariaus su savo kaimyninėmis šalimis ir įvairiomis

rasėmis bei įsiterps į Vidurio Rytų karą su Izraeliu. Toliau, kaip yra pranašauta Ezechielio 38 skyriuje, nuo to prasidės Trečiasis pasaulinis karas.

„Aliejaus ir vyno" reikšmė

Apreiškimo 6:6 parašyta: *„Aliejui ir vynui nedaryk skriaudos!"* „Aliejus" – tai izraelitai, o „vynas" – tai tie, kurie įtikėjo Viešpačiu, bet negyveno krikščioniškai ir pasiliko šioje žemėje septyniems Didžiojo Sielvarto metams.

„Aliejus" – tai tie Izraelio gyventojai, kurie vėliau gaus išganymą. Tai reiškia, kad bus tokie žydai, kurie pamatys įvykius, vykstančius po antrojo Viešpaties atėjimo, supras, kad Jėzus yra tikrasis Mesijas, ir atgailaus.

„Vynas" – tai simbolis tų sielų, kurios nukris ant žemės kaip vynuogių sultys, lašančios derliaus surinkimo metu. Jie lankydavo bažnyčią, tikėjo, bet jų tikėjimas buvo negyvas, be darbų. Žmonės, kurių tikėjimas nepripažintas tikru, negali būti pagauti į debesis, kai sugrįš mūsų Viešpats.

O kai jie vis dėlto pasiliks žemėje, tai bus jiems siaubingas šokas! Kai kurie iš jų stengsis gauti „antraeilį išgelbėjimą" per kankinystę, jie nepriims 666 žvėries ženklo.

Dievas išsaugos juos iki trečiojo antspaudo nuėmimo (Apreiškimo 6:5), o kai ateis laikas, Jis suteiks jiems galimybę gauti išgelbėjimą kankinystės keliu. Būtent todėl yra parašyta „Aliejui ir vynui nedaryk skriaudos, kol neateis laikas!" Bet tai nereiškia, kad per sielvartą išsigelbės visi. Tai tik reiškia, kad skausmai ir kančios bus sumažintos iki tol, kol neprasidės griežtas persekiojimas ir kankinystė pilnu mastu.

„Palšas žirgas" – Europos Sąjunga

Apreiškimo 6:8 yra parašyta apie tai, kad Trečiajame pasauliniame kare Europos Sąjunga vaidins svarbų vaidmenį.

„Aš pažvelgiau, ir štai pasirodė palšas žirgas, o jo raitelio vardas buvo Mirtis, ir paskui jį sekė Pragaras. Jiems buvo duota valdžia ketvirtadalyje žemės žudyti kardu, badu, mirtimi ir žemės žvėrimis".

„Palšas žirgas" čia nurodo Europos Sąjungos (ES) daromus veiksmus. „...o jo raitelio vardas buvo Mirtis, ir paskui jį sekė Pragaras". Tai kalbama apie antikristą, tamsos valdovą. Artimiausioje ateityje pasaulyje bus trys galingiausios valstybės. Jungtinės Valstijos – stipriausia iš valstybių – veda karus savo šalies naudai viso pasaulio bendruomenėje.

Jungtines Valstijas balansuos kitos valstybės: tai Kinija ir ES. Pirmoji valstybė – Jungtines Valstijos. Jie galėtų ilgą laiką būti stipriausia valstybe, tačiau pamažu jie praras savo galią.

Antroji valstybė – tai buvusios komunistinės šalys, kurių centre Rusija ir Kinija. Trečia – tai ES. Vidurio Rytų valstybės taip pat bandys naudotis nafta kaip ginklu ir kontroliuoti pasaulį, bet jie bus silpnesni už kitas tris.

Kai būsime pagauti į debesis, pasaulis smuks į galutinį chaosą. Netgi tie, kurie netiki, sužinos, kad Jėzus Kristaus atėjimas jau buvo įvykęs. Apimti baimės, jie galvos: „Tai buvo tiesa, ką mums dabar daryti?" Tai pat bus stichinės nelaimės, ligos ir kraštutinė infliacija, kai pasaulis smuks į chaosą.

Tuo tarpu kiekviena iš tų galingų šalių bandys valdyti pasaulį, ypatingai ES, kuri pakils kaip stipriausia valstybė ir bus kontroliuojama antikristo.

Sumaištis didės, žmonės ieškos stipresnių lyderių, kurie darys tvarką savo visuomenėse. Tokiu būdu ES lengvai gaus jėgos persvarą. Kai prasidės septynių metų Didysis Sielvartas, jie sustiprins savo karinį pajėgumą. Jų valdžia bus pagrįsta jų sudėtingos sistemos ir turtų.

Taip jų sistemoje bus suvienytos ne tik Europos valstybės, bet ir visas pasaulis.

Iš išorės jie sakys: „Jeigu prisijungsite prie mūsų sistemos, garantuosime stabilumą ir kartu turėsime naudos". Tačiau jei kuri nors šalis neseks jų klastingais kvietimais, jie užpuls ją ir sunaikins. Jie visiškai kontroliuos maisto ir kitų gyvenimui reikalingų dalykų tiekimą.

Kompiuteris, žemės žvėris

O ką gi reiškia: „Jiems buvo duota valdžia ketvirtadalyje žemės žudyti kardu, badu, mirtimi ir žemės žvėrimis"?

„Kardas" – tai karinis pajėgumas, „badas" – reiškia, kad žmonės badaus ir turės didelę infliaciją, o ES pasinaudos šia galimybe ir sukaups milžiniškus turtus.

„Mirtimi ir žemės žvėrimis" reiškia apribojimus tiems, kurie neprisijungs prie jų sistemos, kurie bus persekiojami iki pat mirties. „Žemės žvėrys" simbolizuoja kompiuterius. ES įrengs savo sistemą superkompiuteriais, kuriuose saugos duomenis apie kiekvieną žemės gyventoją. Jie kontroliuos žmones ir stebės juos savo kompiuterių dėka.

Norėdami kontroliuoti visus, jie vers žmones priimti žvėries ženklą ant dešinės rankos ar kaktos, o tai bus brūkšninis kodas. Žvėries ženklas – tai visos žmonijos valdymas, kai pasaulį kontroliuos antikristo jėga. Jie įves kiekvieno asmeninę informaciją į brūkšninį kodą ir užantspauduos jį žmonėms ant rankos ar kaktos, kad galėtų turėti visuotinę kontrolę. Bus galima atsekti, kur žmonės eina ir ką jie daro.

Pradžioje jie tiesiog tai rekomenduos, o septyniems Didžiojo Sielvarto metams įpusėjus, jie visus privers priimti šį ženklą. Atsisakiusieji bus laikomi „pavojingais visuomenės stabilumui". Nuo tų laikų žmonės, nepriimantys žvėries ženklo, bus nukankinami.

Žvėries ženklo priėmimas sielvarto metu – tai bendradarbiavimas su antikristo galia ir jų stabų garbinimas. Tai yra tas pats, kaip atsižadėti Viešpaties.

Žmonės, kurie saugos savo tikėjimą, stengsis nepriimti to ženklo, tačiau antikristas to neleis. Jie visus suras, kankins juos įvairiais būdais ir grasins jiems, tad tie priimtų ženklą. Tik tie, kurie nugalės šias žiaurias ir beširdes kančias ir taps kankiniais, gaus „antraeilį išgelbėjimą".

Po derliaus nuėmimo ūkininkas ieško antraeilių grūdų, kurie galėjo nukristi ant žemės. Taip ir Dievas suteikia žmonėms antrą galimybę jau po žmonijos ugdymo laikotarpio pabaigos. Tačiau tada jiems jau bus sunku įrodyti, kad jie tiki.

Jiems teks patirti nežmoniškas kančias, badą ir grasinimus. Kai Biblijos pranašystės jau bus išsipildžiusios, jiems reikės įrodyti savo tikėjimą sunkesniu būdu, kad jis būtų pripažintas.

Velnias kurstys antikristą nusivesti nors dar vieną žmogų į pragarą. Būtent todėl jie kankins žmones daugiau, negu jie galės iškęsti, kad jie atsigręžtų nuo Viešpaties. Jei tikintieji neišsižadės Viešpaties, jų akyse bus kankinami jų šeimos nariai ar maži vaikai.

Jei tikintysis pasiduos, jam teks priimti ženklą. Jis žinos, kad išsižadėjęs Jėzaus, jis amžinai degs pragaro ugnyje, bet skausmas bus per stiprus, kad galima būtų atsispirti.

Tuo laiku Šventoji Dvasia jau bus paimta nuo žemės. Bus sunku nugalėti skausmus ir kančias iki pat mirties vien tik savo valios jėga. Mes gyvename tais laikais, kai Viešpaties antrasis atėjimas yra kaip niekada arti, ir mes turime atpažinti, kokį tikėjimą mes turime turėti ir pasipuošti kaip Viešpaties nuotakos.

Didžioji šventykla – pergalingas žmonijos ugdymo simbolis

Iš karto po bažnyčios atidarymo Dievas davė man regėjimą apie pasaulinę misiją ir Didžiosios šventyklos pastatymą. 1984 m. liepą aš ir bažnyčios nariai pasninkaudami meldėmės už naująją šventyklą. Dievas nuodugniai parodė mums mūsų pareigą paskutiniuoju laiku ir Didžiąją šventyklą.

„Mano brangus tarne, iki Man ateinant leisiu tau visų žmonių rankomis pastatyti Didžiąją šventyklą žemėje. Kuomet pasakysi, kad ketini statyti šventyklą, tie, kurie nesupranta Dievo širdies ir neturi tikėjimo, sakys: kam leisti tokią didžiulę pinigų sumą ne misijų veiklai, o pastato statybai?

Joje bus gražiausi ir geriausi dalykai, kokie tik yra žemėje. Pastatysi ją ne savo jėgomis. Būsi žinomas visame pasaulyje ir matysi tautų karalius.

Gabieji panaudos savo gabumus, išmintingieji – išmintį, o turtingieji paaukos savo turtus. Ten nebus jokio trūkumo, bet visko bus apsčiai. Žemėje yra statomi labai gražūs pastatai žmonėms ir velniui, bet Dievui vis dar nieko nėra pastatyta ".

Kuomet bažnyčia stato kokią nors didelę ir monumentalią šventyklą, kai kurie sako: argi ne geriau tuos pinigus panaudoti misijoms ar labdarai? Kam leisti tiek pinigų pastato statybai? Šioje žemėje yra daug pastatų, skirtų pramogoms ar žmonių malonumui, o jų statybai išleidžiama didžiulės pinigų sumos. Tačiau nuo Saliamono pastatytos šventyklos Dievui, niekuomet nėra buvę tikros Dievo šventyklos. Kuomet Saliamonas statė šventyklą, Dievas jam detaliai nurodė jos dydį, struktūrą ir netgi inventorių. Saliamonas iš kaimyninių šalių atgabeno geros medienos, aukso, sidabro ir kitų brangių dalykų. Jie auksu padengė pastatą ir netgi mažus daiktus, kad jie atrodytų gražiau ir didingiau.

Karūnos forma

Dievas rodė Mozei regėjimus ir suteikė jam apreiškimus, kai tas statė palapinę. Dievas ir mums davė detalų Didžiosios šventyklos planą. Jos apvali forma reiškia visatos begalybę.

Kad atskleistų Dievo šlovę ir kilnumą, Didžioji šventykla žmonijos istorijoje bus geriausia ir gražiausia. Jos aukštis nuo pamatų iki bokšto su kryžiumi sieks 70 metrų. Jos skersmuo bus 600 metrų. Kiekvienas ornamentas liudys apie Dievo grožį ir jėgą. Šventykla atspindės Naujosios Jeruzalės miesto šlovę ir bus Dievo sutvėrimo darbų išraiška.

Fasadą puoš dvylika didelių marmurinių kolonų, kurios

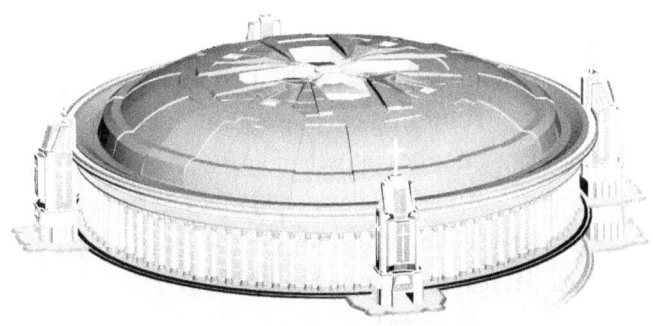

simbolizuoja dvylika Naujosios Jeruzalės pamatinių akmenų. Ant kiekvienos kolonos bus išraižytos gėlės. Kiekvienos gėlės centre bus po vieną dvylikos pamatinių akmenų brangakmenių. Tarp visų kolonų bus pastatyti dideli vartai, tartum perlo vartai Naujojoje Jeruzalėje. Kiekvienus vartus puoš dviejų angelų skulptūros. Be to, tarp tų didelių dvylikos kolonų bus po septynias mažesnes kolonas, o ant kiekvienos tų kolonų bus išraižyti kiekvienos iš septynių sutvėrimo dienų vaizdai.

Pavyzdžiui, pirmoji kolona, parodanti šviesos sukūrimą, bus papuošta tokiu būdu, kad iš jos skaidria šviesa skleisis vaivorykštės spalvos. Ant šeštosios kolonos bus išrėžti karvių, avių ir kitų gyvūnų bei Adomo ir Ievos atvaizdai.

Didžiosios šventyklos sakykla suksis ratu. Jos lubos bus atvertos, pereinančios į kryžiaus formos viršūnę. Prie kiekvienos kėdės bus įmontuoti atskiri vaizdo monitoriai. Apskritai, joje bus naujausios technologijos galimybės ir įranga.

Ore, iš paukščio skrydžio aukščio, Didžioji šventykla atrodo panaši į karūną. Kaip nugalėtojas gauna laurų vainiką, tai simbolizuoja, kad žmonijos puoselėjimas baigsis Dievo pergale. Dievas nori, kad Didžiąją Šventyklą pastatytų Jo šventumo pripildyti vaikai, kurių širdys yra šventyklos. Jis davė mums penkialypę šventumo evangeliją ir šiame nuodėmingame pasaulyje padėjo atsikratyti bet kokio blogio bei apvalė mūsų širdis.

Kadangi mūsų bažnyčioje žmonės stengiasi „iki kraujų" priešintis nuodėmei ir būti pašventintais, daugelis bažnyčios narių auga dvasia ir sveika dvasia ypatingoje Viešpaties malonėje. Dievas suplanavo, žmonės, kurie ruošiasi kaip Viešpaties sužadėtinės, sutiks Viešpaties atėjimą Didžiojoje šventykloje.

Dievas rodė mums apvalias vaivorykštes, kaip ženklą to, kad Jis yra su mumis ir mes pastatysime didžiąją šventyklą. Mes nuolat matome vaivorykštes virš Manmin bažnyčios ar jos misijos vietų visame pasaulyje.

Didžiosios šventyklos statybai Dievas jau leido man kelis kartus apsilankyti Dubajuje ir kitose Vidurio Rytų šalyse. Jis leido man susidraugauti su kai kuriais stambų verslą turinčiais ten gyvenančiais žmonėmis. Be to daugiau negu 8,000 bažnyčių visame pasaulyje, kaip pasaulinės misijos, kurią mes visą laiką vykdome, vaisiai, dalyvauja Manmin tarnavime.

Kol mes nepaskelbsime evangelijos iki žemės pakraščių, Dievo apvaizda nepastatysime Didžiosios šventyklos ir nesutiksime Viešpaties Jėzaus atėjimo, mano tarnavimas ir maldos nesiliaus.

Epilogas

Kaip medžio šakos veržiasi į dangų

O šaknys žemėn vis gilyn,

Kai saulė siunčia šviesos bangą,

Ar vėjai gaudžia siautuly,

Taip aš jau dvidešimt šešis metus

Meldžiuos į dangų, atsiklaupęs,

O Dievo meilė veda mus

Į dvasinės erdvės padanges.

Atvėrė man vartus

Į dvasines sferas,

Ir laiko jau nebus, Tai plano pabaiga.

Žygiuoti aš galiu

Tiktai su Jo tiesa,

Jis visada kartu,

Jis toks bus visada.

Nors buvo daug žmonių,

Netikinčių ženklais,

Jie skleidė daug gandų

Nesantaikos keliais,

Bet aš už juos meldžiausi,

Tiesa juk išaiškės.

Atvėriau širdį jums, jos paslaptis visas,

Šios knygos visas turinys

Yra gryna tiesa.

Ir nesigėdysiu šitos tiesos

Gyvenime aš niekados.

Asmeninė ir
bažnyčios istorija

1943. 04.	Gimė paskutinis šeimoje iš trijų sūnų ir trijų dukterų (tėvas vardu Chabeom Li, o motina – Gamjan Cho) Cheče mieste, Muano apygardoje, Čola Namdo provincijoje
1956. 02.	Baigė pradinę Čola Namdo provincijos Bunhjan mokyklą
1959. 02.	Baigė vidurinę Čola Namdo provincijos Sun Jun mokyklą
1962. 02.	Baigė Pramonės technikumą Tonguk, Seulas
1964. 09.	Nebaigė mokslų Hanjango universiteto Inžinerijos mokykloje
1967. 04.	Baigė tarnybą kariuomenėje
1968. 01.	Vedė Boknim Li, Susirgo dėl besaikio alkoholio suvartojimo per įkurtuvių vakarėlį
1970. 11.	Gimė pirma dukra Mijong Li. Išėjo iš laikraščio redakcijos dėl klausos netekimo
1972. 10.	Gimė antra dukra Mikjong Li.
1974. 04.	Susitiko su gyvuoju Dievu aplankęs Šin-ai Chiun Altorių ir priėmė Viešpatį
1974. 11.	Apsilankė prabudimo susirinkimuose Sungdong bažnyčioje Oksu Dong rajone ir pradėjo gyventi krikščioniškai
1975. 08.	Gimė trečia (paskutinė) dukra Sudžin Li.
1979. 03.	Priimtas į Šventumo Teologinę Seminariją
1982. 07.	Manmin bažnyčios atidarymas
1983. 02.	Šventumo Teologinės Seminarijos baigimas
1986. 05.	Įšventintas pastoriumi
1987. 06.	Biografinio liudijimo draminė versija buvo visą mėnesį transliuojama „Christian Broadcasting System" (CBS).
1990.	Pamokslai reguliariai transliuojami FEBC, „Asia Broadcasting" ir „Washington Christian Radio System" stočių
1990. 05.	Jonnam regiono misijos surengtos Šventosios Dvasios evangelizacijos pranešėjas
1991. 03.	Tegu evangelizacijos palaiminimų kampanijos pranešėjas
1991. 07.	Jėzaus jungtinės šventumo bažnyčios Korėjoje įsteigimas
1992. 03.	„Nisi" orkestro įkūrimo tarnavimas, pranešėjas Gerb. Chjon Gjon Šin

Konferencija apie „Išmatavimus", skirta visiems bažnyčios nariams pavadinimu „Išgirskite, pamatykite ir supraskite širdimi"

Straipsniai yra spausdinami dienraštyje „The Hankook Ilbo" (Korėjoje ir JAV)

1992. 05. Kasmetinių maldos pusryčių dalyvis

1992. 08. 1992 m. „Pasaulinės Šventosios Dvasios evangelizacinės kampanijos" koprezidentas

1993. 02. Manmin Centrinė Bažnyčia buvo išrinkta Amerikos žurnalo „Christian World" viena iš „50 Pasaulio Geriausių Bažnyčių"

1993. 05. Pirmieji Gerb. Džeiroko Li ypatingojo prabudimo susirinkmai

1993. 08. Pamokslavo Vašingtono evangelizacijos žygyje

1993. 09. Pamokslavo Los Andželo evangelizacijos žygyje
20-os Los Andželo Korėjos dienos šventės Kultūros centre
Garbės pirmininkas
Palaiminimo kalba Los Andželo miesto Taryboje
Tapo Los Andželo garbės piliečiu

1993. 10. Pamokslai spausdinami „The Christian Newspaper" laikraštyje

1994. 02. Padrąsinimo žodis, skirtas Korėjos kariuomenės 6-ai divizijai, Siloamo bažnyčios įkurtuvių tarnavimas

1994. 05. Pamokslavo Vašingtono ir Baltimorės jungtinėje evangelizacijoje
Paskirtas „Washington Christian Radio System" radijo sistemos pirmininku

1994. 06. Tanzanijos bažnyčių vadovų konferencijos ir tarnavimo sekmininkų bažnyčioje pranešėjas

1994. 07. 1994 m. „Seulo Šventosios Dvasios evangelizacinės kampanijos" palaiminimo kalba
Paskirtas Tarptautinės Biblijos tiekimo misijų asociacijos vicepirmininku

1994. 09. Pradeda veikti „Maldos už ligonius" automatinio telefono atsakiklio sistema

1994. 11. Jungtinės evangelizacijos Aidoje, Japonija, pranešėjas

1994. 12. Speciali paskaita Prabudimo pamokslininkų rengimo centre, Tautos Evangelizacijos Judėjimo filiale

1994. 12. CBS programos „Atnaujink mus" laida, įrašyta Manmin Centrinėje bažnyčioje, skirta 40-tam CBS jubiliejui

1995. 02. 149-osios Visos Korėjos Pastorių konferencijos, surengtos Korėjos pastorių maldos grupės, vadovas

1995. 03. Jungtinės Seulo regiono evangelizacijos, surengtos Tautos Evangelizacijos Judėjimo, vadovas
Pamokslai kas savaitę yra transliuojami CBS

1995. 04. 1995 m. Los Andželo Pasaulio Misijų Konferencijos, surengtos Pasaulio Evangelizacijos Asociacijos, pranešėjas

1995. 05. Pamokslai transliuojami Čhunčhono CBS stotyje

1995. 07. Eidamas Tautos susivienijimo ir evangelizavimo judėjimo asociacijos nuolatinio pirmininko pareigas per „Ypatingą Tautos Maldų Evangelizaciją" atliko specialią maldą

1995. 08. Būdamas „Taikingo susivienijimo jubiliejaus evangelizacijos" vykdančiuoju nariu per 50-tą Korėjos nepriklausomybės dienos jubiliejų buvo pakviestas į prezidento rūmus „Čiong Va Dei"
Būdamas „Taikingo susivienijimo jubiliejaus evangelizacijos" administracijos prezidentu skaitė pažangos pranešimą per 50-tą Korėjos nepriklausomybės dienos jubiliejų
Pamokslai transliuojami „Radio Korea" stoties Niujorke, JAV

1995. 09. 22-os Los Andželo Korėjos dienos šventės Kultūros centre Garbės pirmininkas

1995. 10. Pamokslai transliuojami Tedžono FEBC
Įsteigtas Afrikos Manmin misijų centras
Manmin Centrinė bažnyčia dalyvavo kraujo donorystės akcijoje pavadinimu „Praktikuokime Meilę".

1995. 11. Micpos prabudimo kampanija, skirta atgailos ir meilės praktikai
Straipsniai reguliariai spausdinami „Christian Herald" JAV krikščionių savaitraštyje

1995. 12. FEBC laida „Mūsų geroji bažnyčia" įrašyta Manmin

Centrinėje bažnyčioje
1996. 02.   1996 m. Havajų Jungtinės Korėjos bažnyčių
evangelizacijos ir pastorių konferencijos pranešėjas
1996. 03.   Paskirtas Prokurorų evangelizavimo asociacijos
koprezidentu
1996. 04.   Pamokslai transliuojami Tegu CBS
Paskirtas 2002 m. Pasaulio Taurės Misijų grupės
viceprezidentu
1996. 06.   Manmin gerovė centro įkūrimas
1996. 07.   Argentinos Korėjo palaiminimų evangelizacija ir vietos
pastorių konferencija
14-oji Pastorių konferencija
Išrinktas dienraščio „ Čiunan Ilbo“ vienu iš „Žmonių,
kurie judina Korėją"
1996. 08.   Šventyklos Guro Donge atidarymas
Pamokslai transliuojami „Christian Broadcasting" stoties
Vankuveryje, Kanadoje
Lankėsi Jungtinėje Korėjos-Japonijos Maldų
Evangelizacijoje, surengtoje 2002 m. Pasaulio Taurės
Misijų grupės
1996. 09.   Jungtinė evangelizacija Šinšu, Japonijoje
1996. 11.   Antrasis šlovinimo koncertas vaikams be tėvų, surengtas
Tautos Evangelizacijos Judėjimo centro
1996. 12.   Sinchroninių šlovinimo tarnavimų visose Korėjos
dukterinėse bažnyčiose pradžia
Pamokslai transliuojami kas savaitę „Christian
Broadcasting" stoties Filadelfijoje, JAV
1997. 03.   Pamokslai transliuojami „Korean Broadcasting" stoties
Niujorke
Pamokslai transliuojami kas savaitę „Korean Broadcasting"
stoties Oklende, Naujoje Zelandijoje
1997. 07.   Paskirtas 1998 m. Tautos jungtinės evangelizacijos
kampanijos nuolatiniu pirmininku
1997. 08.   Gerb. Dan Marino, „Parkway Christian Academy" (JAV)
akademijos direktorius aplankė bažnyčią prabudino atvejų
tyrimui

1997. 09. Didžioji Evangelizacijos kampanija ir Pastorių konferencija, surengtos „Washington Christian Radio Station" radijo stoties
Jungtinės Korėjos ir Amerikos evangelizacijos, surengtos Merilendo bažnyčių asociacijos, pranešėjas

1997. 10. 2-oji Argentinos Pastorių konferencija surengta Argentinos Meilės Misijos

1998. 01. Specialioji naujametinė CBS liudijimų evangelizacijos laida „Atnaujink mus"

1998. 02. Ypatingas prabudimo susirinkimas, skirtas maldai už ligonius
Tautos gelbėjimo Šventosios Dvasios evangelizacijos, surengtos Krikščioniško pasaulio prabudimų misijų asociacijos, pranešėjas
Paskirtas Tautos Evangelizacijos Jungtinės evangelizacijos valdančiuoju prezidentu

1998. 03. Paskirtas Prokurorų evangelizavimo asociacijos administraciniu prezidentu
Korėjos evangelizacijos, skirtos pasiruošimui Tokijo Tarptautinei Misijų Evangelizacijai, pranešėjas

1998. 05. „Hosanna" misijos įteikta padėkos lentelė už nuopelnus šios misijų organizacijos plėtroje ir tautos evangelizacijoje
Reprezentacinę malda už kampaniją „Ne – smurtui mokyklose", surengtą Prokurorų evangelizavimo asociacijos

1998. 06. Šeštasis kalėjimų evangelizavimo koncertas, surengtas „Onesimus" misijos
Šalies gelbėjimo maldos evangelizaciją, surengta Pasaulio evangelizacijos asociacijos

1998. 10. Korėjos advokatų misijų asociacijos steigimo tarnavimas ir Maldos už tautą susirinkimas

1998. 12. Labdaros koncertas invalidams, surengtas „Praktinės meilės tautai" asociacijos
Dalyvavimas „Vizija 21" laidoje per CBS 44-ąsias metinės

1999. 04. Šlovinimo koncertas betėviams vaikams Masano MBC koncertų salėje

Kampaniją „Ne – smurtui mokyklose", surengta Seulo regiono Prokurorų asociacijos

1999. 07. Paskirtas Krikščioniško pasaulio prabudimų misijų asociacijos nuolatiniu pirmininku

2000. 02. Pamokslai transliuojami „Tarptautinio evangelijos radijo" stoties Vladivostoke (AM 1503)

2000. 06. Pamokslai anglų kalba transliuojami „Mabuhai" radijo stoties (AM 1350) Maniloje, Filipinuose.

2000. 07. 2000 m. Ugandos pastorių konferencijos ir Jungtinės evangelizacijos pranešėjas
Galingi darbai, pasireiškę Ugandoje, transliuojami CNN kanalo

2000. 09. Pamokslavo Jungtinėje Nagojos evangelizacijos kampanijoje Japonijoje

2000. 10. Pakistano pastorių konferencijos ir Jungtinės evangelizacijos pranešėjas
Kultūros, sporto, jaunimo ir turizmo ministras S. K. Tressler lankėsi penktadienio naktiniame tarnavime Manmin Centrinėje bažnyčioje

2001. 01. Įkurta „Manmin TV"

2001. 06. Dievo darbai transliuojami RPN TV kanalo Filipinuose
Kenijos pastorių konferencijos ir Jungtinės evangelizacijos pranešėjas

2001. 09. Filipinų pastorių konferencijos ir Jungtinės evangelizacijos pranešėjas

2002. 07. Hondūro pastorių konferencijos ir Jungtinės evangelizacijos pranešėjas

2002. 10. Indijos pastorių konferencijos ir Išgydymo stebuklų festivalio pranešėjas

2003. 02. Padėkos lentelės įteikimas: Los Andželo bažnyčių asociacija ir Pietų Kalifornijos ekumeninė asociacija dėkoja už bendradarbiavimo tarp Korėjos ir Amerikos bažnyčių plėtrą ir ištikimą evangelizacijos veiklą

2003. 11. Rusijos pastorių konferencijos ir Išgydymo stebuklų festivalio pranešėjas

2004. 05. 12-ojo dviejų savaičių ypatingojo prabudimo susirinkimų

pranešėjas
2004. 10. Vokietijos išgydymo stebuklų festivalio pranešėjas
2004. 12. Peru išgydymo evangelizacijos pranešėjas
          Kvietimas į prezidento rūmus ir susitikimas su Peru
          prezidentu Toledo
2005. 05. Peru viceprezidentas dr. David Vaisman su buvusiu Peru
          viceprezidentu Maksimo San Roman aplanko Manmin
          Centrinę bažnyčią
2005. 09. GCN (Global Christian Network) transliacijų pradžia
2005. 10. 23-ųjų bažnyčios metinių ir GCN atidarymo ceremonijos
          iškilmės
2006. 02. Kongo Demokratinės Respublikos išgydymo stebuklų
          festivalio pranešėjas
          Susitikimas su prezidentu Džozefu Kabila
2006. 05. Dr. Michailas Morgulis – organizacinis slavų padalinio
          Niujorko evangelizacijos pirmininkas, ir administracinio
          skyriaus direktorius Markas Bazalevas apsilankė Manmin
          Centrinėje bažnyčioje
2006. 06. Trečioji WCDN (World Christian Doctors Network)
          Tarptautinė Krikščionių Gydytojų Konferencija surengta
          Filipinuose
2006. 07. 2006 m. Niujorko evangelizacijos pranešėjas
          Evangelizacijos tiesioginė transliacija ir retransliacija
          daugiau negu 200 šalyse
          Senato ir Niujorko valstijos asamblėjos bei miesto tarybos
          įteikė padėkos raštą ir lentelę
2007. 02. Dalyvavimas 64-ame NRB Suvažiavime ir Parodoje
2007. 04. MIS (Manmin International Seminary) Pastorių
          konferencijos Lotynų Amerikoje
2007. 07. Ketvirtoji Tarptautinė Krikščionių Gydytojų Konferencija
          Majamyje, JAV
2007. 09. Muano saldaus vandens saugumas ir kokybiškumas
          patvirtintas JAV Maisto ir vaistų kontrolės tarnybos (FDA)
2007. 10. 25-osios bažnyčios metinės ir 2-osios GCN metinės
2007. 11. WCDN surengė Pietryčių Azijos Krikščionių Gydytojų
          Konferenciją Džakartoje, Indonezija

2008. 03. Dalyvavimas 65-ame NRB Suvažiavime ir Parodoje ir 9-ame FICAP Suvažiavime ir Parodoje

2008. 04. „Urim Books" leidyklos dalyvavimas 14-oje Seulo Tarptautinėje knygų parodoje

2008. 05. Penktoji WCDN Tarptautinė Krikščionių Gydytojų Konferencija Trodchaime, Norvegija

2008. 10. 26-osios bažnyčios metinės ir 3-osios GCN metinės

2008. 11. Pastorių Seminaras ir Skepetaičių Išgydymo Evangelizacija, surengta pastorės Mikjong Li Čenajuje, Indija

2009. 01. Šiaurės Korėjos Pabėgėlių Misijos 4-osios metinės

2009. 02. Dalyvavimas 66-ame NRB Suvažiavime ir Parodoje Pastorių Seminaras ir Skepetaičių Išgydymo Evangelizacija, surengta pastorės Mikjong Li Filipinuose

2009. 03. Dalyvavimas 10-ame FICAP Suvažiavime ir Parodoje

2009. 04. Pastorių Seminaras ir Skepetaičių Išgydymo Evangelizacija, surengta pastoriaus Tesik Gil Pakistane

2009. 06. Pastorių Seminaras ir Skepetaičių Išgydymo Evangelizacija, surengta pastoriaus Reinbou Li Vietname

2009. 07. Muano saldaus vandens paplūdimio ir baseino pašventinimo tarnavimas

2009. 09. 2009 m. Izraelio Jungtinės evangelizacijos tema „Dievas yra didis" pranešėjas

2009. 10. 27-osios bažnyčios metinės ir 4-osios GCN metinės

2009. 11. Šeštoji WCDN Tarptautinė Krikščionių Gydytojų Konferencija Kijeve, Ukraina

2010. 02. Dalyvavimas 67-ame NRB Suvažiavime ir Parodoje

2010. 03. Dalyvavimas 11-ame FICAP Suvažiavime ir Parodoje

2010. 05. Septintoji WCDN Tarptautinė Krikščionių Gydytojų Konferencija Romoje, Italija

2010. 07. 4-oji „Žinios apie kryžių" stovykla Suomijoje

Autorius:
Dr. Džeirokas Li

Dr. Džeirokas Li gimė 1943 metais Korėjos respublikos Kjong-nam provincijos Muano mieste. Jam sukakus dvidešimt metų, jis septynis metus sirgo daugybe nepagydomų ligų ir laukė mirties be išsigydymo vilties. Tačiau 1974 m. jo sesuo nuvedė jį į vieną bažnyčią, ir, kai jis atsiklaupė pasimelsti, Gyvas Dievas iš karto jį išgydė nuo visų ligų.

Tą akimirką per šį stebuklingą atvejį dr. Li susitiko su Gyvuoju Dievu, jis pamilo Dievą visa savo širdimi ir 1978 m. jis buvo pašauktas Dievo tapti Jo tarnu. Jis karštai meldėsi, norėdamas aiškiai sužinoti Dievo valią, visiškai ją įvykdyti ir paklusti visam Dievo Žodžiui. 1982 m. jis įsteigė Manmin Centrinę Bažnyčią Seule, Korėjoje ir nuo to laiko joje vyksta nesuskaičiuojami Dievo darbai – antgamtiški išgydymai ir stebuklai.

1986 m. Kasmetinės Korėjos Jėzaus Bažnyčios „Sungkiul" Asamblėjos metu dr. Li buvo įšventintas pastoriumi, o 1990 m. – praėjus tik keturiems metams – jo pamokslai buvo transliuojami Australijoje, Rusijoje, Filipinuose ir daugelyje kitų šalių Tolimųjų Rytų Transliacijų Kompanijos, Azijos Transliacijų Stoties ir Vašingtono Krikščionių Radijo Sistemos dėka.

Po trijų metų, 1993, Manmin Centrinė Bažnyčia buvo išrinkta Amerikos žurnalo „Christian World" viena iš „50 Pasaulio Geriausių Bažnyčių", ir jis gavo teologijos garbės daktaro laipsnį Krikščionių Tikėjimo Koledže, Floridoje, JAV, o 1996 m. Teologijos seminarijos „Kingsway" (Ajova, JAV), tarnautojo daktaro laipsnį.

Nuo 1993 m. dr. Li tapo pasaulinių misijų lyderiu daugelyje užsienio evangelizacijų Tanzanijoje, Argentinoje, Los Andžele, Baltimorėje, Havajuose, Niujorke, Ugandoje, Japonijoje, Pakistane, Kenijoje, Filipinuose, Hondūre, Indijoje, Rusijoje, Vokietijoje, Peru, Kongo Demokratinėje Respublikoje, Izraelyje. 2002 m. Korėjos pagrindinių krikščioniškų laikraščių už savo veiklą įvairiose užsienio Didžiosiose Jungtinėse Evangelizacijose jis buvo pavadintas „pasaulinio masto pastoriumi".

2013 m. spalio mėnesio duomenimis, Manmin Centrinei Bažnyčiai priklauso daugiau negu 120,000 narių. Visame pasaulyje yra 10,000 vietinių ir užsienio dukterinių bažnyčių-filialų: daugiau negu 123 misionierių buvo paskirta darbui 23 šalyse, kurių tarpe Jungtinės Valstijos, Rusija, Vokietija, Kanada, Japonija, Kinija, Prancūzija, Indija, Kenija ir daugelis kitų.

Iki šios knygos leidimo datos dr. Li yra parašęs 88 knygų, tarp jų bestseleriai: *Patirti Amžinąjį Gyvenimą anksčiau už mirtį*, *Žinia apie kryžių*, *Tikėjimo saikas*, *Dangus 1 dalis*, *Dangus 2 dalis*, *Pragaras*, *Mano gyvenimas, mano tikėjimas 1 dalis*, *Mano gyvenimas, mano tikėjimas 2 dalis*, ir *Dievo jėga*. Jo darbai buvo išversti daugiau negu į 76 kalbas.

Jo krikščioniški straipsniai yra spausdinami šiuose leidiniuose: „The Hankook Ilbo", „The JoongAng Daily", „The Chosun Ilbo", „The Dong-A Ilbo", „The Munhwa Ilbo", „The Seoul Shinmun", „The Kyunghyang Shinmun", „The Hankyoreh Shinmun", „The Korea Economic Daily", „The Korea Herald", „The Shisa News", ir „The Christian Press".

Šiuo metu Dr. Li yra daugelio misijų organizacijų ir asociacijų vadovas: Jėzaus Kristaus Jungtinė Šventumo Bažnyčia (pirmininkas), Manmin Pasaulinė Misija (prezidentas), Pasaulinės Krikščionybės Prabudimų Misijos Asociacija (nuolatinis pirmininkas), Globalus Krikščionių Tinklas GCN (steigėjas ir tarybos pirmininkas), Pasaulio Krikščionių Gydytojų Tinklas WCDN (steigėjas ir tarybos pirmininkas), Tarptautinė Manmin Seminarija MIS (steigėjas ir tarybos pirmininkas).

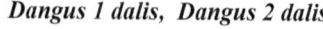

Dangus 1 dalis, Dangus 2 dalis

Žavios gyvenimo aplinkos, kurioje gyvena Dangaus piliečiai, detalus aprašymas ir puikus skirtingų dangaus karalystės lygių pavaizdavimas. Kvietimas į Šventąjį Naujosios Jeruzalės Miestą, kurio dvylika vartų yra iš blizgių perlų, jis stovi plataus Dangaus centre puošniai švytėdamas kaip nuostabūs brangakmeniai.

Žinia apie Kryžių

Stiprus ir širdį žadinantis pamokslas visiems, kurie dvasiškai užmigo. Skaitydami šią knygą sužinosite, kodėl Jėzus yra mūsų vienintelis Išgelbėtojas ir patirsite tikrą Dievo meilę.

Pragaras

Nuoširdus pamokslas visiems žmonėms nuo paties Dievo, kuris nori, kad nei viena siela nepatektų į pragaro gelmes! Sužinosite apie visai Jums nepažįstamą pragaro gelmių realybę.

Mano Gyvenimas, Mano Tikėjimas I

Gardžiausias dvasinis aromatas, sklindantis iš gyvenimo, kuris žydėjo neprilygstama meile Dievui tamsių bangų, šalto jungo ir neapsakomos nevilties laikais.

Tikėjimo Saikas

Kokia buveinė, karūna ir apdovanojimai laukia Jūsų Danguje? Ši knyga išmintingai ir kryptingai padės Jums nustatyti savo tikėjimo saiką ir išugdyti geriausią ir brandžiausią tikėjimą.

www.ingramcontent.com/pod-product-compliance
Lightning Source LLC
Chambersburg PA
CBHW061555120626
46550CB00004B/1499